Arbeiten zur Theorie und Praxis der Rehabilitation
in Medizin, Psychologie und Sonderpädagogik

Herausgegeben von Prof. Dr. med. Andreas Rett, Wien

Band 33

Hans Grissemann

Lernbehinderung heute

Hans Grissemann

Lernbehinderung heute

Psychologisch-anthropologische
Grundlagen einer innovativen
Lernbehindertenpädagogik

Verlag Hans Huber
Bern Stuttgart Toronto

CIP-Titelaufnahme der Deutschen Bibliothek

Grissemann, Hans:
Lernbehinderung heute: psycholog.-anthropolog. Grundlagen
e. innovativen Lernbehindertenpädagogik / Hans Grissemann. –
1. Aufl. – Bern; Stuttgart; Toronto: Huber, 1989
  (Arbeiten zur Theorie und Praxis der Rehabilitation in Medizin,
  Psychologie und Sonderpädagogik; Bd. 33)
  ISBN 3-456-81700-2

NE: GT

1. Auflage 1989

© 1989 Verlag Hans Huber, Bern
Satz und Druck: Lang Druck AG, Liebefeld/Bern
Printed in Switzerland

Inhaltsverzeichnis

Vorwort 7

1. Wie weit ist der Vorwurf der Ausleseungerechtigkeit und der Ausleseungleichheit bei Sonderklassenschülern pädagogisch gerechtfertigt? 9
1.1 Determinanten der Sonderklasseneinweisung 9
1.2 Eine kasuistische Betrachtung zur Problematik der Bezeichnung Auslesegerechtigkeit 19
1.3 Können Definitionen von Lernbehinderung die Auslesegerechtigkeit erhöhen? 24
1.4 Die Abgrenzung Lernbehinderung – geistige Behinderung .. 28

2. Wird die Erschwerung der Sozialisation soziokulturell deprivierter Unterschichtskinder noch verstärkt durch Separation in Sonderklassen? 37
2.1 Die Entwicklung sozialschichtbezogener Theorien von Lernbehinderung 39
2.2 Die sozialschichtbezogene Perspektive in einem kasuistischen Beispiel 57
2.3 Konsequenzen der sozialschichtbezogenen Perspektive in der Praxis der Lernbehindertenpädagogik 61

3. Welche Zusammenhänge zwischen Leistungsstand in Sonderklassen und Konzepten von Lernbehinderung sind anzunehmen? 63
3.1 Diskussion der Ergebnisse von Effizienzuntersuchungen in Sonderklassen 63
3.2 Zur Nachwirkung des Schwachsinnskonzepts der älteren Lernbehindertenpädagogik 75
3.3 Beiträge zur Überwindung der monokausalen Theorien als Grundlegung einer flexiblen Didaktik in der Lernbehindertenpädagogik 83
3.3.1 Die Erfassung des Zusammenhangs zwischen Lern- und Verhaltensstörungen 83
3.3.2 Die Berücksichtigung dynamischer Begabungstheorien in der Lernbehindertenpädagogik 87
3.3.3 Ätiologische Typologien als Übergangsstufen zu interaktionellen ätiologischen Konzepten 100
3.3.4 Mehrdimensionale Erklärungsmodelle zur Grundlegung komplexer Maßnahmen 101

3.3.5	Dynamisch-systemische Entwicklungsmodelle	103
3.4	Hinweise zu den sonderpädagogischen Interventionen unter dem Aspekt eines dynamisch-systemischen Entwicklungsmodells von Lernbehinderung	110
4.	**Wovon ist die soziale Diffamierung von Sonderklassenschülern abhängig?**	120
4.1	Sozialpsychologische Untersuchungen zur Vorurteilsforschung in der Lernbehindertenpädagogik	120
4.2	Das Stigmatisierungs-Labeling-Approachmodell	132
4.3	Eine kasuistische Betrachtung zum Stigmatisierungsproblem	135
4.4	Pädagogische Maßnahmen im Hinblick auf Stigmatisierung und Labeling approach	138
5.	**Wovon hängen die Berufschancen Lernbehinderter ab?**	140
5.1	Statistische Angaben über die berufliche Entwicklung von Hilfsschulabsolventen	140
5.2	Jobsicherung und Leistungsorientierung versus Lebensgrundschulung	152
5.3	Maßnahmen zur Verbesserung der Berufswahlchancen bei Lernbehinderten (Originalbeitrag W. BAUMBERGER)	153
5.4	Die Berufschancen Lernbehinderter in der Schweiz	156
5.5	Maßnahmen zur Identitätsfindung bei jugendlichen Lernbehinderten	157
6.	**Die Integrations-Separations-Diskussion in der Lernbehindertenpädagogik – orientiert an fünf Fragestellungen (1 Auslesegerechtigkeit, 2 Probleme der soziokulturellen Deprivation, 3 Leistungsstand in Sonderklassen, 4 Probleme der sozialen Stigmatisierung, 5 Berufschancen Lernbehinderter)**	159
6.1	Modelle zur Förderung schulschwacher Schüler unter dem Integrationsaspekt	159
6.2	Schweizerische Entwicklungen zur Integration schulschwacher Schüler	161
6.3	Kritische Fragen zur Evaluation von Integrationsversuchen	182
6.4	Ein Innovationspostulat: Die Kombination von Sonderklassen mit Teilintegration, Institutionen der pädagogisch-therapeutischen Schülerhilfe und sonderpädagogisch individualisierendem Regelklassenunterricht	187
Bibliografie		205
Register		211

Vorwort

Der als Arbeitsbuch für Studierende der Sonderpädagogik und der klinischen Psychologie verfaßte Textband entstand in einer ambivalenten Situation des Autors, die bestimmt ist durch die hoffnungsvollen Perspektiven einer offensiven Lernbehindertenpädagogik, die auf einem dynamischen Begabungsbegriff und fruchtbaren ökologisch-systemischen Erklärungs- und Interventionsmodellen basiert, die aber auch belastet ist, durch z.T. wenig kritische modische Ansätze zur schulischen Integration Lernbehinderter. Diesen folgen verständlicherweise sonderpädagogische Abwehrhaltungen, welche fruchtbare Weiterentwicklungen zu bremsen drohen.

Der Beitrag zur Verwirklichung von Innovationen in der Lernbehindertenpädagogik erfolgt im Rahmen einer vorsichtig zurückhaltenden Bereitschaft, welche seit etwa 15 Jahren in der Schweiz festgestellt werden kann. Sie zeigte sich vor allem in den Beiträgen von KOBI (1975) zur Rehabilitation Lernbehinderter mit der Überwindung der Restfunktions- und Reduktionsdidaktik, von MATTMÜLLER (1981) mit seinen Basler Kleinklassenversuchen, welche vor allem auf die komplementäre Schulung soziokulturell benachteiligter Schüler ausgerichtet war, und auf den klärenden Differenzierungsbeitrag zum Integrationsbegriff von BONDERER (1979, 1980). Dazu kommt die aktuelle Übersichtsinformation von STURNY (1984), welcher die Vielfalt der sonderpädagogischen Bemühungen in der Schweiz zur Problematik der Lernbehinderung aufzeigte und insbesondere die schulischen Integrationsversuche der letzten Jahre beschrieb, zu welchen auch der Autor dieses Beitrags animiert hatte (GRISSEMANN 1979, 1981).

Die kritische Auseinandersetzung mit den Innovationsansätzen ist zu einem wesentlichen Teil beeinflußt durch die Betroffenheit, die der Reutlinger Sonderpädagoge KLEIN (1985) in der Fachwelt mit seinem Beitrag ausgelöst hat, der vor allem die Bedürfnisse ehemaliger Sonderklassenschüler zur Lebensbewältigung fokussierte.

Als Diskussionsstrategie bot sich der schon von BLEIDICK (1973) verwendete Thesenkatalog an:
1. Ungerechtigkeit von Auslesemaßstäben der Lernbehinderung
2. Sozialschichtzugehörigkeit als Determinante von Lernbehinderung
3. Problematik des Leistungsstandes der Lernbehindertenschule
4. Berufliche Diskriminierung der Lernbehinderten
5. Soziale Diffamierung der Lernbehinderten durch ihr negatives Image.

Die damaligen Thesen wurden in folgende Fragestellungen mit einer leicht abgeänderten Reihenfolge umgewandelt:

1. Wie weit ist der Vorwurf der Ausleseungerechtigkeit und Ausleseungleichheit bei der Sonderklasseneinweisung pädagogisch gerechtfertigt?
2. Wird die Erschwerung der Sozialisation soziokulturell deprivierter Unterschichtkinder noch verstärkt durch die Separation in Sonderklassen?
3. Welche Zusammenhänge zwischen Leistungsstand in Sonderklassen und Konzepten von Lernbehinderung sind anzunehmen?
4. Wovon ist die soziale Diffamierung von Sonderklassenschülern abhängig?
5. Wovon hängen die Berufschancen Lernbehinderter ab?

Die aktualisierte und international orientierte Thesendiskussion bezieht neuere schweizerische Fakten ein und will verstehen lassen, daß sich heute in der schweizerischen Szene die grundsätzlichen Probleme in z.T. drastischer Weise darstellen.

Die Bearbeitung der fünf Fragestellungen stellt die Grundlage zur Auseinandersetzung mit der aktuellen Integrations-/Separations-Thematik dar, aus welcher sich Vorschläge zu gewissen Neustrukturierungen der Lernbehindertenpädagogik ableiten lassen sollen.

In den systematisch geordneten Auseinandersetzungen mit kritischen Grundfragen zur Lernbehindertenpädagogik finden sich Passagen, die dem Buch z.T. den Charakter des Quellentext-Arbeitsbuches verleihen. Es geht nicht darum, mit Kurzinformationen eine Fülle von literarischen Bezügen zu eröffnen, sondern dem Leser die Möglichkeit zu bieten, an ausgewählten Textausschnitten sich mit Arbeitsaufträgen in der Problematik zu vertiefen.

Zürich, im August 1988 HANS GRISSEMANN

1. Wie weit ist der Vorwurf der Ausleseungerechtigkeit und der Ausleseungleichheit bei Sonderklassenschülern pädagogisch gerechtfertigt?

Die Auseinandersetzung mit dieser Frage soll in der Diskussion einiger statistischer Daten und mit der Darstellung der Überweisungsproblematik an einem Fallbeispiel erfolgen.

1.1 Determinanten der Sonderklasseneinweisung

Es läßt sich gut nachweisen, daß bei Sonderklasseneinweisungen eine Reihe von Abhängigkeiten besteht:
a) Abhängigkeit vom Ausbau des Sonderklassenwesens
b) Abhängigkeit von der Einstellung der Primarlehrer
c) Abhängigkeit von der Geschlechtszugehörigkeit
d) Abhängigkeit von der IQ-Orientierung bzw. vom Lernbehinderungskonzept im Überweisungsverfahren
e) Abhängigkeit von verschiedenen systemischen Bedingungen.

zu (a) Abhängigkeit vom Ausbau des Sonderklassenwesens

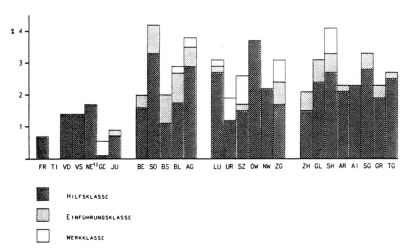

Abbildung 1: Prozentualer Anteil von Schülern aus Hilfsklassen, Einführungsklassen und Werkklassen am Schülertotal nach Kanton (Durchschnitt von 1977/78–1981/82) (aus: STURNY 1984, 89)

Die Tabelle bezieht sich auf schweizerische Sonderklassen zur Schulung Lernbehinderter, die durchgängig der Volksschule angegliedert sind, und zeigt die kantonale Verschiedenartigkeit auf.

Im Kanton Tessin finden keine Einweisungen in Sonderklassen statt, da Lernbehinderte in Regelklassen unterrichtet und zusätzlich mit pädagogisch-therapeutischen Maßnahmen ambulant betreut werden. Die Chance, in eine Sonderklasse eingewiesen zu werden, ist für einen schulschwachen Schüler im Kanton Solothurn (SO) etwa dreimal größer als im nahegelegenen Kanton Basel-Stadt (BS). Die tiefe Zürcher Quote (ZH) muß gesehen werden im Zusammenhang mit den zürcherischen Sonderklassentypen. Schulschwache Schüler an der Grenze oder oberhalb einer Standardabweichung des Intelligenzquotienten werden bei gleichem schulischem Leistungsstand wie Schüler mit etwas niederem IQ eher in die Sonderklassen D (für Schüler mit Lernstörungen und Verhaltensauffälligkeiten) als in Sonderklassen B (Sonderklassen für Lernbehinderte) eingewiesen.

Die Hilfsschulquoten stehen auch in einem negativen korrelativen Zusammenhang mit den Repetentenquoten (STURNY 1984, 88). In den westschweizer Kantonen mit den geringsten Hilfsschulanteilen finden sich um 60% höhere Repetentenquoten in den Regelklassen.

zu (b) Abhängigkeit von der Einstellung der Primarlehrer (Grundschullehrer)

In der Schweiz finden die Abklärungen zur Feststellung der Sonderklassenbedürftigkeit nach den Anmeldungen der Regelklassenlehrer durch Schulpsychologen statt. Schon vor Beginn der Integrations-/Separations-Diskussion stellten die Schulpsychologen im Verlaufe der siebziger Jahre über längere Zeiträume bei gewissen Lehrern Häufungen oder das Fehlen von Anmeldungen fest. Die Unterschiede sind z.T. erklärbar durch die Klassengrößen, durch die Zusammensetzung der Schülerschaft in verschiedenen Gemeinden und Stadtquartieren, aber auch durch die Tragfähigkeit von Lehrern für schulschwache Schüler, die durch didaktisches Geschick, Bereitschaft zu zusätzlichem Engagement und die Einstellung zur Separation in Sonderklassen bestimmt ist. Hinter der Variable «Tragfähigkeit» dürften sich nicht nur positive pädagogische Bedingungen verbergen. Durchschleusen, Wegpromovieren ohne zusätzliche pädagogische Bemühungen, als Weg des geringsten Widerstandes, ist in Schulsystemen mit periodischer Wiederwahl der Lehrkräfte (durch die Gemeindebürger oder durch die kommunalen Schulbehörden) auch als Selbstschutzmaßnahme von Lehrern zu verstehen.

zu (c) Abhängigkeit von der Geschlechtszugehörigkeit

Auch in der Schweiz sind Mädchen in Sonderklassen/Hilfsklassen untervertreten. Allerdings sind die Unterschiede zwischen den Kantonen beträchtlich. In den Kantonen mit größeren Agglomerationen, Basel-Stadt, Basel-Land und Zürich (BS, BL, ZH), sind sie fast proportional zum Regelklassenanteil vertreten. In den Gebirgskantonen Wallis, Graubünden, Obwalden (GR, VS, OW) sowie im Voralpenkanton Appenzell-Innerrhoden (AI) ist die Untervertretung erheblich.

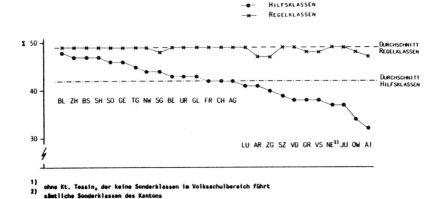

Abbildung 2: Prozentualer Anteil weiblicher Schüler in Hilfs- und Regelklassen nach Kantonen (Durchschnitt von 1977/78-1981/82) (Angaben von STURNY 1984, 85)

Eine interessante Hypothese zur Untervertretung der Mädchen versuchte der Göttinger Kinder- und Jugendpsychiater MÜLLER (1973) aufgrund einer Erkundungsstudie in einem Bezirk einer deutschen Großstadt zu begründen. Er erfaßte die Sozialschichtzugehörigkeit der Schüler in der Sonderschule für Lernbehinderte mittels des soziologischen Codes von KLEINING & MOORE (1968), die neun Sozialschichten, je drei für Unter-, Mittel- und Oberschicht, unterschieden. Dabei fand er folgende Verhältnisse:

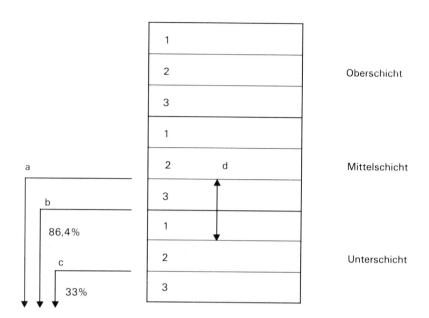

a: Die Stichprobe enthielt nur Sonderschüler ab unterer Mittelschicht
b: 86,4% der Sonderschüler wurden der Unterschicht zugeordnet
c: 33% der untersten Unterschicht
d: Die Überrepräsentation der Knaben war vor allem in der untersten Mittel- und der obersten Unterschicht feststellbar. In der untersten Unterschicht mit einem Gesamtanteil von 33% war keine Überrepräsentation der Knaben feststellbar

Abbildung 3: Sozialschichtzugehörigkeit von Schülern der Sonderschule für Lernbehinderte

Zur Hypothesenbildung verwendete MÜLLER noch folgende Fakten:
Der durchschnittliche IQ der Knaben in der Sonderschule war mit 79,28 signifikant höher als derjenige der Mädchen mit 75,21.
Dieses Ergebnis deckt sich mit demjenigen einer Zürcher Untersuchung von BAUMBERGER [1979]. Das IQ-Gefälle Mädchen/Knaben liegt auf höherem Niveau gleich. Knaben: durchschnittlicher IQ 87,5, $s = 7,5$; Mädchen: 83,4, $s = 8,4$.

MÜLLERs Hypothese:
- Es müssen vermehrt außerintellektuelle Ursachen des Versagens und der Sonderschulüberweisung bei den Knaben angenommen werden.
- Diese Ursachen werden in Zusammenhang gebracht mit der Erwartung auf sozialen Aufstieg, welche in den Schichten mit der Überrepräsentation der Knaben, aber nicht mehr in der untersten Unterschicht feststellbar ist. Diese Erwartungshaltung (Untersuchung am

Anfang der sechziger Jahre!) bezieht sich stärker auf die Knaben als auf die Mädchen.
- Es wird auch aufgrund von anderen soziologischen Untersuchungen (s. S. 55f.) angenommen, daß auf das Schulversagen in diesen Sozialschichten bei Knaben vermehrt mit Tadel, Strafe, Drohungen und Unmutsäußerungen reagiert wird, was zu Frustrationen, Neurotisierungen, sekundären Verhaltensstörungen und außerintellektuellen Blockaden führen kann.
- Die gleichmäßige Geschlechterverteilung in der untersten Unterschicht müßte dann ätiologisch eher mit soziokultureller Deprivation, psychosozialen Belastungen und auch mit Einschränkungen des genetischen Potentials von Begabung erklärt werden, also mit Faktoren, die sich auf beide Geschlechter gleichartig auswirken.

An MÜLLERS Untersuchung wird vermißt, daß die IQ-Verteilungen und die familiär-psychosozialen Belastungen in den einzelnen Schichtgruppen nicht kontrolliert wurden. Die Hypothese gibt aber immerhin Anstöße für die Einzelfalldiagnostik bezüglich der Auswirkungen sozialer Aufstiegserwartungen und sensibilisiert Pädagogen für die Wahrnehmung außerintellektueller Lernbedingungen. Die Schweizer Statistik ergibt keine Stützung von MÜLLERS Hypothese. Gerade in den urbanisierten Schweizer Kantonen, in denen derartige soziale Aufstiegserwartungen angenommen werden könnten, ist die Übervertretung der Knaben nicht mehr feststellbar. Allerdings fehlen uns Erhebungen über den aktuellen Anteil der untersten Unterschicht in der Hilfsschülerpopulation, in welcher MÜLLER keine Untervertretung der Mädchen festgestellt hatte.

zu (d): Abhängigkeit von der *IQ-Orientierung im schulpsychologischen Überweisungsverfahren.*

Wenn auch die Kategorisierungssysteme, die sich auf die Intelligenzquotienten von sonderklassenbedürftigen Lernbehinderten bezogen, nicht im Sinne von diagnostischen Plazierungsvorschlägen publiziert wurden, dürften sie doch Einfluß auf die Überweisungsstrategien gehabt haben.

Kategorisierungsvarianten zur Lernbehinderung im internationalen Vergleich:

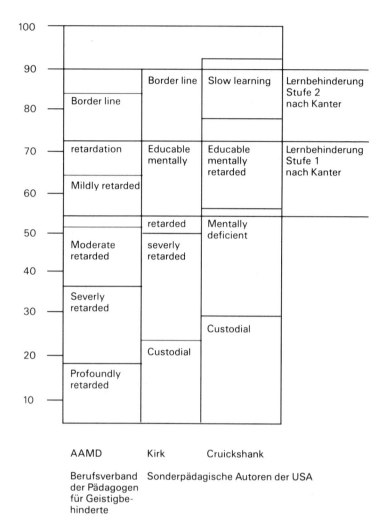

Abbildung 4: Die Kategorisierung von KANTER im Vergleich mit amerikanischen Einteilungen der «intellektuellen Minderbegabung» (nach KANTER 1974, 163-166)

Mit einer derartigen Kategorisierung muß keine Aussage über das Gewicht des testmäßig ermittelten IQ im Überweisungsverfahren verbunden sein. Sie verweist aber auf die breite Streuung der Testintelligenz bei lernbehinderten Schülern. Die schweizerischen Sonderklassen- bzw. Hilfsschüler entsprechen weitgehend der Kategorie 2 nach KANTER; Schüler mit IQ < 75 werden eher in den heilpädagogischen Sonderschulen außerhalb der Volksschule als «schulungsfähige Geistigbehinderte» im Sinne der Beschulbarkeit im Bereiche der Kulturtechniken unterrichtet und sind dabei bezugsberechtigt für Beiträge der eidgenössischen Invalidenversicherung an die Sonderschulung.

IQ-Kategoriensysteme haben sich zweifellos auf die Erfassungs- und Überweisungsstrategien ausgewirkt. Deutliches Beispiel ist die deutsche, auch dort längst in Frage gestellte *Überweisungsformel* «IQ < 90 + - zweimaliges (reales oder in Aussicht stehendes) Verfehlen eines Klassenzieles» (s. dazu BLEIDICK & HECKEL [1970, 5/6]):

«*Die Abgrenzung der Schülerschaft.* Gegenüber dem relativen Auslesemaßstab des Schulversagens und der Schulleistungsschwäche bietet die diagnostisch feststellbare Minderbegabung ein absolutes Auslesekriterium. Lediglich 2% der Volksschulkinder haben einen IQ von unter 80; der gleiche Wert ist somit ein sicheres Diagnostikum für Hilfsschulbedürftigkeit, d.h., bei einem IQ über 80 handelt es sich immer um einen Grenzfall, bei dem das Verbleiben in der Volksschule und der Ansatz andersartiger Förderungsmaßnahmen als der Hilfsschule in Betracht gezogen werden muß. Nimmt man die normale Standardabweichung eines bei Hilfsschulauslesepüfungen geläufigen Intelligenztests, etwa des Hamburg-Wechsler-Intelligenz-Tests (HAWIK), so gelangt man zu einer Richtzahl IQ 85: Über 85 beginnt der Normalbereich der volksschulgemäßen Intelligenz, die bereits bei 90 als durchschnittliche intelligente Leistungsfähigkeit zu definieren ist. Auslesebestimmungen müßten also präzise festlegen: IQ unter 80 diagnostiziert eindeutig Hilfsschulbedürftigkeit; bis 85 ist ein Grenzfall gegeben, der unter Berücksichtigung weiterer Stützfunktionen der Leistungsfähigkeit entschieden werden muß. Der gemessene IQ unterliegt selbstredend der Schärfe psychodiagnostischer Prüfungsbedingungen: zureichend standardisierter Intelligenztest, größtmögliche Exaktheit der Erhebung, Beachtung des Standardmeßfehlers.»

Die im Vergleich mit der pragmatischen Überweisungsformel etwas tiefer angesetzte Selektionsmarke bezieht sich auf den *Grenzwert einer Standardabweichung* (IQ 85), der immerhin einem Prozentrang von 16 entspricht. Man beachte die damals nicht in Frage gestellte Gültigkeit des Ergebnisses eines Intelligenztests als Grundlage der Überweisungsentscheidung mit der Überzeugung, daß Testgütekriterien, die zur Erfassung eines psychischen Konstrukts ausgewiesen werden, die Entscheidung maßgebend absichern könnten.

Die IQ-Orientierung im Sinne der Anerkennung eines recht validen prognostischen Indikators für Schulerfolg mag folgendes bewirkt haben:
– eine Zurückhaltung, schulschwache Schüler mit IQ > 90 in Sonderklassen bzw. -schulen einzuweisen
– die Neigung, schulschwache Schüler mit IQ < 90 als minderbegabt, sonderklassenbedürftig und lernbehindert zu verstehen.

Die folgenden Erhebungen über *IQ-Verteilungen bei Hilfsschülern,* die lange vor der aktuellen Integrations-/Separationsdiskussion und z.T. auch vor dem soziokulturell orientierten Erklärungsboom erhoben wurden, zeigen, daß das intellektuelle Minderbegabungskonzept in den Überweisungen nur bedingt maßgebend war.

Von den *Luzerner Hilfsschülern* in der Erhebung von HUSSMANN (1970) waren immerhin 34,5% oberhalb der Grenze einer negativen Standardabweichung vom Mittelwert. 16% können als durchschnittlich intelligent bezeichnet werden. Diese Verteilung stimmt gut überein mit denjenigen, die in deutschen Untersuchungen festgestellt wurden.

Tabelle 1: Verteilung der IQ von Hilfsschülern in der Stadt Luzern (HUSSMANN 1970)

über 100	2	34,5%		
96–100	7	(1%)	16%	durchschnittliche Intelligenz
91– 95	29			
86– 90	45			
81– 85	58		63%	Borderline retardation
76– 80	49			
71– 75	33			
66– 70	11		21%	intellektuelle Minderbegabung
60– 65	1			
unter 60	5			
N	240			

Tabelle 2: Vergleich mit einigen deutschen Untersuchungsergebnissen BAIER & KLEIN (1973, 143)

Ort, Untersucher, Jahr IQ	bis 60	60–69	70–79	80–89	90–109	N
Hannover, NAUMANN 1961	–	13	24	41	22	187
Bielefeld, BEGEMANN 1965	4	10	24	42	17	76
Hamburg STRANZ 1966	2	13	27	36	22	420

Daß das Überweisungsschicksal eines schulschwachen Schülers von der *Einstellung der verantwortlichen Diagnostiker* abhängig ist, zeigt ein Versuch von LANGFELDT (1978), in welchem schulschwache Schüler einer deutschen Stadt im vierten Grundschuljahr, die der klassischen Sonderschulüberweisungsformel entsprochen hatten, nicht an die Sonderschule für Lernbehinderte einwiesen, sondern sie in ihrer weiteren schulischen Entwicklung an der Hauptschule verfolgten.

Die Bemühungen zur schulischen Integration von Lernbehinderten unter dem Aspekt eines *dynamischen Begabungsbegriffs* und einem komplexen ätiologischen Verständnis von Lernbehinderung mag dazu geführt haben, daß insbesondere Schüler, die der Kategorie 2 von Lernbehinderung nach KANTER entsprechen, vermehrt vor der Sonderklassen- bzw. Sonderschuleinweisung bewahrt wurden. Dies ist im Zusammenhang mit der Rezeption der theoretischen Grundlagen durch die Überweisungsagenten zu sehen.

Tabelle 3: Schullaufbahn von 305 «schlechten» Grundschülern an der Hauptschule

	N	N %
Untersuchungsstichprobe	305	100 %
erfolgreiche Schüler	204	66,9%
davon Hauptschulabschluß		
ohne Klassenwiederholungen	197	64,6%
mit Klassenwiederholungen	7	2,3%
nicht-erfolgreiche Schüler	101	33,1%
davon Entlassung ohne Hauptschulabschluß aus		
Klasse 5	1	0,3%
Klasse 6	3	1,0%
Klasse 7	10	3,3%
Klasse 8	81	26,6%
Klasse 9	1	0,3%
Umschulung in die Sonderschule aus		
Klasse 6	1	0,3%

Es zeigt sich demnach, daß etwa zwei Drittel der «schlechten» Grundschüler den Hauptschulabschluß – z.T. mit Klassenwiederholung – erreichen. Der größte Teil der Schüler (81 von 101), die den Hauptschulabschluß *nicht* erreichen, wird aus der 8. Klasse Hauptschule entlassen.

zu (e) Abhängigkeit von verschiedenen systemischen Bedingungen

KOBI (1975, 89) zeigt die Komplexität der Bedingungen einer Sonderklasseneinweisung. Als systemische Determinationsvariablen gelten je nach Gegend:
- die Erreichbarkeit einer Hilfsschule, die Transportmöglichkeiten zum Schulort
- die Vorhandenheit von Einschulungsklassen (z.B. für die beiden ersten Schuljahre), welche zur Prävention von Lernbehinderung beitragen können
- ein Hilfsschulzwang für Doppelrepetenten
- ein Elternrecht zur Ablehnung eines Antrags zur Hilfsschuleinweisung
- Privatschulangebote im Zusammenhang mit der elterlichen Finanzierungskapazität und -motivation
- ambulante pädagogisch-therapeutische Institutionen für schulschwache Regelklassenschüler

Die Übersicht über die verschiedenartigen Abhängigkeiten einer Hilfsschuleinweisung läßt nach wie vor eine Aussage rechtfertigen, wie sie schon in ähnlicher Weise von BLEIDICK (1973, 29) formuliert worden war: Ein lernbehinderter Schüler kommt unter anderen Auslesebedingungen, bei anderen Schulpsychologen, in einer andern Region, als Angehöriger des weiblichen Geschlechts, unter anderen schulpolitischen Bedingungen, bei einem andern Regelklassenlehrer nicht in die Sonderklasse für Lernbehinderte.

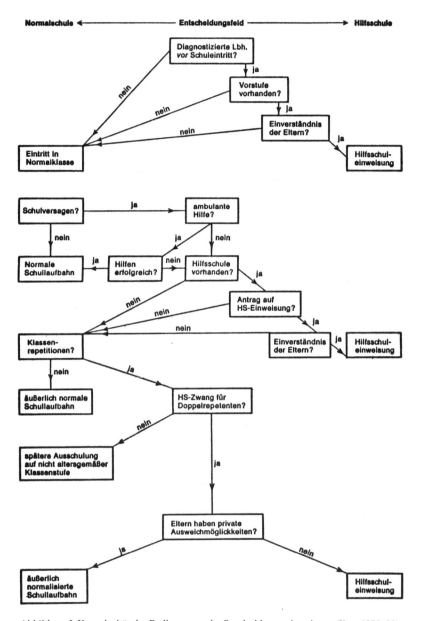

Abbildung 5: Komplexität der Bedingungen der Sonderklasseneinweisung (Kobi 1975, 89)

Damit ist aber noch nichts gesagt über die *pädagogische Relevanz* dieses Sachverhalts. Handelt es sich tatsächlich um Ausleseungerechtigkeit? Läßt sich die Aussage «er besucht unter anderen Bedingungen nicht die Sonderklasse für Lernbehinderte; folglich ist er nicht lernbehindert» halten? Dem Bedauern über eine sogenannte Ausleseungerechtigkeit scheint eine Haltung zugrundezuliegen, die sich auf einen Objektivitätsbegriff bezieht, wie er etwa in der (älteren) Testologie vertreten wird.

Bei der Durchführung eines Tests sollte die Leistung jedes Kindes unabhängig von der Testsituation, vom Testleiter, von Ort, Herkunft usw. bewertet werden, d.h. die unter kontrollierten Bedingungen erhobene Leistung müßte von allen potentiellen Testleitern gleich bewertet werden. Wäre dies nun Auslesegerechtigkeit, wenn für Kinder mit dem gleichen Leistungsstand und den gleichen psychischen Struktur unabhängig von systemischen Bedingungen analog zur Testobjektivität gleich entschieden würde? Eine «Sonderklassenüberweisungsobjektivität» müßte über die testologisch definierte Objektivität hinaus *systemische Variablen* berücksichtigen. Ohne solche Objektivitätsansprüche bleibt hingegen der Vorwurf der Ausleseungerechtigkeit pädagogisch naiv:
- Er impliziert eine Einstellung zur Hilfsschulüberweisung im Verständnis von negativer Selektion und Schicksalsschlag. Diese Einstellung ist bedingt durch die Perspektive der restringierten Berufschancen (s. S. 140) und der drohenden Arbeitslosigkeit, verkennt aber die Chancen einer Lebensschulung, zu welcher die Hilfsschule einen Beitrag leisten könnte (s. S. 152).
- Der Vorwurf steht dem Bemühen entgegen, für jedes schulschwache Kind die sonderpädagogische Lösung zu suchen, welche im Rahmen seiner familiären Bedingungen, der schulsystemischen Bedingungen, der persönlichen Variablen der einbezogenen Lehrkräfte und der bisherigen Entwicklung am angemessensten erscheint.

1.2 Eine kasuistische Betrachtung zur Problematik der Bezeichnung Auslesegerechtigkeit

Die Vorwürfe zur Ausleseungerechtigkeit bzw. die Forderung nach einer pseudoobjektiven Auslesegerechtigkeit lassen sich am besten an Falldarstellungen zurückweisen.

Aufgabe: Versuchen sie am Fall «Annette» von KLEIN (1985, 11-23) folgende Probleme zu erarbeiten:
a. Stellen sie mögliche ursächliche Faktoren zu Annettes Lernbehinderung zusammen.
b. Welche Bedingungen in Annettes Umwelt in personeller und systemischer Hinsicht haben wohl zum Urteil «Sonderschulbedürftigkeit» geführt?

c. Wäre Annette an ihrem Wohnort auch in die Hilfsschule überwiesen worden?
d. Versuchen sie jetzt eine neue Definition von Auslesegerechtigkeit.

Wir entnehmen KLEINS Falldarstellung eine *Übersicht über Schullaufbahn und Familiensituation:* (Alter zum Zeitpunkt der Berichterstattung 12 Jahre)

Annette wurde mit sechs Jahren in die Grundschule eingeschult, wiederholte das erste Schuljahr und besuchte das zweite und dritte Schuljahr. Am Ende des dritten Schuljahres waren ihre Leistungen in Deutsch, Mathematik und im Sachunterricht, so schlecht, daß eine Umschulung in die Sonderschule für Lernbehinderte unausweichlich erschien. Annette wurde in die vierte Klasse der Sonderschule aufgenommen, konnte nach einem halben Jahr diese überspringen und in der fünften Klasse dem Unterricht folgen. Heute besucht sie die sechste Klasse und geht nach Aussagen der Eltern gern zur Schule.

«Annette geht heute mit Begeisterung in die Schule, obwohl sie noch vor einem Jahr häufig weinend aus der Schule nach Hause gekommen war und die schlechten Noten der Grundschule einfach nicht verarbeiten konnte. Der Wechsel von der Grundschule, wo sie fast täglich Mißerfolge und Frustration erleben mußte, in die Sonderschule tat ihr unheimlich gut.»

Annettes Vater besuchte die Volksschule, war zunächst in einem Bauberuf tätig, führte dann ein Geschäft und wechselte in einen sozialen Beruf. Die Mutter war kaufmännische Angestellte, führte gemeinsam mit dem Vater das Geschäft und ist seit der Geschäftsaufgabe nicht mehr berufstätig. Als Annette ein Jahr alt war, wurde ihr Bruder geboren. Er durchlief die Grundschule problemlos und besucht nun die erste Klasse des Gymnasiums. Seit der Heirat wohnt Familie K. in einem Vier-Familien-Haus in einem der schönsten Wohngebiete. Ihre Wohnung im zweiten Stockwerk besteht aus vier Zimmern, Küche und Bad. Jedes der beiden Kinder hat ein eigenes Zimmer, wobei Annette das größere der beiden Zimmer bewohnt. Außer den üblichen Dingen wie Bett und Kleiderschrank hat Annette darin auch einen breiten Schreibtisch, an dem sie ihre Hausaufgaben erledigt, und ein Bücherregal mit Schul- und Jugendbüchern.

Dem Bericht über die *Entwicklung des Kindes* entnehmen wir folgende Angaben:
- unauffälliger Schwangerschaftsverlauf
- vage Hinweise auf eine kurzzeitige Asphyxie wegen Nabelschnurkomplikation bei der Entbindung im Krankenhaus
- Zeichen reduzierter Vitalität nach der Geburt, Trinkschwierigkeiten
- Aufgeben des Stillens wegen Erbrechen der Muttermilch
- nach drei Monaten Normalisierung der Nahrungsaufnahme
- normale sprachliche und motorische Entwicklung in den beiden ersten Lebensjahren
- wirkte als ruhiges, anscheinend zufriedenes Kleinkind
- sauber mit drei Jahren, zusammen mit dem 13 Monate jüngeren Bruder.

Der Berichterstatter wendet sich dann eingehend einem als einschneidend beurteilten Ereignis im fünften Lebensjahr zu:

Als besonders auffällig schilderten die Eltern Annettes Krankenhausaufenthalt im Alter von vier Jahren und neun Monaten. Annette hatte sich beim Spielen den linken Arm gebrochen, wobei auch ein Nerv verletzt worden war. Sie wurde ins Krankenhaus eingeliefert, in dem die Kinderstation wegen Umbauarbeiten zu jener Zeit nicht belegbar war. Aus diesem Grunde wurde Annette, damals 4;9 Jahre alt, in ein Zimmer der Erwachsenenabteilung gelegt, in dem außer ihr hauptsächlich frisch operierte Patienten gepflegt wurden. Das Zimmer mußte ständig abgedunkelt sein, Annette mußte dauernd leise sein und wurde darüber hinaus schlecht versorgt; z.b. verschimmelte von der Mutter geschicktes Obst, weil die im Streckverband liegende Annette nicht allein essen konnte und offensichtlich niemand da war, der ihr das Obst reichte. Annette wurde in den ersten zwei Wochen regelmäßig von ihrer Mutter besucht, die ihr Spielsachen, Bilderbücher usw. mitbrachte. Dies wurde jedoch nach zwei Wochen verboten. Der Mutter wurde keine einleuchtende Begründung dafür gesagt. Annette war nun in einer psychisch für sie völlig unzulänglichen Situation, sie konnte nicht spielen, kein Buch anschauen, mit niemandem reden, die Schwestern kümmerten sich nicht um das Kind. Darüber hinaus war das Krankenzimmer die meiste Zeit noch abgedunkelt. Nur Annettes Oma kam ab und zu zu ihr, da sie zu der Zeit gerade im Krankenhaus arbeitete. Der Vater berichtet, daß Annette im Krankenhaus oft zerbissene Lippen und andere Anzeichen von Autoaggression aufwies.

Er beschreibt Annette nach dem Krankenhausaufenthalt als viel ruhiger, teilnahmsloser und verworrener als vorher. Sie zeigte keinerlei Reaktionen mehr.

Nach dem Krankenhausaufenthalt mußte Annette von neuem das Gehen erlernen. Sie ging dann lange noch recht steif, konnte aber nach ca. einem Monat gehen, aber noch nicht wieder laufen. Der Vater sagt auch heute noch: «Sie läuft irgendwie komisch.»

Ab ihrem vierten Lebensjahr ging Annette in den Kindergarten. Die Kindergartenschwester beschreibt Annette als «ruhiges Kind, das auf der einen Seite nicht so richtig mitmacht, andererseits recht eigenwillig ist. Trotzdem hat Annette doch recht guten Kontakt zu den anderen Kindern, und ich hatte das Gefühl, daß Annette sehr gern zu uns in den Kindergarten kam.» Auch schon vor der Kindergartenzeit hatte Annette guten Kontakt zu Kindern aus der Nachbarschaft gehabt und regelmäßig mit ihnen gespielt.

Der Vater berichtet, daß Annette wegen ihres tolpatschigen Ganges und ihres Schielens nach dem Krankenhausaufenthalt beim Augenarzt vorgestellt wurde. Der kam zu dem Ergebnis, daß das eine Auge ganz schlecht war und verschrieb ihr deshalb eine optische Korrekturbrille. Außerdem hatte dieser Arzt einen Gesichtsfeldausfall festgestellt, der jedoch nach Ansicht des Arztes nicht zu korrigieren sei. Annette trägt heute noch eine Brille und wird sie nach Meinung ihres Vaters auch zeitlebens tragen müssen.

Zum *Einschulungsverlauf:*

Ein Rückstellungsgesuch der Eltern, das auf einem knappen Ergebnis in einem Einschulungstest basierte, wurde wegen des hohen Einschulungsalters und wegen der körperlichen Reifelage abgelehnt. Die Eltern berichten dann über unfreundliche Bemerkungen der Lehrerin zu und über Annette, die ungern ihren Unterricht besuchte. Der folgende Auszug aus ihrem Schulbericht verweist auf eine erhebliche Trübung des Lehrer-Schüler-Kontakts:

«Annette war überhaupt nicht in die Klassengemeinschaft integriert. Sie war sehr eigenwillig, hat weder positiv noch negativ reagiert. Weder Lob noch Tadel, Kritik oder Ermunterung vermochten sie zu aktivieren. Nach ungefähr sechs Wochen Schulzeit hatte ich den Eindruck, daß Annette zu resignieren begann, daß sie spürte, daß der Zug abgefahren ist, daß ihr die anderen Kinder uneinholbar voraus waren. Im Fach Deutsch kam Annette gerade noch mit, sie erbrachte zum Teil auch durchschnittliche Leistungen, doch lag sie in Mathematik weit unter dem Klassendurchschnitt. Wenn ich Annette heute ab und zu noch auf ihrem Schulweg sehe, schaut sie mich überhaupt nicht an, würdigt mich keines Blickes, sondern schaut nur verlegen auf den Boden oder auf die andere Straßenseite. Ich kann mir aber nicht denken, warum sie sich mir gegenüber so verhält.»

Das Mädchen litt offensichtlich unter einer schweren Rechenstörung im Sinne einer Teilleistungsschwäche. Die Eltern suchten im Verlaufe des ersten Schuljahres eine psychologische Beratungsstelle auf und kamen im Einvernehmen mit der Psychologin dazu, einen Antrag auf freiwillige Repetition des ersten Schuljahres zu stellen. Nach dem Kontakt mit einem Kinderpsychiater, der die Lernstörungen im Rahmen eines psychoorganischen Syndroms erkannte, wurde Annette zur allgemeinen Entwicklungsförderung und auch im Hinblick auf ihre gestörte Motorik in eine psychomotorische Therapie überwiesen. Wir entnehmen KLEINS Darstellung:

Nach Aussage des Vaters brachte diese psychomotorische Bewegungstherapie eine wesentliche Besserung der Bewegungsabläufe, die seit dem Krankenhausaufenthalt immer noch irgendwie «komisch» waren. Annette ging sehr gern zur Therapie, es machte ihr sehr viel Spaß. Aus dem Bericht der Therapeutin: «Annette ist immer fröhlich, macht begeistert mit und hat sehr guten Kontakt zu den anderen Kindern.»

Die Klassenwiederholung erbrachte allerdings nicht den erhofften Erfolg; die graphomotorische Störung und die Rechenschwäche dauerten an. Dazu kam noch die Belastung durch den Vergleich mit dem problemlos lernenden klugen Bruder.

Am Ende des Schuljahres wurde sie dann zur Überprüfung auf Sonderschulbedürftigkeit angemeldet und untersucht. Der begutachtende Sonderschullehrer lehnte eine Umschulung in die Schule für Lernbehinderte jedoch ab und gab der Klassenlehrerin den Rat, Annette in Klasse 2 zu versetzen, was dann auch geschah. Die zweite Klasse durchlief Annette ohne besondere Auffälligkeiten, ihre Leistungen waren knapp unter dem Durchschnitt der Klasse, doch reichten sie für eine Versetzung in Klasse 3 aus. In dieser dritten Klasse wurden ihre Leistungen dann doch so schlecht und unzureichend, daß sich die Lehrerin gezwungen sah, Annette erneut zur Überprüfung für die Sonderschule anzumelden; sie verwies dabei besonders auf Annettes große Konzentrationsschwäche und erwähnte die vom Neurologen diagnostizierte Hirnschädigung. Der untersuchende Sonderschullehrer schlug vor, Annette in die Schule für Lernbehinderte umzuschulen.

Der Widerstand des begutachtenden Sonderschullehrers nach der Klassenrepetition ist erklärbar durch die IQ-Orientierung des Gutachters (s. S. 15) Annette erreichte einen Gesamt-IQ von 89, deutlich über einer negativen Standardabweichung und einem Handlungs-IQ von 99, neben dem Verbal-IQ von 84.

Die Intelligenzprüfung im zweiten Überweisungsverfahren erbrachte nun mit dem Gesamt-IQ von 85 einen Wert auf der Grenzmarke einer

Standardabweichung. Allerdings wurden keine Überlegungen zur Signifikanz im Zusammenhang mit dem Vertrauensintervall durchgeführt. Die Ausfälle im Mosaik-Test mit fünf Wertpunkten wurden mit einer Figur-Grund-Wahrnehmungsstörung im Rahmen eines psychoorganischen Syndroms verstanden.

Wie entwickelte sich nun Annette in der *Schule für Lernbehinderte?*

Sie wurde vorerst in eine vierte Klasse eingewiesen; wegen der guten Leistungen im Verlaufe des Schuljahres wurde sie in die nächsthöhere Klasse promoviert. Der Bericht der neuen Klassenlehrerin:

«Annette arbeitet sehr gut mit, sie ist fast immer willig und gut angepaßt. Ihre mündliche Unterrichtsbeteiligung ist in allen Fällen etwa gleich; sie bringt häufig von sich aus meist richtige oder konstruktive Beiträge zum Unterricht. Auch bei schriftlich zu erledigenden Aufgaben ist ihre Mitarbeit gut. Die Hausaufgaben macht sie regelmäßig vollständig, fast täglich mit Hilfe ihrer Mutter. Die Eltern achten auf eine regelmäßige und ordentliche Erledigung der Hausaufgaben.

Annette zeigt manchmal große Konzentrationsschwierigkeiten. Sie spielt dann entweder mit ihrem Schreibzeug oder redet auch häufig mit ihren Nebensitzerinnen. Das trübt den positiven Eindruck ein wenig, den sie sonst im allgemeinen auf alle Lehrer macht.

Gelegentlich kommt es auch vor, daß sie weint; besonders dann, wenn sie in der Pause gestoßen oder von anderen Schülern auf irgendwelche Weise beleidigt worden ist. Im allgemeinen wird sie jedoch von der Klasse akzeptiert und zeigt in ihrem Sozialverhalten keine Auffälligkeiten.»

Die Mutter äußerte sich zur neuesten Schulsituation:

«Annette geht heute mit Begeisterung in die Schule, obwohl sie noch vor einem Jahr häufig weinend aus der Schule nach Hause gekommen war und die schlechten Noten der Grundschule einfach nicht verarbeiten konnte. Der Wechsel von der Grundschule, wo sie fast täglich Mißerfolge und Frustrationen erleben mußte, in die Sonderschule tat ihr unheimlich gut.

Heute ist sie so weit, daß sie zu ihrem Bruder, der in das Gymnasium geht, sagen kann: ‚Ich bin genauso gut wie du, meine Noten sind ebenso gut wie deine.' Sie war so stolz auf ihr letztes Zeugnis, telefonierte sofort nach Berlin und gab ihren Tanten die Noten durch. Annette redet auch zu Hause sehr oft über die Schule, erzählt was los war. Sie hat keine Abneigung gegen bestimmte Fächer oder Lehrer.»

Zum Problem der *Auslesegerechtigkeit* im Fall Annette:

Viele Hinweise stützen die Annahme, daß Annette unter anderen Bedingungen nicht Schülerin der Schule für Lernbehinderte geworden wäre. Wie hätte sich Annette entwickelt,
- wenn in einer Früherfassung nach den Auffälligkeiten im ersten Lebensjahr entwicklungstherapeutische Maßnahmen angesetzt worden wären;
- wenn die Hospitalisierungsdeprivation des sensiblen POS-Kindes rasch erfaßt, unterbunden oder vermieden worden wäre;
- wenn, wie etwa in der Schweiz, eine Einschulungsklasse für «nicht ganz schulreife Kinder» mit Verteilung des Pensums des ersten Schuljahres auf zwei Jahre erreichbar gewesen wäre;

- wenn die Erstklasslehrerin in ihrer Ausbildung Maßnahmen zur Betreuung von Problemschülern kennengelernt und entsprechende Lernmotivationen aufgebaut hätte;
- wenn die schulpsychologische Beratungsstelle oder der Sonderpädagoge im Überweisungsverfahren in der Lage gewesen wären, diagnostisch differenzierter zu arbeiten;
- wenn nach der Feststellung der Teilleistungsschwäche im Rechnen in einem sonderpädagogischen Ambulatorium ein Schultherapeut («Sonderpädagoge ohne Sonderklasse») mit besonderen Kompetenzen in der Dyskalkulietherapie verfügbar gewesen wäre?

Ist es aber nicht gerade als pädagogische Gerechtigkeit zu bezeichnen, daß Annette damals, an ihrem Schulort, angesichts der Schulverhältnisse, im Hinblick auf die therapeutischen Teilerfolge nun auch noch von einer offensichtlich gut geführten Schule für Lernbehinderte profitieren durfte?

1.3 Können Definitionen von Lernbehinderung die Auslesegerechtigkeit erhöhen?

In der Schweiz wird der wissenschaftliche Terminus «Lernbehinderung» wohl unter Fachleuten, besonders in der Ausbildung, verwendet und kritisch betrachtet, nicht aber in der Kommunikation unter Pädagogen und mit Behörden und Eltern. Die Diskrimination durch Einordnung in eine Kategorie von Devianzen («Behinderung»), welche auch schwere Behinderungen einschließt, ist also kaum gegeben. Es gibt keine Institutionen, die als Sonderklassen oder Sonderschulen für Lernbehinderte bezeichnet werden und keine Lernbehindertenpädagogen, wohl aber Sonderklassen für Schüler mit besonderen Erschwerungen des Lernens, die als Kleinklassen, Sonderklassen B und D (s. S. 176) bezeichnet werden und Sonderpädagogen mit besonderen Kompetenzen im Bereiche des erschwerten Lernens und der damit verbundenen Verhaltensauffälligkeiten. Dennoch ist eine Auseinandersetzung mit *Behinderungsbegriffen* notwendig, wie etwa mit demjenigen von HEESE/SOLAROVA (1985) die sehr differenziert in einem pädagogischen Behinderungskonzept Behinderung der Erziehbarkeit in einer Überwindung einer schädigungs- und individuumzentrierten Sichtweise betrachten und Behinderung als Prozeßbegriff, der soziale Desintegrationsbedingungen einschließt, verstehen. Behinderung der Erziehbarkeit deckt sich in diesem Verständnis nicht mit Zugehörigkeit zu Sonderklassen und Sonderschulen. Die Biographien ehemaliger Sonderschüler als funktionale Analphabeten lehren uns, daß es kurzsichtig ist, Lernbehinderung mit der Zugehörigkeit zur Schule für Lernbehinderte gleichzusetzen. Die *Behinderung der Erziehbarkeit,* zusammen mit Versäumnissen des Erzogenwerdens, führt oft zusammen mit fehlenden Kompetenzen im Bereiche der elementaren Kulturtechniken zu einer *Behinderung der Lebensmeisterung* (GRISSEMANN 1984, 64-72). Das Verständnis von Lernbehinderung als Schullaufbahnbehinderung entspricht einem flachen Behinderungsbegriff, widerspricht den Wechselbeziehungen zwischen Lern- und Verhaltensstörungen (s. S. 83, 105) und sieht an der Problematik der Daseinsbewältigung solcher Menschen vorbei.

Die Kritik an den deutschen Definitionen von Lernbehinderung ist gleichermaßen zu kritisieren wie die Ansprüche an eine Auslesegerechtigkeit, die auf Testgütemerkmale im Objektivitätsanspruch limitiert bleibt.

Wir geben zuerst den *Definitionsversuch der deutschen Kultusministerkonferenz* wieder und diskutieren anschließend WEIGERTS (1987, 40-45) Anzweiflungen der «Allgemeingültigkeit» dieser Definition.

Die ständige Konferenz der Kultusminister der Länder in der Bundesrepublik Deutschland hat am 17./18.11.1977 die «Empfehlungen für den Unterricht in der Schule für Lernbehinderte (Sonderschule)» verabschiedet. Diese sind als einleitende Richtschnur von allen Bundesländern in ihre derzeit gültigen Lehrpläne übernommen. Darin werden die Schüler beschrieben:

«Als ‚lernbehindert' gelten Kinder und Jugendliche, die *umfänglich und langdauernd in ihrem Lernen beeinträchtigt sind,* dadurch deutlich von der Altersnorm abweichende Leistungs- und Verhaltensformen aufweisen und trotz des Angebotes besonderer Lernhilfen in der Grund- und Hauptschule nicht oder nicht hinreichend gefördert werden können.

Lernbehinderte Schüler sind vor allem durch eine herabgesetzte schulische Lernleistung gekennzeichnet. Diese ist in der Regel verbunden mit einem meßbaren, deutlichen Intelligenzrückstand. Lernbehinderung stellt sich dabei nicht immer als umfassender Mangel an Lernfähigkeit dar, sondern vielfach als eine Reihe von aufgabenspezifischen Lernschwierigkeiten, die weniger eingeschränkte Lernfähigkeit auf anderen Gebieten und ausgleichbare Lerndefizite einschließen. Ein Rückstand in der Entwicklung der kognitiven und sprachlichen Funktionen, im sozialen Verhalten und in der Emotionalität ist in der Regel nachweisbar.

Neben der *Lernbehinderung* als umfänglicher und langdauernder Beeinträchtigung des Lernens besteht ein breiter Bereich von *Lernstörungen.* Die Übergänge sind fließend. Lernstörungen können sich durch ungünstige Wechselwirkungen zu Lernbehinderungen verfestigen. Bei derart «generalisierten Lernstörungen» kommt es zu umfänglichem und langdauerndem Lernversagen, jedoch mit anderen Verhaltens- und Leistungsstrukturen. In der Praxis lassen sich demnach schwerpunktmäßig zwei Hauptgruppen lernbehinderter Schüler unterscheiden, wobei im einzelnen vielfach mit dem Zusammenwirken verschiedener Faktoren zu rechnen ist:

Lernbehinderte mit *deutlichen Intelligenzrückständen.*
Bei ihnen zeigt sich erhebliches Lern- und Leistungsversagen allgemeiner Art, die Intelligenzleistungen sind insgesamt herabgesetzt, das Sozialverhalten ist nicht altersgemäß entwickelt.

Lernbehinderte mit *generalisierten Lernstörungen*
- aufgrund neurologischer Dysfunktionen oder konstitutioneller Schwächen. Auffällig bei diesen Schülern ist die Uneinheitlichkeit ihres Lern- und Leistungsverhalten. Das Intelligenzniveau ist oft nicht oder nur wenig vermindert. Umschriebene Ausfälle, Schwächen oder Unregelmäßigkeiten stehen im Vordergrund und haben sich im Laufe der Zeit zu insgesamt altersunangemessenem Lern- und Leistungsverhalten ausgeweitet
- auf psychoreaktiver Grundlage: Schwierige Bedingungen im Elternhaus oder im Heim, in der Schule oder in der übrigen Umwelt haben bei diesen Schülern emotionale Störungen, Lernhemmungen sowie Verhaltensauffälligkeiten hervorgerufen und zu einem allgemeinen und andauernden Schulversagen geführt
- sozio-kulturell bedingter Art: Mangelnde Anregung hat bei diesen Schülern besondere Sprach- und Verhaltensmuster, einen geistigen Entwicklungsrückstand, einen altersunangemessenen Verarbeitungsstil sowie motivationale Hemmungen entstehen lassen, so daß die Schüler den Anforderungen der allgemeinen Schule nicht genügen können, obwohl die intellektuelle Leistungsfähigkeit nicht immer wesentlich beeinträchtigt sein muß.

Generalisierte Lernstörungen im Sinne von Lernbehinderung können nur dort angenommen werden, wo umfängliches und langdauerndes Lern- und Leistungsverhalten vorliegt. Bei vielen schulischen Lernschwierigkeiten ist das nicht der Fall. Durch frühes pädagogisches Eingreifen in der Grundschule kann der Entstehung, Ausweitung und Verfestigung von Lernstörungen nachdrücklich begegnet werden.

Für Lernbehinderungen lassen sich *verschiedene Ursachen* angeben:

Beim Entstehen von Lern- und Leistungsschwächen spielen neben Erbfaktoren auch frühkindliche Hirnschädigungen sowie Umweltbedingungen eine Rolle (z.B. Beeinträchtigungen aufgrund mangelnder emotionaler Zuwendung oder soziokultureller Benachteiligung. Mängel in der schulischen Förderung u.ä. Oft wirken biologische Ursachen und Umweltfaktoren zusammen und führen zum Erscheinungsbild der Lernbehinderung. Lernbehinderung ist ein gegenwärtiges Leistungs- und Verhaltensbild, das durch sonderpädagogische Einwirkungen verändert werden kann.»
(KULTUSMINISTERIUM Rheinland-Pfalz, 1978)

Aufgabe:

1. Versuchen Sie den Fall Annette (S. 20–23) in die Kategorien der deutschen Kultusministerkonferenz einzuordnen.
2. Überprüfen Sie den Fall Annette im Hinblick auf die oben aufgelisteten ursächlichen Faktoren.
3. Wie beurteilen Sie die Definition von Lernbehinderung im Hinblick auf systemische Faktoren (Familiensystem, System der Schulklasse, kommunales und staatliches System) (s. auch S. 106, 117)?

Die *Kritik* von WEIGERT *an Definitionen von Lernbehinderung* (1987, 40) perpetuiert die Klagen über die Ausleseungerechtigkeit.

«Eine exakte, allgemeingültige und allgemeinverbindliche Definition für ‚Lernbehinderungen' gibt es nicht. Unterschiedliche Betrachtungsweisen in einzelnen wissenschaftlichen Disziplinen (Früh-, Sonder-, Allgemein-, Sozialpädagogik, Medizin, Psychologie, Soziologie), in der Administration und in der Praxis vor Ort führen jeweils zu unterschiedlichen Populationen und entsprechend auch zu unterschiedlichen Bezeichnungen und Umschreibungen.

Zwar hat der Deutsche Bildungsrat 1973 (S. 38) den Personenkreis der Kinder und Jugendlichen mit Lernbehinderungen zu umschreiben versucht, und Gustav O. KANTER hat sich um detailliertere Kriterien bemüht:
‚Als lernbehindert i.e.S. werden Personen bezeichnet, *die schwerwiegend, umfänglich und langdauernd* in ihrem Lernen beeinträchtigt sind und dadurch deutlich normabweichende Leistungs- und Verhaltensformen aufweisen. (...) Kinder und Jugendliche sind in der Regel dann als lernbehindert anzusprechen,
a) wenn sie, bezogen auf die Altersnorm, einen psychischen Entwicklungs- und schulischen Leistungsrückstand von mehr als 2–3 Jahren aufweisen,
b) in einem validen Intelligenzmeßverfahren einen Gesamt-IQ von etwa 75 nicht wesentlich überschreiten (untere Grenze zur geistigen Behinderung etwa 55) und
c) ein retardiertes Sozialverhalten zeigen' (KANTER, G. O. 1984, S. 106; Hervorhebungen im Original).
Aber auch diese jüngere Definition entspricht nicht den gegegebenen Tatsachen und der konkreten Praxis. Denn letzten Endes haben Grund- und Sonderschullehrer weitgehend subjektiv und gefühlsmäßig zu bestimmen, wer schwerwiegend, umfänglich und langdauernd in seinem schulischen Lernen beeinträchtigt ist.»

WEIGERTS Kommentar verweist auf mögliche *Fehlhaltungen bei den Überweisungsmaßnahmen:*
«schwerwiegend» werde klassendurchschnittsbezogen gesehen.
Wird damit den Diagnostikern die Fähigkeit abgesprochen, für ihre Entscheidungen die Situierung in der Population, wie auch in der Lerngruppe zu berücksichtigen und in diesem Vergleich auch Folgerungen bezüglich der didaktischen Situation und der Lehrerleistung abzuleiten?
«umfänglich» wird von WEIGERT als Versagen in allen Schulfächern interpretiert. Und doch erfolgen die Überweisungen oft aufgrund des akzentuierten Versagens in einem der beiden Hauptfächer Deutsch oder Mathematik (s. Statistik STRANZ, 1966). «Umfänglich» kann nach einer andern Interpretation als schweres Versagen in einem Hauptfach verstanden werden, das unter gewissen systemischen Bedingungen Sonderklassenbeschulung unumgänglich macht.
Ist die von WEIGERT negativ beurteilte Offenheit solcher Definitionen für *flexible pädagogische Interpretationen* zu bedauern? Seine Kritik erweckt den Anschein, als ob Lernbehinderung als intrapsychisches Konstrukt in statistisch-testologischer Objektivität definiert und diagnostisch identifizierbar gemacht werden müßte. Lernbehinderung wird aber heute zunehmend systemisch – und dies unter Berücksichtigung stabiler und veränderbarer Systemkonstellationen – verstanden.
Eine Kritik müßte sich also eher auf individuumzentrierte *pseudoobjektive Konstruktdefinitionen* beziehen.
Die Definitionsversuche der deutschen Kultusministerkonferenz wie auch des deutschen Bildungsrates bleiben indes offen für *systemorientierte Entscheidungen* im Überweisungsverfahren. Entsprechende Strategien sind nicht als Willkür zu bezeichnen. Sie verlangen aber einen differenzierten diagnostischen Sachverstand.

1.4 Die Abgrenzung Lernbehinderung – geistige Behinderung (LB – GB)

Die Definitionen von Lernbehinderung sollten offen bleiben für verschiedenartige Erschwerungen des Lernens unter verschiedenartigen ätiologischen Konstellationen im intraspychischen und systemischen Bereich, welche längerdauernde, monate- bis jahrelange komplexe pädagogisch-therapeutische und orthodidaktische Maßnahmen in Sonderklassen und/oder in sonderpädagogischen Ambulatorien, eventuell auch in der Kombination von sonderpädagogischen Differenzierungen im Regelklassenunterricht und pädagogisch-therapeutischen Maßnahmen außerhalb des Unterrichts notwendig machen.

«Lernbehinderung» wird damit zu einem Sammelbegriff analog zum neuern Legastheniekonzept (GRISSEMANN 1986b, 131–133). Bei allen Vorbehalten, die testmäßig erfaßbare Intelligenz als entscheidenden Faktor von Lernbehinderung zu verstehen (s. S. 15–17 und 75), erscheint es gerechtfertigt, den IQ mit größerem Gewicht zur Abgrenzung von geistiger Behinderung zu verwenden, da dieser in den tieferen IQ-Bereichen als Indikator verschiedener psychischer Entwicklungsrückstände gesehen werden kann, von Devianzen, welche die geistige Behinderung konstellieren.

Dabei drängen sich – insbesondere für die Schweiz – einige *kategorielle Revisionen* auf. In der Schweiz wird der Bereich «Lernbehinderung I» nach der Kategorisierung von KANTER (s. S. 14) als «geistige Behinderung mit schulischer Bildungsfähigkeit im Bereiche der Kulturtechniken» bezeichnet (GRISSEMANN 1982).

a) Der aktuelle Trend zu einer Grenzziehung bei IQ 50

Die gegenwärtige Praxis der Grenzziehung zwischen GB und LB zeigt sich heute folgendermaßen:
BRD: Die Grenze liegt bei 60–65 IQ-Punkten
Schweiz: Die Grenze liegt bei 70–75 IQ-Punkten
d.h. rund 2 Standardabweichungen unterhalb des Mittelwerts.

Die Grenzziehung zwischen zwei Standardabweichungen in der Schweiz führt dazu, daß in den heilpädagogischen Sonderschulen für Geistigbehinderte, Abteilungen für «schulbildungsfähige Geistigbehinderte» geführt werden. Ist diese Kategorisierung sinnvoll? Wäre es angemessener, diese «leicht Geistigbehinderten» als Lernbehinderte zu bezeichnen?

Die größere IQ-Streuung der Hilfsschüler in Deutschland im Vergleich mit der Schweiz ist ersichtlich aus verschiedenen statistischen Erhebungen, von welchen wir exemplarisch diejenige von BEGEMANN in Reutlingen anführen (H. BAIER/G. KLEIN, 1973, 143).

Rund ein Viertel dieser Hilfsschüler liegt also in einem Bereich, der bei uns als leichte GB bezeichnet wird. Ein großer Teil dieser Kinder

IQ-Bereiche							
< 60	60–69	70–75	76–79	80–89	90–99	100–109	110–
2	11	12	13	44	15	2	1

%-Anteile: 25% (< 60, 60–69, 70–75 zusammengefasst)

Abbildung 6: IQ-Bereiche von Hilfsschülern N = 580

würde in der Schweiz nicht eine Hilfsschulklasse, sondern eine heilpädagogische Sonderschule besuchen. Erstaunlich ist die Heterogenität dieser Schülerschaft, welche durch die IQ-Verteilung angedeutet wird. Es gilt, in solchen Schulen den Schülern mit offensichtlicher intellektueller Minderbegabung, wie auch denjenigen mit emotional-motivational bedingten Lernschwächen, zudem auch Schülern mit Teilleistungsstörungen gerecht zu werden.

Als Vertreter einer Grenzziehung bei IQ 50 seien angeführt:
- M. W. SUSSER/KUSHLICK, A report on the mental health services of the city of Salford for the year 1960. Salford Health Department, 1961 (referiert in LIEPMANN 1979).
- M. C. LIEPMANN, Geistig behinderte Kinder und Jugendliche. Eine epidemiologische, klinische und sozialpsychologische Studie in Mannheim, 1979.

b) Begründungen zu Grenzziehungen bei IQ 50

Die Ungültigkeit der Gausschen Normalverteilung im Bereiche unterhalb IQ 50

LEWIS (1933), DINGMANN/TARJAN (1960), PENROSE (1963), ZIGLER (1967) (bibliografische Angaben in LIEPMANN) unterscheiden weitgehend übereinstimmend

a) eine «pathologische» Gruppe bzw. organische Gruppe mit Schäden als Folge von Hirntraumata, Infektionen, Intoxikationen, Chromosomenaberrationen, Stoffwechselstörungen, Blutgruppenunverträglichkeit, Schädelanomalien, für welche aufgrund von statistischen Untersuchungen eine besondere Verteilungskurve angenommen wird

b) eine «subkulturelle» Gruppe von Retardierten ohne nachweisbare organische Schäden, aber mit erhöhtem Vorkommen von Minderbegabung in der Verwandschaft, für welche eine erbliche Determination wie auch sozio-kulturelle und sozio-ökonomische Determinanten angenommen werden.

PENROSE (Colchester-Untersuchung 1963): Je schwerer die geistige Behinderung eines Individuums, umso geringer die Wahrscheinlichkeit, daß ein oder beide Elternteile ebenfalls retardiert sind.

Die Unterscheidung führt zum Modell zweier Verteilungen.

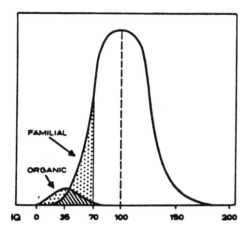

Abbildung 7: Modell der Intelligenzverteilung innerhalb der Gesamtbevölkerung und bei Retardierten. (Die Nummern der Abbildungen beziehen sich auf die Darstellungen in LIEPMANN.)

Dabei enthielte die «pathologische» Gruppe 15% der Retardierten (unter IQ 70), 85% wären Repräsentanten der «normalen» Intelligenzverteilung.

Vorbehalte:
- Die klassischen Intelligenztests sind nie an einer wirklich repräsentativen Stichprobe geeicht worden (unter Einbezug von GB)
- Für die Erfassung GB stellen die üblichen Intelligenztests unzulängliche, zu wenig sensible bzw. trennscharfe Instrumente dar.

Der große Überschneidungsbereich der Verteilungen im CMM bei Lernbehinderten und der Geistigbehinderten

Untersuchungen mit der Testbatterie für Geistigbehinderte (TGB), in EGGERT, Zur Diagnose der Minderbegabung, BELTZ 1972: Die folgenden Verteilungen beziehen sich auf die Erfassung von LB (Schüler, welche die Lernbehindertenschulen in Deutschland besuchten) und GB (Kinder, die mit anderen diagnostischen Verfahren als GB diagnostiziert wurden und entsprechenden Institutionen zugewiesen worden waren).

Die Verteilungen beziehen sich auf die Ergebnisse der Leistungsmessung mit dem Subtest der TGB, CMM, welcher die intellektuelle Begabung erschließen soll.

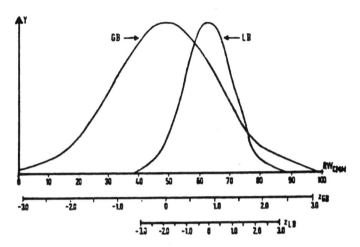

Abbildung 8: Normalisierte Rohwertverteilungen des Subtests CMM für 9jährige geistig behinderte (GB) und lernbehinderte (LB) Jungen mit linear transformierten z-Skalen. (Abbildung übernommen aus: LÜER & STEINHAGEN in EGGERT 1972, 148ff.)

Auch mit der Methode der Abgrenzung der Standardabweichungen von den Mittelwerten der beiden Verteilungen läßt sich keine eindeutige Grenzmarke (cut-off-score) zwischen LB und GB ziehen.

Ergebnisse der Mannheimer Untersuchung von LIEPMANN

In diese Untersuchung wurden einbezogen:
- «offiziell» als GB registrierte 7–16jährige in Institutionen für GB
- aus dem Grenzbereich zu LB Schüler mit IQ 60 und weniger, ausgesucht aus den je fünf leistungsschwächsten Schülern (nach Nennung des Lehrers) in Abteilungen von Lernbehindertenschulen und nach Überprüfung des IQ in den Schulakten.

LIEPMANN überprüfte die These von LEWIS (1933) mit der Klassifikation der GB in zwei Hauptgruppen: schwer GB (IQ <50), GB leicht (IQ 50–70):
- schwere geistige Behinderung ist meist organisch verursacht und daher durch neurologische Auffälligkeiten, schwere sensorische Defekte, genetisch-biochemische, chromosomale Schäden und epileptische Anfälle gekennzeichnet. Bei leicht GB sind solche Befunde deutlich seltener

- schwer GB mit gesicherter organischer Ursache verteilen sich über alle sozialen Schichten entsprechend der Gesamtbevölkerung, während leicht GB ohne nachweisbare organische Befunde fast ausschließlich der Unterschicht angehören.

In der Untersuchung von LIEPMANN wurde eine organische bzw. neurologische Ursache als «gesichert» angenommen, wenn die Kinderpsychiater aufgrund der medizinischen Daten aus den Einzelfalluntersuchungen als hirngeschädigt beurteilt hatten, oder – alternativ – wenn in Akten verläßliche Angaben zur Ursache der geistigen Behinderung vorlagen wie: Infektion oder Intoxikation; Trauma; Stoffwechsel-, Ernährungs- oder Wachstumsstörung; prä-, peri- oder postnatale Schädigungen; Chromosomenanomalien; Frühgeburten mit Geburtsgewicht unter 2500 g.

Ergebnisse:
- *Die Verteilung der Kinder mit gesicherter organischer Ursache und derjenigen ohne Anhaltspunkte für eine solche.*

Tabelle 4: Organische Ursache: Verteilung auf IQ-Gruppen (N=353)*

IQ-Gruppen	Organische Ursache				Summe	Anzahl der Kinder
	gesichert		kein Anhalt			
	f	(%)	f	(%)	(%)	
<39	52	(61.2)	33	(38.8)	100.0	85
40–49	30	(38.0)	49	(62.0)	100.0	79
50–59	28	(26.2)	79	(73.8)	100.0	107
60–69	13	(15.9)	69	(84.1)	100.0	82
Anzahl der Kinder	123		230			353

* GB-Stichprobe (IQ<70) und 40% der LB-Stichprobe

Bei den «Organikern» nimmt der Anteil in den IQ-Gruppen über *50* deutlich *ab,* bei den Kindern ohne Anhaltspunkte für eine organische Ursache eindeutig *zu.*

- *Verteilung in den drei diagnostischen Hauptgruppen mit organischer Schädigung.*

In allen drei Gruppen zeigt sich die deutliche Abnahme *über* der IQ-Grenze 50.

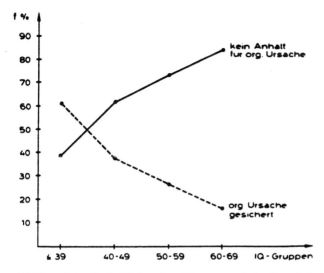

Abbildung 9: Anteile der Kinder mit gesicherter organischer Ursache bzw. neurologischer Beeinträchtigung: Verläufe über IQ-Gruppen.

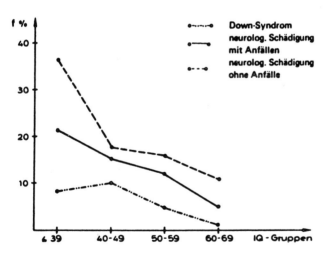

Abbildung 10: Anteile der Kinder mit organischer Schädigung: Verläufe über IQ-Gruppen

c) Kombination von geistiger Behinderung mit Zusatzbehinderung (Mehrfachbehinderungen) in verschiedenen IQ-Gruppen

Wiederum zeigt sich der cut-off bei 50 als deutlichem Grenzpunkt:

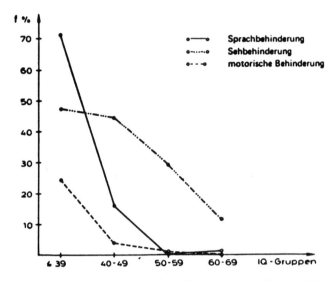

Abbildung 11: Zusätzliche schwere Behinderungen: Verteilung auf IQ-Gruppen

Allerdings muß die Dichotomie von LEWIS als starke Vereinfachung des Problems aufgefaßt werden.
Die folgende Tabelle zeigt

- die Abnahme der Kombination von Minderbegabung mit schwereren Zusatzbehinderungen (2, 3 und mehr) über IQ 50
- eine deutliche Zunahme des Anteils der Gruppe ohne Zusatzbehinderung bei IQ über 50

d) Unterschichtsanteil der Kinder mit gesicherter organischer Grundlage

Der Unterschichtanteil nimmt mit steigendem IQ, besonders über dem cut-off-score 50 deutlich zu. Dieser Zunahme entspricht fast symmetrisch eine Abnahme des Anteils der Kinder mit gesicherter organischer Diagnose. Die Bedeutung des cut-off von 50 drängt sich auf, wenn man die Gruppe der Kinder mit IQ 50–59 der Mannheimer Untersuchung (N = 99) beachtet. 83 gehören zur unteren Sozialschicht, 69 davon (83%) haben keinen ersichtlichen organischen Schaden.

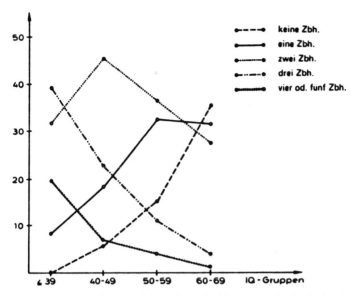

Abbildung 12: Anzahl zusätzlicher schwerer Behinderungen: Verläufe über IQ-Gruppen

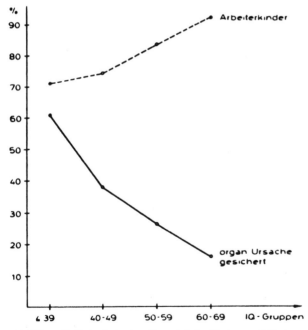

Abbildung 13: Verläufe des Anteils an Arbeiterkindern und Kindern mit gesicherter organischer Ursache über IQ-Gruppen

e) Zusammenfassung und pädagogische Folgerungen

Was spricht für die Grenzziehung für GB bei IQ 50? Weshalb sollen Minderbegabte über IQ 50 eher als Lernbehinderte bezeichnet werden? Unter IQ 50
- nehmen die Anteile der Kinder mit organischen Schäden drastisch zu
- nehmen die Anteile für die drei diagnostischen Hauptgruppen (Downsyndrom, neurologische Schädigung mit Anfällen, neurologische Schädigung ohne Anfälle) drastisch zu
- nehmen die Mehrfachbehinderungen zu
- nimmt der Anteil der Kinder aus der sozialen Unterschicht ab
- ist die diagnostische Trias «Schulversagen», verstanden als Unvermögen symbolischen Lernens im Rahmen der Kulturtechniken, «Intelligenzminderung», verstanden als Situierung unterhalb der Abweichung von drei Standardabweichungen und «Retardierung der sozialen Anpassung», erfaßbar mit der Vineland Social Maturity Scale und ähnlichen Instrumenten erfüllt.

Die neue Grenzziehung wird zur Diskussion gestellt
- im Hinblick auf die Möglichkeit der geringeren Stigmatisierung der Minderbegabten im IQ-Bereich 50–75
- im Hinblick auf größere Chancen der kompensatorischen Förderung, die angenommen werden wegen vermehrter soziokultureller und sozioökonomischer (Mit-)Verursachung von Minderbegabung in diesem Bereich
- im Hinblick auf den Einbezug solcher Kinder in die Curricula für Lernbehinderte
- im Hinblick auf die Verbesserung der Durchlässigkeit zwischen den einzelnen schulischen Institutionen für Minderbegabte.

Diese neue Grenzziehung müßte auch diskutiert werden im Hinblick auf das Phänomen der Schrumpfung der traditionellen Hilfsschulklassen mit ihrem bisher recht großen Anteil an Schülern mit durchschnittlicher oder knapp durchschnittlicher Intelligenz und außerintellektuellen Determinanten der Lernbehinderung. Vielerorts wird durch einen Einbezug der bis anhin als leicht geistigbehindert bezeichneten Kindern ein Prestigeverlust und eine Qualitätseinbuße des Unterrichts für die Lernbehindertenklassen vermutet.

Angesichts der referierten neueren ätiologisch orientierten statistischen Unterscheidungen dürfte es sonderpädagogisch verantwortet werden, Minderbegabten über IQ 50/55 vermehrt die Entwicklungschance der Hilfsschule – eventuell im Zusammenhang mit gezielten pädagogisch-therapeutischen Fördermassnahmen – offenzuhalten.

2. Wird die Erschwerung der Sozialisation soziokulturell deprivierter Unterschichtskinder noch verstärkt durch Separation in Sonderklassen?

Diese Fragestellung bezieht sich auf die Tatsache der *dominanten Vertretung der sozialen Unterschicht* unter den Hilfsschülern. Sie impliziert die Gefahr, zu einfache Erklärungen für schweres Schulversagen zu finden und analog zum älteren Schwachsinnskonzept von Lernbehinderung eine neue monokausal restringierte Theorie zu entwickeln und sich die Sicht auf kumulative und interaktionell-ätiologische und prozessuale Theorien zu verbauen.

Zur Sozialschichtzugehörigkeit von Hilfs- bzw. Sonderklassenschülern seien folgende statistische Angaben angeführt:

Tabelle 5: Sozialschichtverteilung von Hilfsschülern, Reutlingen 1970/71

		%	
Akademiker, Selbständige, höhere und mittlere Angestellte/Beamte	2	10	
untere Angestellte/Beamte, kleinere Selbständige	8		Berufe der Väter
Facharbeiter, gelernte Handwerker	26	26	
angelernte Arbeiter	35	85	
Hilfsarbeiter	11		
Besondere	1	59	
Rentner	3		
alleinstehende Mutter	8		
Kind ist in Heim	1		

BAIER/KLEIN (1973, 140)

Die Verteilungsbilder um 1970 entsprechen weitgehend denjenigen um 1980 (WEIGERT 1987, 89).

In einer Untersuchung von BAUMBERGER (1979, 166) wurde wohl in Sonderklassen B der *Stadt Zürich* (N=191) ein Unterschichtanteil von 73% festgestellt, allerdings nur mit einem Anteil von *49% der unteren Unterschicht* (gegenüber 59% Reutlingen 1971, 60% WEIGERT 1987 s.o.).

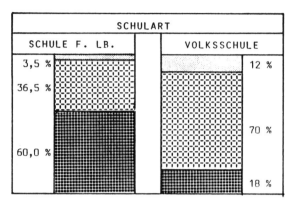

Ausgeübte Berufe der Väter von Schülern der Lernbehindertenschule und der Volksschule (Zahlenmaterial aus BEGEMANN, E. 1984, S. 26, und THIMM & FUNKE 1980, S. 592. BEGEMANNS geschätzte Zahlen hinsichtlich der Hauptschule wurden durch jene von THIMM & FUNKE ersetzt)

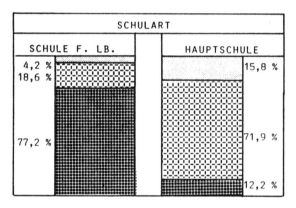

Erlernte Berufe der Mütter von Schülern der Lernbehindertenschule und der Hauptschule (Zahlenmaterial aus BEGEMANN, E. 1984, S. 26).

Legende:

 Obere berufliche Gruppe: große und mittlere Selbständige, höhere, gehobene und mittlere Beamte, Akademiker, leitende und mittlere Angestellte

 Mittlere berufliche Gruppe: einfache Beamte und Angestellte, Handwerks- und Industriemeister, kleine Selbständige, Handwerker und Facharbeiter, angelernte Arbeiter

 Untere berufliche Gruppe: Hilfsarbeiter/Einarbeitungsberufe, Gastarbeiter, Arbeitslose, Rentner/Invalide (vgl. BEGEMANN, E. 1984, S. 25).

Abbildung 14: Sozialschichtverteilung von Lernbehinderten (WEIGERT 1987)

2.1 Die Entwicklung sozialschichtbezogener Theorien von Lernbehinderung

In der Entwicklung sozialschichtbezogener ätiologischer Theorien zur Lernbehinderung sind zwei nicht klar abgrenzbare Phasen festzustellen:
a) die *soziolinguistische Sprachbarrierenhypothesentheorie* als quasi monokausaler Ansatz;
b) die breiter angesetzten schichtbezogenen Sozialisierungstheorien mit der Darstellung von *komplexen Deprivations- und Belastungsfaktoren,* welche eine kumulative und interaktionelle Ätiologie von Lernbehinderung nahelegen.

Zu a): *Die Sprachbarrierenhypothese in der Ätiologie von Lernbehinderung*

Als wichtige Stütze der um 1970 aufgeblühten Sprachbarrierenhypothese in der Lernbehindertenpädagogik wurden statistische Angaben verwendet, welche hauptsächlich *sprachliche Schulversagen als Grund für die Hilfschulüberweisungen* nachwiesen. Ein Beispiel:

Tabelle 6: Sprache als Ursache von Schulversagen. Statistik STRANZ in BAIER/KLEIN (1973, 201). Verteilung der Fächer Deutsch und Rechnen als Anlässe für die Hilfsschulüberweisung (N = 539), Erhebung in Hamburg

ausschließlich Deutsch	19,3
ausschließlich Rechnen	4,1
vorwiegend Deutsch	39,0
vorwiegend Rechnen	16,3
gleichmäßig Deutsch und Rechnen	21,3
daraus ergibt sich:	
ausschließlich und vorwiegend Deutsch	58,3%
ausschließlich und vorwiegend Rechnen	20,4%

Der direkte Bezug zu den Auswirkungen des restricted Code der soziolinguistischen Sprachtheorien erweist sich als problematisch, weil in solchen Angaben über das sprachliche Versagen der Anteil schweren Versagens in den elementaren Leselernprozessen nicht aufgezeigt wird. Die Forschungsergebnisse im Zusammenhang mit dem funktionalen Analphabetismus, der zu einem großen Teil bei Hilfsschulabsolventen festgestellt wird, verweisen auf meist *komplex determiniertes Schwerstversagen im Lesen,* welchem weder die Erklärungen der älteren Legasthenietheorien noch die soziolinguistischen Code-Theorien gerecht zu werden vermögen (vgl. S. 42f.).

Die Darstellungen im Funkkolleg Erziehungswissenschaft (1970) sind symptomatisch für die Theoriebildung, welche die Behindertenpädagogik zu befruchten begann, aber auch wieder zu restringieren drohte.

Wir geben hier einige Auszüge aus der Argumentation um 1970 wieder:

Tabelle 7: Der restricted code der Unterschichtkinder als Lernbarriere?

Schema nach Basil BERNSTEIN (1972)

elaborated code	restricted code
1. grammatisch komplexe Satzkonstruktionen (Konjunktionen, Nebensätze)	1. kurze, grammatisch einfache, oft auch unfertige Sätze
2. häufiger Gebrauch von unpersönlichen Pronomen: es, man, Generalisierungstendenz	2. geringere Generalisierung, konkrete, situationsgebundene Aussagen
3. bewußt zur Unterscheidung ausgewählte Adjektive und Adverbien	3. starre und begrenzte Verwendung von Adverbien (schön, gut)
4. vermehrt Ansätze zur Hypothetischen Sprache (vielleicht, es könnte sein...)	4. eher Sprache der Behauptung, mit emotionaler Untermalung
5. Ansätze zur Verbalisierung von Emotionalem, Wortschatz bezieht sich auch auf psychische Sachverhalte	5. eher nonverbaler Ausdruck von Emotionalem
6. insgesamt größerer Wortschatz	6. eingeschränkter Wortschatz

Funkkolleg Erziehungswissenschaft, Studienbegleitbriefe, Band I, Beltz 1970, IV 7–IV 12

Tabelle 8: BERNSTEINS Testuntersuchungen

	Ergebnisse in			
	nichtsprachlichem Intelligenztest		sprachgebundenem Intelligenztest	
	T-Wert	IQ-Äquivalent	T-Wert	IQ-Äquivalent
Arbeiterjungen .... 15–18 Jahre, N = 61	47,4	96	41,9	88
Schüler einer publ. school (Gymn.) 15–18 Jahre, N = 45	51,4	102	60,2	115

D = *6 (nichtsprachlich), D = *27 (sprachgebunden)

* = Differenz   (LAWTON, 1971,128)

Leistungsproben zur Sprachbarrierenhypothese in der Lernbehindertenpädagogik

Aufsatz eines 15jährigen Jungen aus der *Arbeiterschicht* über

«*Mein Leben in zehn Jahren*»

«Ich hoffe Tischler zu sein kurz vor der Heirat und möchte in einem modernen Haus wohnen eine Menge auf der Umgehungsstraße von Sidcup herumkurven mit einem Motorrad und auch in der Stammkneipe trinken.

Mein Hobby wird Hundezucht sein und in der Freizeit verkaufe ich Haustiere. Und ich werde Kleider nach der neuesten Mode tragen.

Ich hoffe mein in zehn Jahren wird ein glückliches Leben ohne Sorgen und ich habe viel Gelt auf der Bank. Ich werde ein lustiges und glückliches Leben haben. Ich werde hart arbeiten um etwas in der Welt zu erreichen.

Eins was ich in meinem Leben nicht tun werde, ist Schande und Unglück über meine Familie zu bringen.»

Aufsatz eines 15jährigen Jungen aus der *Mittelschicht* über

«*Mein Leben in zehn Jahren*»

«Wenn ich mich umsehe und die Wunder der modernen Naturwissenschaft und all die phantastischen Neuentwicklungen sehe, überfällt mich ein leichtes Gefühl der Verzweiflung. Deshalb weil ich mich anfange zu wundern, wer die Welt in zehn Jahren beherrschen wird, die Maschine oder der Mensch. Schon werden Menschen rund um die Erde in Raketen geschossen und schon werden Maschinen gebaut, die schneller und schneller fahren werden als die zuvor. Ich frage mich ob die Welt ein riesiges Irrenhaus sein wird, wenn ich zehn Jahre älter sein werde. Man sagt uns, wir werden Überschallwagen mit phantastischen Geschwindigkeiten fahren, mit Fernsehen, Betten und sogar automatischer Lenkung. Wollen wir das, wollen wir von der Maschinerie beherrscht werden. Vorbei sind dann die Zeiten in denen die Familie am Sonntagnachmittag zum Picknick fuhr, wir werden über weite, flache Autobahnen gejagt werden, wir werden auf einen Knopf an der Wand drücken und es kommt ein Teller mit fertiggemachten belegten Broten heraus, du könntest denken, daß dies ein bißchen weit hergeholt ist aber wenn sich die Dinge weiter verbessern, wird der Mensch nicht mehr denken müssen und wir werden eine Rasse glotzäugiger Buschneger. Es gibt, wenn dies geschieht, keinen Weg es zum Stillstand zu bringen. Man sagt wir werden nur noch den einen oder anderen zusätzlichen Luxus haben und es hört nie auf. Ich genieße die Annehmlichkeiten von heute, aber meiner Meinung nach gibt es eine Grenze. Aber wer entscheidet, wo diese Grenze ist. Niemand weiß es ist nur eine Menge von Leuten die sich alle auf einen verlassen, der dieses Geschehen aufhält, aber niemand tuts. Wir sind verdammt. Keine Gebete können uns jetzt retten, wir werden Sklaven riesiger wandelnder Monster werden. Machtlos in den Händen von etwas, was wir halfen zu schaffen. Ich mach mir Sorgen über ‚Mein Leben in zehn Jahren'». (LAWTON 1971, 156, 157)

Aufgaben:

- Versuchen Sie die Code-Merkmale nach dem Schema von BERNSTEIN den beiden Aufsätzen zuzuordnen.
- Welche Interpretationen eröffnen sich aus BERNSTEINs Testergebnissen? Was läßt sich über die Entwicklungsbedingungen von Intelligenzstrukturen sagen? Finden Sie verschiedene Determinanten von Intelligenzstrukturen mit erheblichen Faktordevianzen?

Das folgende Zitat von OEVERMANN im Funkkolleg zeigt den *Zusammenhang von Handeln, sprachlicher Etikettierung und Differenzierung der Wahrnehmung* für die soziale Kommunikation in einer Kultur bzw. Kulturschicht

«Verschiedene Kultursprachen, aber auch verschiedene ‚sub-codes' innerhalb einer Kultursprache gliedern die Welt der Empfindungen und Gegenstände in unterschiedlicher Intensität und mit unterschiedlichem Grad der Differenzierung auf. Die Reichhaltigkeit der Bezeichnungen für verschiedene Arten von ‚Schnee' in der Sprache der Eskimos ist in diesem Zusammenhang ein wohlbekanntes Beispiel. Jedoch wäre es übereilt, aus diesem Sachverhalt eine sprachliche Determination der Wahrnehmung oder Gedächtnisleistung im strengen Sinne abzuleiten. Im Prinzip kann auch der Sprecher jeder anderen Sprache die verschiedenen Arten von Schnee in der Wahrnehmung unterscheiden, er ist nur nicht daran gewöhnt, genau wie der seit langem in der Stadt lebende Eskimo umgekehrt trotz der differenzierten Bezeichnungen für ‚Schnee' in seiner Sprache die entsprechenden Unterscheidungen in der Wirklichkeit allmählich nicht mehr bewußt wahrnehmen würde. Sie hätten für ihn keine Handlungsrelevanz mehr. Aspekte der Wirklichkeit werden also nicht differenziert wahrgenommen, nur weil im Wortschatz entsprechend differenzierte Etikettierungen vorhanden sind, sondern weil sich sprachliche Etikettierungen und entsprechende Wahrnehmungsdifferenzierungen gemeinsam im praktischen Handlungsvollzug herausgebildet haben und die sprachlichen Etikettierungen sich als funktional für die soziale Kommunikation und die kulturelle Tradierung erweisen».

Gelten die Ergebnisse der *angelsächsischen* Soziolinguisten auch für den *deutschen Sprachraum*?

Untersuchungen im deutschen Sprachraum haben diese Ergebnisse bestätigt. So fanden P. M. ROEDER und seine Mitarbeiter (1972), daß

«ein erheblicher Unterschied in der Schriftsprache der Kinder verschiedener Sozialschichten» besteht: «Eine positive Korrelation besteht zwischen Sozialstatus und Wortschatz (Länge der Aufsätze, Zahl der mindestens einmal gebrauchten Worte); der Häufigkeit der Verwendung von Adjektiven, zusammengesetzten Substantiven, adverb. Bestimmungen des Ortes und der Zeit, Adverbien; der Häufigkeit der Verwendung von Präpositionen...

Eine negative Korrelation besteht zwischen Sozialstatus und der Häufigkeit der Verwendung von Hilfsverben... und Konjunktionen... Mit dem Sozialstatus des Elternhauses korrelierte positiv die Häufigkeit der Verwendung von hypotaktischen Satzgefügen (Hypotaxe = Unterordnung von Sätzen; Gegensatz: Parataxe = Nebenordnung von Sätzen; d. Verf.), was auf die Fähigkeit schließen läßt, Beziehungen differenzierter zu erfassen und darzustellen, und die Häufigkeit von Kausalsätzen, Lokalsätzen, Attributsätzen. Der Sozialstatus korreliert negativ mit der Häufigkeit der unvollständigen Sätze».

Wie wird die *Entstehung des restringierten Sprachmusters* erklärt? (P. M. ROEDER 1972)

«Die soziale Situation, die den ‚restringierten Kode' hervorbringt, kann typisierend wie folgt beschrieben werden:

Eine Familie der Unterschicht in beengten Wohnverhältnissen mit überdurchschnittlicher Kinderzahl, niedrigem, oft unsicherem Einkommen. Die Tätigkeit des Vaters besteht wesentlich im Umgang mit Dingen, sprachliche Kommunikation spielt für seine Arbeit nur eine geringe Rolle. Die Mutter arbeitet gelegentlich. Die Schulbildung der Eltern geht nicht über die Elementarstufe hinaus. Schon die Großeltern lebten in proletarischen Verhältnissen. Diese Existenz ist gewissermaßen zur zweiten Natur geworden; Gedanken an und Planung für einen möglichen Aufstieg beschränken sich auf den wöchentlichen Obulus fürs Lotto. Der Anteil an der Kultur der Gesellschaft ist eingeengt auf deren restringierteste Manipulationsinstrumente: Boulevard-Blätter und Produkte der Traumfabriken.

Es ist eine Welt, in der sich Individuelles nicht ausdrücken kann: nicht in der Einrichtung der Wohnung und nicht in der Kleidung, weder im Stil des Arbeitstages noch selbst in der Wahl der Vergnügungen. Persönliches wird zu einem bloßen Unsicherheitsfaktor im ohnehin schwierigen Gang der Dinge. Als disfunktional schrumpft es in die subkulturell akzeptierte soziale Rolle zurück, die Sicherheit zu verleihen scheint.

Die Kommunikation zwischen den Mitgliedern der Familie – ohnehin durch die äußere Misere und die über die engere Nachbarschaft gleichen Milieus nicht hinausgehenden Kontakte auf einen engen Horizont eingeschränkt...»

Mit solchen *Klischee-Darstellungen* wurde um 1970 die Code-Theorie der Soziolinguisten den Lehrern nahegebracht. In den verbreiteten Code-Merkmalslisten kommt eine Unterscheidung sprachlicher *Kommunikationsstrategien* zu wenig zum Ausdruck. Eine solche Unterscheidung erscheint deshalb wichtig, weil Lehrer ohne Verstehen der beiden Grundstrategien dazu neigen, im Leistungsbetrieb der Schule die Schüler einer der beiden Kategorien (s. den Hinweis nach den beiden folgenden Texten und der Interpretation von BERNSTEIN) schlechter zu zensieren, auch bei pragmalinguistischer Äquivalenz.

Aufgabe:

Vergleichen Sie die zwei Schilderungen der gleichen Bildergeschichte, ohne die nachfolgenden Erklärungen zu lesen. Listen Sie zu den beiden Darstellungen je die besonderen Merkmale auf.

BERNSTEIN in b: e tabu (1972). «Betrachten wir z.b. die zwei folgenden Geschichten, die der Linguist Peter Hawkins konstruierte, nachdem er die Ausdrucksweise fünf Jahre alter Kinder aus der Mittelschicht und aus der Arbeiterschicht analysiert hatte. Man reichte den Kindern eine Folge von vier Bildern, die eine Geschichte darstellten und die Kinder wurden aufgefordert, diese Geschichte zu erzählen. Das erste Bild zeigt einige Jungen, die Fußball spielen; auf dem zweiten fliegt der Ball in das Fenster eines Hauses; das dritte zeigt einen Mann mit drohender Gebärde; und auf dem vierten blickt eine Frau aus einem Fenster und die Kinder laufen davon.»
Dies sind die zwei Geschichten:
(1.) Drei Jungen spielen Fußball und ein Junge schießt den Ball, und er fliegt durch das Fenster, der Ball zertrümmert die Fensterscheibe und die Jungen schauen zu, und ein Mann kommt heraus und schimpft mit ihnen, weil sie die Scheibe zerbrochen haben, also rennen sie fort und dann schaut diese Dame aus ihrem Fenster und sie schnauzt die Jungen an. (Zahl der Substantive: 13; Zahl der Pronomina: 6.)
(2.) Sie spielen Fußball und er schießt ihn und er fliegt rein, dort zertrümmert er die Scheibe und sie schauen zu und er kommt raus und schimpft mit ihnen, weil sie sie zerbrochen haben, deshalb rennen sie weg und dann sieht sie raus und sie schnauzt sie an. (Zahl der Substantive: 2. Zahl der Pronomina: 14.)

Und jetzt überprüfen Sie Ihren Vergleich mit BERNSTEINS Darstellung:

«Bei der ersten Geschichte braucht der Leser nicht die vier Bilder zu sehen, die als Grundlage für die Geschichte dienten, wohingegen der Leser für die zweite Geschichte die ursprünglichen Bilder braucht, um Sinn in der Geschichte zu finden. Die *erste Geschichte ist unabhängig von dem Zusammenhang,* aus dem sie hervorging, während die *zweite Geschichte sehr viel enger an den Kontext gebundern ist.*

Daraus folgt, daß die *Bedeutungen der zweiten Geschichte implizit,* die der *ersten hingegen explizit* sind.

Es trifft nicht zu, daß die Arbeiterkinder das Vokabular der Mittelschichtkinder nicht in ihrem passiven Wortschatz haben, noch trifft es zu, daß sich die Kinder in ihrem unausgesprochenen Verständnis des linguistischen Regelsystems unterscheiden. Vielmehr haben wir es hier mit Unterschieden im Sprachgebrauch zu tun, die in einem spezifischen Zusammenhang entstehen. Das eine Kind expliziert die Bedeutungen, die es mit der Sprache ausdrückt für die Person, der es die Geschichte erzählt, während das zweite Kind sie nicht im selben Ausmaß expliziert.

Das erste Kind nimmt sehr wenig als selbstverständlich hin, während das zweite Kind sehr viel voraussetzt. So stellte sich für das erste Kind die Aufgabe, den Zusammenhang in seiner Bedeutung explizit zu machen, während das zweite Kind die Aufgabe nicht darin sah, solche Bedeutungsexplikation zu leisten. Es wäre nicht schwierig, sich einen Zusammenhang vorzustellen, in dem das erste Kind eine Ausdrucksweise annehmen würde, die der des zweiten ziemlich ähnlich wäre.

Worum es uns hier geht, sind die Unterschiede in der Art, in der die Kinder im Sprachgebrauch realisieren, was offensichtlich derselbe Zusammenhang ist. Wir könnten sagen, daß die Sprache des ersten Kindes *universale Bedeutungen* hervorbrachte, in dem Sinne, daß die Bedeutungen vom Zusammenhang befreit und so für jeden verständlich sind; während die Sprache des zweiten Kindes *partikulare Bedeutungen* schuf, in dem Sinne, daß die Bedeutungen eng an den Kontext gebunden sind und nur dann für andere voll verständlich wären, wenn diese zu dem Zusammenhang Zugang hätten, der ursprünglich diese Sprechweise hervorrief. So sind universale Bedeutungen weniger an einen gegebenen Kontext gebunden, während partikulare Bedeutungen streng ‚kontextgebunden' sind.»

Es ist anzunehmen, daß etwa im Aufsatzunterricht kontextgebundene Darstellungen nach dem zweiten Muster unterbewertet werden, und daß es sich lohnen würde, den Lehrern Interventionsmöglichkeiten zur flexiblen Verwendung der beiden Grundstrategien im Sprachunterricht aufzuzeigen.

Ein eindrückliches Beispiel für die *Gewichtung der Sprachbarrierenproblematik in der Lernbehindertenpädagogik* um 1970 ist die Darstellung von BEGEMANN (1975[3], 33f.):

«Der Zusammenhang von der Sprache des Hilfsschulkindes und seinem Volksschulversagen ist das zentrale Problem zum Verständnis der Hilfsschüler und der ihnen notwendigen Bildung.» Um die relativ intelligenzunabhängige, schichtspezifische und schullaufbahnbestimmende Sprachentwicklung nachzuweisen, beruft er sich auf Untersuchungen von ROEDER (1965), beispielsweise mit dem Vergleich von vier Aufsatztexten, je zwei von Akademiker- und Arbeiterkindern, die alle in einem Intelligenztest einen IQ von 105 erreicht hatten und in Grundschulklassen unterrichtet worden waren.

Die Schichtzugehörigkeit ließ sich in Beurteilungsversuchen durch die meisten Beurteiler mit großer Sicherheit aufgrund der Code-Merkmale nach BERNSTEIN identifizieren. Die beiden Aufsätze der Arbeiterkinder werden dabei als «weniger differenzierte und primitivere» Produkte, ungeachtet von Prägnanz, emotionaler Durchdringung und Eindrücklichkeit schlechter beurteilt. Als weiteren Impuls zur Überprüfung der weitgehenden Intelligenzunabhängigkeit von sprachlichen Schulleistungen publizierte er die Tonbandprotokolle von zwei Hilfsschülern mit 13;2 J. und IQ 94 und 11;6 J. mit IQ 68. Beide IQ wurden mit dem Binet-Stanfordverfahren ermittelt. Beide Hilfsschüler waren Söhne von Hilfsarbeitern und lebten in städtischen Notwohnungen. Die Produkte unterschieden sich unter Anwendung der Kriterien von BERNSTEIN kaum voneinander; die Aussage des jüngeren Schülers mit dem erheblich tieferen IQ erschien sogar etwas differenzierter.

BEGEMANN setzte damals das frappierende Phänomen zur Sonderklassenbeschulung in Beziehung. Der ältere Schüler mit dem höheren IQ wurde erst nach drei Schuljahren in die Sonderschule überwiesen und besuchte diese sehr unregelmäßig. Der jüngere und «weniger intelligente» Schüler sei sonderschulmäßig von einer Vorklasse an betreut worden. Leider fehlen in BEGEMANNS Darstellung Aussagen über das Lernbehinderungskonzept und die didaktischen Variablen zu den beiden Beschulungen. Wichtiger erscheint aber, daß nicht versucht wurde, die Diskontinuität des Schulbesuchs des älteren Schülers zu psychosozial-familiären Belastungsvariablen in Beziehung zu setzen. Diese Vorbehalte können allerdings nicht zur Zurückweisung der Hypothese der teilweise intelligenzunabhängigen Entwicklung von Sprachkompetenzen verwendet werden.

Ein anregendes Beispiel der pädagogischen Anwendung der soziolinguistischen Theoriebildung stellt der Ansatz zur *kompensatorischen Spracherziehung* von D. und G. GAHAGAN (1971) dar.

In den *Anleitungen* zum kompensatorischen Sprachtraining wird eine *mehrdimensionale Systematik* klar vertreten. Dabei finden sich
- Übungen zum *auditiven Dekodieren* (z.B. Anweisungen für Handlungssequenzen, Erkennen von sprachlichen Unstimmigkeiten und von Nonsensaussagen)
- Übungen zum *verbalen Ausdruck* (z.B. Flüsterspiel, Versprachlichen taktiler Eindrücke, Beschreiben ungewöhnlicher Gegenstände, Kinder instruieren Kinder, Telephonieren)
- Übungen zur *verbalen Informationsverarbeitung* (z.B. von Merkmalen auf Begriffe schließen, Kategorienbildung, hypothetisches Denken an fiktiven Situationen, Analogien stiften, Gegensätze suchen)
- Übungen zur *sozial-verbalen Kommunikation* und Interaktion (z.B. Aufbau des Wortschatzes für Gefühle und Motive an Bildergeschichten, soziale Rollenspiele an Konfliktsituationen)
- Übungen zur *auditiv-sprachlichen Speicherung und Aufmerksamkeitsfixierung.*

In der *empirischen Evaluation* werden Schulklassen, in denen in einem einheitlichen Vorgehen das GAHAGAN-Programm praktiziert wurde (N=56 Schüler), mit solchen verglichen, deren Lehrer während des Versuchs in den Experimentalklassen an einem Fortbildungsseminar unter der Leitung von BERNSTEIN teilnahmen, ohne daß das GAHAGAN-Programm einbezogen wurde (N=48). Das Seminar bezog sich auf lernpsychologische Probleme und verschiedene kleine Projekte, welche die Lehrer in ihren Klassen durchführten. Damit sollte der HAWTHORNE-Effekt kontrolliert werden. Dazu kamen noch Vergleichsklassen (N = 72), in denen überhaupt keine Interventionen geplant wurden. Die Experimental- und die Vergleichsgruppen wurden in einer Londoner Wohngegend rekrutiert, die fast ausschließlich von Angehörigen der Arbeiterklasse bewohnt wurde.

Die Ergebnisse des zweieinhalb Jahre dauernden Versuchs (mit rund 20 Minuten Programmeinsatz pro Schultag) weisen darauf hin, daß die Veränderungen an den Kindern nicht auf den sprachlichen Fertigkeitsbereich eingeschränkt blieben. Die Kinder der Versuchsklassen waren in allen Untersuchungsbereichen den Kindern in den Vergleichsklassen überlegen. Mit den Tests und Fragebogen wurden folgende Verbesserungen im Sinne nichttrivialer Lerneffekte nach KLAUER (1975) ermittelt:
- Verbesserung des Sprachrepertoires
- Verbesserung der verbalen Kreativität
- günstigere soziale Einstellungsbildung: vermehrter Einsatz vermittelnder Kontrolle in Konfliktsituationen, Bereitschaft zu flexiblerem Verhalten und Distanzierung von autoritativen und rigiden Haltungen im zwischenmenschlichen Verhalten.

Für die *Lernbehindertenpädagogik* erscheint besonders bedeutsam, daß die Verbesserungen, welche für die Gesamtgruppe der Kinder der Experimentalgruppe erfaßt werden konnten, auch für die *Schüler mit niedrigeren Ergebnissen in den Prätests* zutrafen (English Progress Test < SW 85, Wechsler Intelligenztests < IQ 90).

GAHAGANs vielseitige Anregungen für die *Sprachdidaktik an Einschulungsklassen* zur *Prävention von Lernbehinderung* sind nach wie vor beachtenswert. Den Vertretern pädagogischer Innovationen muß aber klar sein, daß diese insgesamt eher *individuumzentriert* sind und keinen sozioökologisch ausgerichteten Beitrag leisten.

Was haben die *Kontroversen um die Defizit- und Differenzinterpretation* der soziolinguistischen Forschungsergebnisse bewirkt?

Die Erklärung von Sprachbarrieren im Sinne von Defiziten wird wohl als Produkt gesellschaftlicher Bewertungsprozesse gesehen (WEIGERT 1987, 124). Die Sprachverhaltensmerkmale der Codes müssen aber doch auch als Funktion spezifischer Arbeitsprozesse verstanden werden. Das ideologisch gestützte Verbleiben in einem Sprachverhalten, das im Rahmen einer Differenzierungshypothese einer normativen Abqualifizierung entzogen würde, müßte sich ja gerade im Hinblick auf die damit verbundenen Emanzipationssperren als Defizit erweisen (BERNSTEIN in D. und G. GAHAGAN 1971, 191):

«Ich war immer der Ansicht, daß Restriktion des Kodes, dort wo sie auftritt, keine sprachliche oder kulturelle Verarmung konstituiert, denn es besteht eine Feinheit und Vielfältigkeit in kulturellen und imaginativen Gestalten. Ich verstehe allerdings, daß Koderestriktionen von einem bestimmten psychologischen Standort aus mit einem Bildungsdefizit gleichgesetzt werden können. Ich verleugne nicht, daß es hier um eine pädagogische Sache geht, allein darum gibt es Schulen. Die zentrale Aufgabe der Schule sehe ich darin, *allen* Kindern die Möglichkeiten zur Exploration der Grenzen menschlichen Bewußtseins zu bieten, und zwar auf eine Weise, daß diese Grenzen nicht als Gefängnis, sondern als fruchtbare Spannung zwischen Bekanntem und Unbekanntem erfahren werden.»

Die *Differenzinterpretation* der Code-Theorien hat einige *Korrekturen* bewirkt, hat aufgezeigt, daß auch in der Unterschicht in besonderen Sachbereichen lexikalische und syntaktische Differenzierungen gefunden werden können, die mit den Code-Clichés nicht zum Ausdruck kamen, und daß die schichteigenen Repertoires schichtintern in den besonderen Sozialbezügen und Interaktionsstrukturen funktional sind. Auch wenn die Bemühungen um die sogenannte Differenzhypothese bewirkt haben, daß sprachliches Unterschichtverhalten nicht als minderwertig betrachtet wird, sind damit doch die unterschiedlichen Ansprüche unterschiedlicher Arbeitssituationen und -aufgaben an die Sprache nicht zu verkennen.

Deshalb sind die Arbeitsmittel zur Sprachförderung, die in der Zeit des soziolinguistischen Booms entwickelt wurden, immer noch als Medien einer korrektiven und präventiven Lernbehindertenpädagogik einsetzbar und bilden einen erfreulichen Kontrast zur Haltung der Reduktions- und Restfunktionsdidaktik der vorausgegangenen Ära des Schwachsinnskonzeptes der Lernbehindertenpädagogik.

Daß mit der *soziolinguistischen Theorieeinverleibung in die Lernbehindertenpädagogik* nicht *die* Ursache von Lernbehinderung freigelegt worden ist, ergibt sich schon aus quantitativen Überlegungen. In der Schweiz sind schätzungsweise noch rund 20% der Bevölkerung der mittleren und unteren Unterschicht zuzurechnen, die auch dem restricted Code nach BERNSTEIN entsprechen könnten. Die Facharbeiter haben sich einkommensmäßig, im Lebensstil, in der Bildungsorientierung und im Freizeitverhalten weitgehend an die Angestellten der unteren und mittleren Mittelschicht (nach der soziologischen Kategorisierung von KLEINING und MOORE 1968) angeglichen. Da aber die schweizerischen Hilfsschüler nur einen Anteil von etwa 2% der Gesamtschülerzahl ausmachen, ist klar, daß der größte Teil der Kinder, die eine Sozialisation mit dem restricted Code erleben, eine normale Schullaufbahn absolvieren.

Zur *Überwindung monokausal-linearen Denkens* trug schon GEHRECKES (1958) Untersuchung mit der Unterscheidung von drei Typen von Familien mit Hilfsschulkindern in Deutschland bei, von Familien, die mindestens zu 80% der damals definierten Unterschicht zugeordnet werden mußten. GEHRECKE unterschied:
- Familien mit nur *einem Hilfsschulkind* neben nicht hilfsschulbedürftigen Geschwistern, in denen neben der sozialschichtspezifischen Sozialisation, die man als soziokulturelle Deprivation bezeichnete, durchwegs geordnete Verhältnisse *ohne psychosoziale* Belastungen

feststellbar waren. Die Hilfsschulbedürftigkeit muß bei diesen Schülern durch das Hinzutreten weiterer ätiologischer Faktoren erklärt werden. GEHRECKE gab den Anteil dieser Hilfsschüler mit rund 50% an.

- Familien mit *mehr als einem Hilfsschüler,* bei denen neben der soziokulturellen Deprivation ein *sozioökonomischer Notstand* herrschte. Der Anteil dieser Hilfsschüler wurde mit 25% angegeben.
- Mit weiteren 25% partizipierten Hilfsschüler in Verhältnissen mit *familiärer Desorganisation* im Zusammenhang mit Verwahrlosungsprozessen aufgrund erzieherischer Deprivation.

GEHRECKES damalige Hinweise dürfen als wichtige Impulse zur Entwicklung eines *mehrdimensionalen ätiologischen Denkens* verstanden werden.

Sprachliche Beeinträchtigungen würden also erst zusammen mit anderen Entwicklungserschwerungen Lernbehinderung bedingen.

Zu b): *Schichtbezogene Sozialiationstheorien – Komplexe Deprivations- und Belastungsfaktoren*

Über die Sprachkompetenzorientierung hinaus führen die Theorien mit der Erfassung von Zusammenhängen zwischen Sprach- und Störungsverhalten, bzw. über die Schichtabhängigkeit der kognitiven Reflexivität als Faktor von Schulerfolg.

HESS und SHIPMAN (ref. in b:e Redaktion 1972, 109–111) führten eine Untersuchung durch, in welcher sie den Zusammenhang zwischen sozialer Schichtzugehörigkeit, intrafamiliärem Steuerungsverhalten, Sprachverhalten und kognitiven Funktionsabläufen zu erfassen versuchten. Der Untersuchung liegt die Unterscheidung von *rollen- und personenorientiertem Steuerungsverhalten* zugrunde.
Zusammenhänge von *Sprach- und Steuerungsverhalten* mit Sozialschichtzugehörigkeit

«HESS und SHIPMAN sehen als zentralen Faktor für die kognitive Entwicklung des Kindes im Sozialisationsprozeß die kognitive Bedeutsamkeit des Kommunikationssystems zwischen Mutter und Kind: Das unterschiedliche Sprachverhalten von Müttern aus unterschiedlichen Sozialschichten beeinflußt nicht nur die Art und Weise der sprachlichen Kommunikation, sondern auch die Herausbildung bestimmter Strukturen, die die kognitiven Funktionsabläufe des Kindes kennzeichnen. Die Verflechtung der *sozialen Interaktion* mit der Sprache zeigt sich in der Steuerung des Verhaltens des Kindes in der Familie. HESS und SHIPMAN sprechen von einem Steuerungsverhalten, das rollenorientiert ist und von einem Steuerungsverhalten, das personenorientiert ist.

In Familien mit rollen-orientiertem Steuerungsverhalten erfolgen Regulierungen des Kindes häufiger auf Grund von Rollenerwartungen (‚Du mußt es tun, weil ich es sage.' ‚So etwas macht ein Mädchen nicht.').

In Familien mit personenorientiertem Steuerungsverhalten modifizieren dagegen die Persönlichkeitscharakteristika des Kindes die Eltern-Kind-Beziehung. Diese Art des Steu-

Tabelle 9: Steuerungsverhalten

	rollenorientiertes Steuerungsverhalten	personenorientiertes Steuerungsverhalten
Regulation des unerwünschten Verhaltens	«Das kommt bei uns nicht in Frage.» «Sowas tut ein Mädchen nicht.»	«Wenn du den Wagen durch das Wohnzimmer rollst, könntest du den Vater wecken, der nebenan sein Mittagsschläfchen macht.» «Da hast du dem kleinen Bruder eine Freude gemacht, wie du ihm beim Federballspiel die Bälle sanft zurückgeschlagen hast.»
Erforderlicher Code	Restricted Code genügt, Stützung durch nonverbale Informationen	Elaborierter Code ist notwendig, Aufbau differenzierter Begriffssysteme
Inhalte	gehäufte restriktive Hinweise und aversive Stimuli	Erörterungen als angebotene Argumente und Instruktionen, Verstärkung von erwünschtem prosozialem Verhalten.
Kognitive Beeinflussung	weniger flexible Selbststeuerung, Konditionierung von Signalverhalten	Modellernen des elaborierten Code, flexible und reflexive Selbststeuerung eher im Sinne eines Problemlösungsverhaltens mit Rückwirkung auf die Ausdifferenzierung des elaborierten Code.

Der Untersuchungsbericht von HESS und SHIPMANN (1972): b:e-Redaktion (109–111)

erungsverhaltens fordert den elaborierten Kode im Sprachverhalten und eine große Variabilität von angebotenen und dem Kind erlaubten Verhaltensweisen. Demgegenüber schränkt das rollenzentrierte Steuerungsverhalten die angebotenen und erlaubten Verhaltensalternativen ein und der restringierte Sprachkode ist hier funktional angemessen.

HESS und SHIPMAN wollten in ihrer Untersuchung den Nachweis führen, daß die soziale Schichtenzugehörigkeit und das intrafamiliäre Steuerungsverhalten das Sprachverhalten formt und dieses wiederum die kognitiven Funktionsabläufe des Kindes in Problemlösesituationen beeinflußt.

Die Untersuchungsstichprobe bestand aus 163 Müttern und deren vierjährigen Kindern, die aus vier Sozialschichten ausgewählt worden waren. Die Daten erhielten die Autoren aus Interviews, Tests und aus der Beobachtung von Interaktionssituationen zwischen Mutter und Kind.

Eine der auffallendsten Differenzen zwischen den Müttern unterschiedlicher Sozialschichten war ihr *Sprachverhalten*. Diese Differenz zeigte sich in der absoluten Menge der verbalen ‚Produktion' bei drei freien Antwort-Aufgaben: Die Protokolle der Mittelschichtmütter umfaßten durchschnittlich 82 Schreibmaschinenzeilen, die der Unterschichtmütter dagegen nur 49 Zeilen. Diese Differenz weist auf das Ausmaß hin, in dem das Kind in unterschiedlichen Sozialschichten durch die Mutter Gelegenheit erhält, Interpretationen seiner Umwelt zu erfahren. Bei der Auswertung nach qualitativen Gesichtspunkten, die den elaborierten Kode kennzeichnen, erhielten die Mittelschichtmütter durchschnittlich höhere Punktwerte.

Bei den Kindern zeigten sich die Differenzen zwischen den Sozialschichten darin, daß die feststellbaren Stile der Begriffsbildung von der Mittelschicht bis zur untersten Sozialschicht quantitativ und qualitativ (gemessen am Abstraktionsniveau) abnahmen und nichtverbale Reaktionen zunahmen. Zwischen der Häufigkeit der relationalen Begriffsbildung bei Müttern und dem Fehlen von Stilen der Begriffsbildung bzw. nichtverbalen Reaktionen ihrer Kinder bestand ein positiver Zusammenhang.»

Die Bedeutung von *Impulsivität versus Reflexivität* in der Mutter-Kind-Interaktion.

«Weitere Informationen über die schichtenspezifischen *verbalen und kognitiven Umweltbedingungen* des Kindes erhielten HESS und SHIPMAN aus der Beobachtung von Interaktionssituationen zwischen Mutter und Kind. Die Mütter bekamen durch den Versuchsleiter drei einfache Aufgaben gelehrt und mußten sie dann ihre Kinder lehren.

Die beiden ersten Aufgaben bestanden aus Sortieraufgaben nach vorgegebenen Kategorien. Mittelschichtmütter gaben ihrem Kind genaue Informationen, was es machen und wie es die Aufgabe lösen sollte, während Unterschichtmütter das Kind oft nur ungenügend darüber informierten, was von ihm bei dieser Aufgabe erwartet wurde. Kinder aus der Mittelschicht waren den Kindern aus der Unterschicht in der Häufigkeit korrekter Gruppierung und Verbalisierung des Gruppierungsmodus überlegen.

Als dritte Aufgabe mußten Mutter und Kind gemeinsam mit einem Zeichengerät Figuren nachzeichnen, wobei die Mutter das Zeichengerät in senkrechter und das Kind das Zeichengerät in waagrechter Richtung bediente. Bei der Beobachtung dieser Interaktionssituation zeigten sich schichtenspezifische Unterschiede zwischen den Müttern hinsichtlich der Regulierung ihres eigenen Verhaltens und des Verhaltens des Kindes: Bei Unterschichtmüttern und -kindern zeigte sich die Tendenz, ohne genügend Zeit für Planung und Reflexion die Aufgabe zu beginnen. Dieses impulsive Verhalten ist Problemlösesituationen nicht angemessen, in denen die Fähigkeit verlangt wird, mögliche Alternativen der Vorgehensweise abzuschätzen und auf das Ziel zu beziehen. Eine solche Reflexion in Problemlösesituationen ist eng an personenorientiertes Steuerungsverhalten gebunden, da nur auf Grund der Berücksichtigung individueller Charakteristika und nachfolgender Konsequenzen Alternativen der Vorgehensweise gesehen werden können.

Um Informationen über das *Steuerungsverhalten* der Mutter zu gewinnen, mußten diese berichten, wie sie sich in bestimmten Situationen verhalten würden (z.B. Versagen des Kindes in der Schule, Verstoßen des Kindes gegen die Schulregeln). Die Reaktionen der Mütter wurden klassifiziert hinsichtlich ihres personen- bzw. rollenorientierten Steuerungsverhaltens. Die Mütter der Mittelschicht nannten am häufigsten, die Mütter der untersten Sozialschicht am wenigsten Verhaltensweisen, die als personenorientiertes Steuerungsverhalten klassifiziert wurden. Zur Erfassung des *Stils der Begriffsbildung* wurden Sortieraufgaben benutzt. Sowohl Mutter wie Kind mußten eine bestimmte (für Mutter und Kind unterschiedliche) Sammlung verschiedener Objekte in Gruppen ordnen und anschließend ihre Gruppierung begründen. Mit dieser Aufgabe sollte festgestellt werden, auf welchem Abstraktionsniveau Mutter und Kind Umweltreize einordnen.

Mütter der Mittelschicht zeigten häufiger Stile der Begriffsbildung, in der das Gemeinsame der Reizkonstellation in allen Objekten erfaßt wurde. Mütter der drei unteren Sozialschichten benutzten am häufigsten relationale Klassifizierungen, in denen vordergründige Reizgegebenheiten auf subjektive Art und Weise miteinander in Zusammenhang gebracht wurden.

Das *Sprach- und Steuerungsverhalten* der Unterschichtmütter (restringierter Kode, rollenorientiert) wirkt sich also negativ auf das Verhalten des Kindes in Problemlösesituationen aus, während die Kinder der Mittelschicht durch das Sprach- und Steuerungsverhalten der Mutter *(elaborierter Kode, personenzentriert)* bedeutend häufiger in Problemlösesituationen erfolgreich sind.

Die Stichprobe bestand aus folgenden vier sozialen Gruppen: Obere Mittelschicht, Obere Unterschicht, Untere Unterschicht I und Untere Unterschicht II (Abwesenheit des Vaters, Unterstützung aus öffentlichen Mitteln).»

Aufgabe:

Versuchen Sie, den Untersuchungsbericht zur tabellarischen Übersicht auf S. 49 in Beziehung zu setzen und eventuell eine erweiterte Tabelle zu konstruieren.

Die Ergebnisse der Untersuchung lassen sich in den beiden folgenden Kurzformeln zusammenfassen:

a) Entwicklung des *elaborierten Code* =
f (elterliches Sprachmodell in Konflikt- und Problemsituationen • praktizierte person-, bzw. sachorientierte Handlungssteuerung)

b) Entwicklung des *reflexiven Problemlösungsverhaltens* =
f (reflexives Verhaltensmodell • Einüben des inneren Sprechens mit den Stilmitteln des elaborierten Code)

Die Untersuchung von HESS und SHIPMAN bezieht sich vor allem auf die *regulativen* Situationen, in denen das Kind auf die Regeln moralischer Ordnungen und ihre Hintergründe aufmerksam gemacht werden kann, und auf die *instruktiven* Situationen, in denen das Kind über Sachverhalte und Zusammenhänge an Dingen und Personen unterrichtet wird. Diese Situationen können durch einen Code bestimmt sein. Dies gilt auch für die *innovativen* Situationen, in welchen die kindliche Welterforschung animiert und verstärkt wird und die *interpersonellen,* in denen das Kind auf die eigenen emotionalen Zustände und diejenigen anderer aufmerksam gemacht wird. *Elaboration des Code* bedeutet im Bezug auf diese *vier erzieherischen Grundsituationen* größere Selektion und Kombination aus und mit dem Sprachinventar und steht immer in Wechselbeziehung zur Reflexivität.

Komplementär/kompensatorische Erziehungsansätze müßten sich also vermehrt um Hilfen zum *Angebot reflexiver Modelle* und um Hilfen zum *Aufbau reflexiven Verhaltens,* bzw. Abbau kognitiver Impulsivität bemühen (vgl. WAGNER, 1976; FEUERSTEIN et al. 1980). Damit zeigen sich auch die Grenzen von Programmen, die individuumzentriert bleiben.

Die *Überwindung der eingeengten Zielsetzungen von kompensatorischen Sprachförderungsprogrammen* wird sichtbar in den Anleitungen von SCHÜTTLER-JANIKULLA (o. J.) zum Lernwerk «Sprache-Begabung-Emanzipation», das für die präventive Lernbehindertenpädagogik in der Vorschule geeignet erscheint (Teil 1 und 2), aber auch für den Unterricht in besonderen Einschulungsklassen und in der Unterstufe von Sonderklassen für Lernbehinderte sinnvoll eingesetzt werden kann (Teil 3). Die Autoren umschreiben ihre Zielsetzungen:

«So verstehen wir also unter komplementärer Sprachbildung ein Anheben des sprachlichen Levels und eine *Ausbildung der Gesamtpersönlichkeit aller Kinder.* ‚Tatsächlich bedürfen die Kinder aus beiden Schichten eines Sprachunterrichts, der mit Hilfe der Sprache auf Emanzipation des Kindes – d.h. die Freisetzung des Kindes von der Bestimmung durch Erwachsene und Institutionen – in der Weise, daß es seine eigenen *Bedürfnisse und die berechtigte Forderung nach Bedürfnisbefriedigung artikulieren und durchsetzen kann.'*

Dabei besteht die Entwicklung funktionstüchtigen Sprachverhaltens für uns vor allem im Erwerb einer zunehmenden Sprachbewußtheit. Damit verfolgen wir die gleiche Absicht wie GAHAGAN, die mit Hilfe ihres Sprachprogramms die Kinder dazu bringen will, ‚ihr eigenes Sprechen etwas mehr von der theoretischen Seite zu betrachten'.

Deshalb sollten die Kinder auch unterschiedliche Sprachcodes kennen und beherrschen lernen, so daß sie sich in allen Situationen adäquater verhalten können und trotzdem nicht die Beziehung zu ihrem Herkunftsmilieu und ihren Bezugsgruppen verlieren. Auf diese Weise wird Begabung und Persönlichkeitsförderung im Vorschulbereich nicht mehr zu einer Diskriminierung von bestimmten Kindern führen, wie sie ja bereits der Begriff kompensatorische Erziehung impliziert. Im Gegenteil: ‚Wir versuchen, ein Vorschulprogramm anzubieten, das nicht fremdbestimmtes Leisten verordnet, sondern die Kinder denken lehrt, das heißt zugleich handeln. Für diese Kinder müssen die Bedingungen zu wirklichem Lernen geschaffen werden, das ist Lernen, das auf Veränderung zielt.'

Die Ziele der emanzipatorischen Erziehung haben wir damit bereits angedeutet. Eine komplementäre Sprachbildung muß Teil dieser Erziehung sein. Es gilt also, Sprache nicht lediglich um der Sprache willen zu vervollständigen oder zu erweitern. Sprache *(Hören, Artikulieren, Sprechen, Debattieren, Diskutieren, Denken, Kritisieren – später auch Lesen und Schreiben)* muß die Kinder im Rahmen der emanzipatorischen Vorschulerziehung befähigen, Bedürfnisse bewußter zu erleben, darzustellen und Sprache nicht nur als Kommunikationsinstrument zu verwenden, sondern zur konsequenten *Veränderung der Umwelt einzusetzen.* Ziel einer emanzipatorischen Erziehung ist es, von der Anpassung weg, über den Widerstand und die Konfliktbewältigung zur Veränderung konkreter Lebenssituationen zu qualifizieren.»

«Es hieße, den Begriff emanzipatorischen Erziehung einzuengen, wollte man ihn lediglich als Bereicherung des Kindes im kognitiven Feld sehen. Nicht nur Bewußtwerdungsprozesse über gesellschaftliche Verhältnisse sollten in Gang gesetzt werden, sondern sie sind als Anleitungen zum Handeln im sozialen Feld zu verstehen. Solche Handlungsstrategien mehr und besser planen zu lernen und zu verwirklichen, bilden die Zielvorstellungen dieser neuen, sachorientierten, humaneren, demokratischen Erziehung in Elternhaus, Kindergarten und Schule.»

Aufgabe:

Versuchen Sie, in einer Lernsequenz der Arbeitsmappe 3 «Sprache – Begabung – Emanzipation» Aufgabestellungen zu identifizieren, welche auf das Lernziel ausgerichtet sind, mit Sprache Umweltveränderungen zu bewirken.

Die Notwendigkeit breiter angelegter, *sozio-ökologischer Maßnahmen* drängt sich auf bei der Betrachtung weiterer Sozialisationsbedingungen, die häufiger in der Unterschicht vorkommen, und weiterer Faktoren bei der Entstehung kumulativer und interaktioneller Prozesse von Lernbehinderung. Es sind dies:
a) «Broken home»-Situation
b) Familiengröße und Wohnverhältnisse
c) biosoziale Faktoren.

Zu a): *«Broken home»-Situation*

Nach neusten Zahlenangaben (ref. von WEIGERT 1987, 94) finden sich unter den Lernbehinderten in Deutschland rund 20% Schüler aus unvollständigen Familien, doppelt soviel wie in den Hauptschulen.

Zu b: *Familiengröße und Wohnverhältnisse*

Die neusten Angaben zu den durchschnittlichen Kinderzahlen in Familien mit lernbehinderten Schülern sind nach BEGEMANN 5,8 und nach KLEIN 4,3.
Nach einer Angabe von THIMM kam rund die Hälfte der Lernbehinderten aus Familien mit fünf und mehr Kindern. Es ist nicht gesichert, wie repräsentativ die Aussage von BACHMANN (1980, 244) ist, der in einer Umfrage in zweiten Klassen einer Lernbehindertenschule feststellte, daß 23 von 42 Schülern über kein eigenes Bett verfügen, und 37 Schüler kein eigenes Zimmer besaßen. Beachtlich sind in diesem Zusammenhang die von PROBST (1973, 138–146) erhobenen Korrelationen zwischen verschiedenen sozioökonomischen und soziokulturellen Variablen der Einweisung in der Schule für Lernbehinderte, die in einer Vergleichsgruppenuntersuchung in einer 50 000-Einwohner-Stadt in Hessen gewonnen wurden (Ziehung von je 30 Schülernamen aus der Schülerkartei der Haupt- und der Sonderschule, Schüler der sechsten Klasse). Es wurden zum Alternativmerkmal des Schultyps punktseriale Korrelationen berechnet, die z.T. (z.B. «Zahl der Kinderzimmer pro Kind mit r=.56») Gültigkeiten erreichen, die denjenigen von Intelligenzprüfungen überlegen sind (Tab. PROBST S. 140).

Tabelle 10: Liste der durch Exploration der Eltern erfaßten sozio-ökonomischen Indikatoren und ihre statistischen Indizes

Erfragte Merkmale	Anzahl von Stufen der Beantwortungsskala	Punktbiseriale Korrelations-koeffizienten	Signifikanz d. r_{pbis}	Irrtumswahrscheinlichkeit der Mittelwertsdifferenz bestimmt durch univariaten F-Test (p_F)
1 Zahl der Zimmer/Person	8	.40	ss	0.0016
2 Zahl der Kinderzimmer/Kind	5	.56	ss	0.0000
3 Wohnungsgröße in m^2/Person	8	.37	ss	0.0032
4 Wird Mietbeihilfe gewährt?	2	-.24	s	0.0565
5 Letzter Wohnungswechsel	2	-.36	s	0.0045
6 Entfernung zum Arzt (min)	8	-.26	s	0.0385
7 Status aus Vaterberuf geschätzt	8	-.40	ss	0.0020
8 Ausbildungsniveau des Vaters	6	.42	ss	0.0011
9 Ausbildungsniveau der Mutter	6	.45	ss	0.0005
10 Gesamtes monatliches Einkommen (DM)	4	.29	s	0.0223
11 Verwendung des Einkommens	3	.44	s	0.0007
12 Bankverbindung und Geldanlagen	4	.40	s	0.0016
13 Zahlungsverpflichtungen (DM)	6	-.31	s	0.0153
14 Wann wurden zuletzt Ferien gemacht?	5	.45	ss	0.0005
15 Wo wurden die Ferien verbracht?	4	.48	ss	0.0003
16 Ferienkosten (DM)	7	.45	ss	0.0005
17 Zahl der Unterhaltungsgeräte	4	.32	s	0.0105
18 Zahl der Hobbygeräte	4	.26	s	0.0385
19 Zahl der Haushaltsgeräte	7	.33	s	0.0085
20 TV-Stunden täglich	9	-.52	ss	0.0001
21 Verfolg von Fernkursen im TV	2	.22		0.0842
22 Wann zuletzt im Theater?	6	.23		0.0663
23 Wann zuletzt bei einer Versammlung?	8	.45	ss	0.0005
24 Wann zuletzt Besuch gehabt?	9	.29	s	0.0203
25 Heirat wegen Schwangerschaft	2	.43	ss	0.0008
26 Zahl der Kinder	7	-.43	ss	0.0008
27 Ausbildungsniveau evtl. Geschwister	9	.29	s	0.0208
28 Straffällige Familienmitglieder	2	-.26	s	0.0426

s signifikant auf dem 5%-Niveau
ss signifikant auf dem 1%-Niveau

Zu c): *Biosoziale Variablen*

Diese Angaben bewahren vor simplifizierendem und linearem Interpretieren der sozialschichtbezogenen statistischen Erhebungen. Sie verweisen auf die möglichen Wechselbeziehungen zwischen organischen Belastungen und Umweltbedingungen und auf diejenigen zwischen organischen Basisfaktoren und milieureaktiven Belastungen. Ebenso verweisen sie auf die prozessualen Bedingungen von Lernbehinderung «ober-

halb» der unteren Sozialschichten. Wir listen psychoorganisch bedeutsame Variablen mit Übervertretung in der unteren Sozialschicht auf:
- erhöhter Anteil an Frühgeburten und komplizierten Geburten (LEMPP 1978; MÜLLER-KÜPPERS 1976)
- Zurückbleiben in Größen- und Gewichtswachstum (BEGEMANN 1979)
- erhöhter Anteil der Störungen der Sinnesfunktionen (TOPSCH 1975)
- psychomotorische Entwicklungsrückstände (KIPHARD und HUPPERTZ 1977)
- Hinweise zur Fehlernährung und unzureichende hygienische Verhältnisse (BACHMANN 1980)
- reduzierte Inanspruchnahme medizinischer Institutionen außerhalb der akuten und auffälligen Erkrankungen.

All diese sozialschichtbezogenen Betrachtungen, welche immer auf die Möglichkeit von *prozessualen Bedingungen von Lernbehinderung in allen Sozialschichten* verweisen, sind Hinweise für die *diagnostisch-differentielle Arbeit* in jedem einzelnen Fall.

Sie ergeben sich im Rahmen von
- sozioökonomischen und psychosozialen Belastungen
- organischen Beeinträchtigungen
- genetischen Konstellationen

Beeinträchtigungen des Lernens im Zusammenhang mit
- Verwahrlosungsprozessen bei erzieherischer Deprivation, vor allem als mangelnde Differenzierung der emotionalen und volitiven Entwicklung mit allgemeinen Lernmotivationsstörungen und speziellen Motivationsdevianzen (z.B. in sprachlichem Bereich)
- neurotischen Prozessen bei psychosozialen Belastungen mit Verunsicherung, sozialer Hilflosigkeit, Angstabwehrmechanismen und Lernblockaden
- ungünstigen Lernbedingungen ohne Verwahrlosung und Neurotisierung
- anderen vielleicht beachtlichen und interessanten Lernprozessen, die in der Schule kaum Beachtung finden
- der Statusunzufriedenheit mit Ressentiments, Hilflosigkeit, Resignation oder undifferenzierter Auflehnung in Unterschichtsfamilien, auch als ungünstige Lernklimavariable für die Kinder.

Die folgenden Auflistungen soziokultureller Umweltvariablen von WEIGERT (1987, 102f.) eignen sich als *Suchmuster* für die differenzierte Diagnostik zur *Erfassung von Bedingungsprozessen* der Lernbehinderung.

Übersicht über schichtspezifische Verhaltensmerkmale (WEIGERT 1987, 102f.).

Tabelle 11: Schichtenspezifische Lebensperspektiven

Grundschicht	Mittelschicht
Perspektivlosigkeit, mangelnde Zukunftsorientiertheit oder nur kurzfristig ausgerichtete Planungsperspektiven	langfristig ausgerichtete Planungsperspektiven, hohe Zukunftserwartungen
Gegenwartsorientierung, kurzfristige Augenblicksorientierung (z.B. sofortige Bedürfnisbefriedigung oder Bestrafung, wenig Einsicht für die Bedeutungsschwere von Noten, Zeugnissen, Versetzungen und Übergänge)	Zukunftsorientierung, aufgeschobene Bedürfnisbefriedigungen; Frustrationsgewöhnung
familistische Orientierung	individualistische Orientierung
passiv-resignative Einstellungen	aktiv-zuversichtliche Einstellungen; hohe Leistungsorientierung, Vermittlung dieser Haltung durch Imitationslernen; Fehlen einer starren Rollenfixierung

Tabelle 12: Schichtenspezifische Erziehungshaltungen (Leistungsorientierungen, Erziehungspraktiken und Disziplinierungstechniken)

Grundschicht	Mittelschicht
Fehlen einer dialogisch-reflektierenden Kommunikation Eltern-Kinder	sozial direkte, verbal-dialogische, vorhersehbar-berechenbare Kommunikation Eltern-Kinder
mehr ablehnende Einstellung gegenüber Kindern	stärkere Kinderzentriertheit und Wärme
niedrige Erwartungen an das Kind, partielle Überforderungen	hohe positive Erwartungen an das Kind; angemessene Leistungsforderungen ohne Leistungsdruck
geringere Anteilnahme an Erfolgen und Mißerfolgen des Kindes; Verstärken der Mißerfolgserlebnisse durch Strafen	mehr innerliche Beteiligung an den Leistungsbemühungen der Kinder, vor allem bei den Müttern; emotionale Wärme, entspannte Atmosphäre
geringere Bewertung von Selbständigkeit, höhere Bewertung des Gehorsams	Ermunterung von Selbständigkeit und Selbstbewußtsein (vor allem durch die Väter); Förderung der Neugier; Entpersönlichung von Sachproblemen
Normenrigidität, Ängstlichkeit, Konformität, Einhaltung äußerlicher Regeln, sogenannte «Fabriktugenden» wie gute Manieren, Gehorsam, Sauberkeit, Pünktlichkeit, Gefälligkeit; Produktion von Angst und Strafe	Gewissensorientierung, autonome Entscheidungsspielräume, Wertverinnerlichung; Schuldgefühle

Grundschicht	Mittelschicht
Machtorientierung, Aufrechterhaltung elterlicher Autoritätspositionen, väterlicher Autoritarismus, Macht als aktualisierende Disziplinierungstechnik	«innere» Selbststeuerung, Selbständigkeit, Selbstkontrolle
rigider und repressiver Erziehungsstil	indirekte Technik der Erziehung
körperliche Züchtigungen, Anschreien, aggressive Ungeduld, Lächerlichmachen	bedingte Liebeszuwendung und bedingter Liebesentzug
unbegründete Sanktionen	begründete Sanktionen
Sanktionierung der Handlungen und Konsequenzen	Sanktionierung der Absichten
mehr negative Sanktionen	mehr positive Sanktionen
vorwiegend materielle Belohnung	eher Belohnungen in symbolischer Form (Worte, Gesten)

2.2 Die sozialschichtbezogene Perspektive in einem kasuistischen Beispiel

Wir führen den Fall Robert von KLEIN (1985, 21f.) an, dessen Verdienst darin besteht, gerade gegen den Druck der z.T. stark kognitiv ausgerichteten schulischen Integrations-, bzw. Stütz- und Förderansätze den Blick auf die Lebensprobleme von Lernbehinderten zu eröffnen.

Aufgabe:

- Stellen Sie die soziokulturellen, sozioökonomischen und psychosozialen Bedingungsfaktoren in der Ätiologie dieser Lernbehinderung zusammen.
- Finden Sie Bedinungen außerhalb der schichtspezifischen Sozialisation.

Der zum Berichtszeitpunkt neunjährige Robert trat nach der erfolglosen Repetition der ersten Klasse in die Schule für Lernbehinderte ein. Er ist das zweitjüngste Kind von acht Geschwistern zwischen 18 und drei Jahren. Von seinen sechs älteren Geschwistern ist nur ein einziges nicht sonderschulbedürftig geworden. Alle Kinder leben nach der Ehescheidung, die Robert mit zwei Jahren erlebt, bei der Mutter, die einen um 16 Jahre jüngeren Mann geheiratet hatte.
Wir entnehmen der Darstellung in KLEIN (1985)
- einen Bericht über einen Hausbesuch
- Ausschnitte der Aussagen der Mutter zum Entwicklungsverlauf
- das Gutachten bei der Einweisung in die Sonderschule.

Bericht über einen Hausbesuch: Mein erster Eindruck beim Betrachten des Hauses im Bahnhofsviertel war: Typische Asozialenwohnungen! Ich arbeitete mich im Halbdunkel zur Eingangstür vor, in deren Füllung keine Scheiben mehr waren. Die Fenster des Hauses waren schmal, hoch und verdreckt, die Scheiben z.T. gesplittert oder ganz herausgebrochen, die Öffnungen mit Pappe vernagelt. Teils hingen dreckige, zerschlissene Gardinen hinter den Fenstern, teils waren die Fenster nackt. Die Parterrewohnung schien nicht behaust zu sein. Der Flur im Innern bestätigte meinen ersten Eindruck. Die Wände waren verkratzt und mit verschiedenen Farben beschmiert. An manchen Stellen war der Putz in großen Flächen herausgebröckelt. Die Holztreppen waren ausgetreten und verschmutzt.

Auf mein Läuten öffnete Frau O. einen breiten Holz-Glas-Verschlag mit vielen unterteilten Fensterchen, die von innen mit verschiedenen bunten Stofflicken gegen Einsicht verhängt waren. Sie hatte eine Zigarette im Mund und tat erstaunt, sie hätte meinen Besuch ganz vergessen.

Im kleinen Wohnraum saßen ihr um 16 Jahre jüngerer zweiter Mann und sieben Kinder im Alter von drei bis 16 Jahren auf der Couch, den Stühlen und auf dem Boden vor dem Fernsehapparat. Der Ton wurde sofort abgeschaltet, aber das Bild flimmerte während der ganzen Zeit meines Besuchs weiter. Alle Kinder waren einfach, aber ordentlich gekleidet. Der jüngste, das einzige leibliche Kind des zweiten Mannes von Frau O., saß schon im Schlafanzug am Tisch und löffelte eine Suppe. Als er ein paar Tropfen verschüttete, wurde er von der Mutter sogleich heftig geschimpft, weil sie doch eben erst den blauen Teppich gereinigt hatte. Da der Raum im ganzen aufgeräumt aussah, nahm ich an, daß ich doch erwartet worden war, zumal mein Besuch für 19 Uhr angesagt war.

Die vier jüngsten Kinder verschwanden bald ins Bett, die älteren blieben und nahmen passiv an der Unterhaltung teil. Diese entwickelte sich nur sehr zögernd. Wein und Zigaretten, die ich mitgebracht hatte, halfen über die ersten Schwierigkeiten hinweg. Herr O. saß stumm auf dem Sofa und äußerte sich überhaupt nicht. Er wirkte sehr gehemmt. Während des ganzen Abends sprach er bestimmt nicht öfters als zehnmal und produzierte dabei nur unvollständige Satzbrocken. (Wie ich später vom Rektor der Sonderschule erfuhr, war Herr O. ehemaliger Schüler seiner Sonderschule). Frau O. dagegen kam sehr rasch in Schwung. Sie äußerte sich freiweg und flüssig in einer einfachen und derben Sprache über ihre Probleme.

Aus den Aussagen der Mutter:
Frau O. erzählte mir, sie habe es ihr ganzes Leben lang sehr schwer gehabt. Der Vater von Robert, mit dem sie 13 Jahre lang verheiratet war und von dem acht Kinder stammen, habe als Maurer gelernt, sei aber «durchgefallen und Melker geworden». Er war «Säufer», arbeitete nur selten und in verschiedenen Betrieben, wo er häufig «krank feierte, bummelte und wieder hinausgeschmissen wurde». Oft mußte ihm die Frau im Bett das Gesicht blaß schminken, damit er bei Betriebskontrollen krank aussehen sollte. Er war sehr labil und hatte kein Durchhaltevermögen. Im Suff war er grob und schlug die Kinder grundlos. Ging seine Frau dazwischen, wurde sie ebenfalls verprügelt. Der Mann verfolgte sie manchmal mit dem Beil. Dann mußte sich die Mutter mit den Kindern verbarikadieren und durchs Fenster Nachbarn zu Hilfe rufen. Oft war in diesem Zusammenhang die Polizei da. Diese Zustände hatten schon geherrscht, als Frau O. ihr erstes Kind trug. Sie gelten auch für die Zeit der Schwangerschaft und frühen Kindheit von Robert, dem jüngsten der sieben Kinder von Herrn H.

Der Schilderung der Frühentwicklung ist zu entnehmen, daß Robert in einem Lager für Einwanderer aus der DDR geboren wurde, wo die

Familie auf engstem Raum leben mußte, und daß die Mutter in den damaligen Armutsverhältnissen während Roberts erstem Lebensjahr neben ihrer ganztägigen Fabrikarbeit noch als Zeitungsausträgerin und mit Reinigungsarbeiten der Not zu begegnen versuchte. Nach dem Einzug in einen Neubau erlebte die Familie wegen des Rückstandes in der Bezahlung der Wohnungsmieten die Ausweisung, die Pfändung der Möbel und die behördliche Zuweisung in eine Abbruchliegenschaft, in welcher die verschiedenen Mieter in ständige und massive Streitigkeiten verstrickt waren.

«Ohne alles wurden wir von der Stadt in die jetzige Wohnung gesetzt. Weil wir gar nichts mehr gehabt haben, haben zuerst drei Kinder in einem Bett schlafen müssen. Die Wohnung war heruntergekommen, die Stadt richtete gar nichts. Wir haben alles selber machen müssen, bis wir es so hatten wie heute.»

«Die Armut war so groß gewesen, daß die Kinder oft ohne Kaffee und Brot in die Schule mußten, wo sie manchmal umgekippt sind. Dann sind Briefe von den Lehrern gekommen, ich sollte meine Mutterpflichten erfüllen und den Kindern etwas zu essen geben. Ich hab doch nichts gehabt, wenn mein Mann gar nicht gearbeitet hat und kein Geld gebracht hat. Ich habe von Zeit zu Zeit DM 70.— oder 80.— von der Fürsorge gekriegt, damit sind wir nicht weit gekommen.»

Die Ehe wurde dann geschieden, als Robert zwei Jahre alt war. Der leibliche Vater der Kinder kam nie seinen Zahlungsverpflichtungen nach. Er bezog eine Zeitlang selbst Fürsorgegelder, da er lungenkrank war.

Gutachten bei der Umschulung in die Schule für Lernbehinderte:
«Der achtjährige Robert H. wiederholt im laufenden Schuljahr 1969/70 die erste Grundschulklasse. Trotz des zweijährigen Besuchs dieser Klasse kann er in den Deutschfächern keinen meßbaren Leistungsansatz aufweisen (Robert erkennt und schreibt nur wenige Buchstaben, er kennt selbst Häufigkeits- und Ganzwörter nicht, zudem fehlt jeglicher Ansatz für den analytisch-synthetischen Schreibleseakt). Auch im Rechnen liegen seine Leistungen bei mangelhaft, nach ungenügend tendierend.

Bei der psychologischen Überprüfung ergab sich eine Streubreite der Ausfälle über vier Altersstufen, ein intellektueller Rückstand von eineinhalb Jahren. Das entspricht einer Schwachbefähigung im Debilitätsbereich mit erheblichen Ausfällen auf dem Gebiet der visuellen Wahrnehmung, was eine schlechte Formauffassung und -wiedergabe sowie die Lese-Schreibschwäche bedingt. Hinzu treten Minderleistungen auf den Gebieten der sprachlichen Ausdrucksfähigkeit (Wort- und Begriffsfindungsstörungen), der Merkfähigkeit, der altersgemäßen Denkleistungen und des Erfahrungswissens.

Ursächlich am Schulversagen beteiligt ist zudem ein offensichtlicher, - z.T. milieubedingter - Rückstand im altersgemäßen Pflicht- und Arbeitscharakter: Desinteresse an jeglicher schulischer Arbeit; fehlende Lernhaltung; unkonzentriertes, sprunghaftes, noch völlig triebhaft eingestelltes, distanzloses Allgemeinverhalten. Lernbehinderung und Sonderschulbedürftigkeit sind gegeben.»

Aufgabe:

Versuchen Sie, nach der Lösung der vorangestellten Aufgabe (S. 57) an diesem Fallbeispiel die folgende Tabelle der schichtenspezifischen Sozialisation (S. 60) zu konkretisieren.

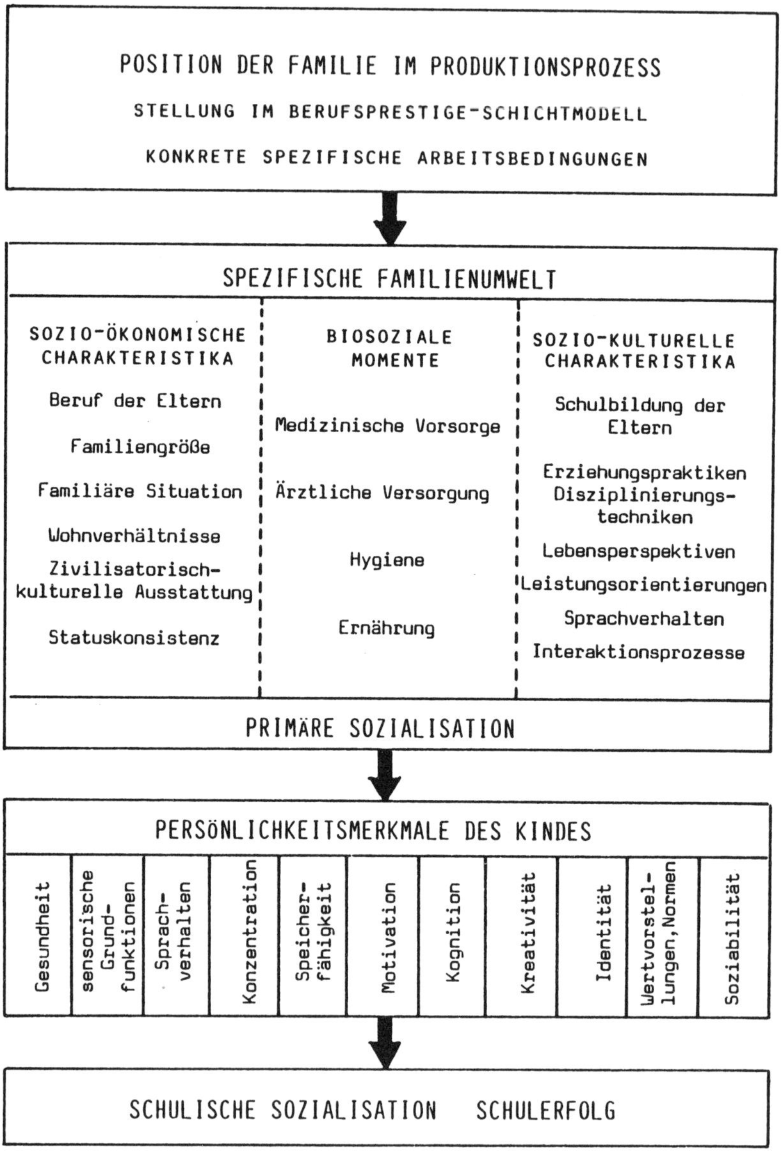

```
┌─────────────────────────────────────────────────────────────┐
│   POSITION DER FAMILIE IM PRODUKTIONSPROZESS                │
│   STELLUNG IM BERUFSPRESTIGE-SCHICHTMODELL                  │
│   KONKRETE SPEZIFISCHE ARBEITSBEDINGUNGEN                   │
└─────────────────────────────────────────────────────────────┘
                              ▼
```

SPEZIFISCHE FAMILIENUMWELT

SOZIO-ÖKONOMISCHE CHARAKTERISTIKA	BIOSOZIALE MOMENTE	SOZIO-KULTURELLE CHARAKTERISTIKA
Beruf der Eltern	Medizinische Vorsorge	Schulbildung der Eltern
Familiengröße		Erziehungspraktiken
Familiäre Situation	Ärztliche Versorgung	Disziplinierungstechniken
Wohnverhältnisse		Lebensperspektiven
Zivilisatorisch-kulturelle Ausstattung	Hygiene	Leistungsorientierungen
Statuskonsistenz	Ernährung	Sprachverhalten
		Interaktionsprozesse

PRIMÄRE SOZIALISATION

PERSÖNLICHKEITSMERKMALE DES KINDES

Gesundheit | sensorische Grundfunktionen | Sprachverhalten | Konzentration | Speicherfähigkeit | Motivation | Kognition | Kreativität | Identität | Wertvorstellungen, Normen | Soziabilität

SCHULISCHE SOZIALISATION   SCHULERFOLG

Abbildung 15: Ablaufschema einer schichtenspezifischen Sozialisation (nach einer Anregung von THIMM, W. 1979c, S. 20), WEIGERT 1987

2.3 Konsequenzen der sozialschichtbezogenen Perspektive in der Praxis der Lernbehindertenpädagogik

Wie wird der Sonderklassenunterricht den Alltagsproblemen der lernbehinderten Schüler gerecht? Lebenshilfe oder kognitive Didaktik? Bis 1970 stand die kompensatorische Spracherziehung im Rahmen des eingeengten Verständnisses soziokultureller Deprivation im Mittelpunkt der innovativen Lernbehindertenpädagogik. Lassen sich neue Notwendigkeiten aus den folgenden Hinweisen ableiten?

KLEIN (1985, 136–141) verweist auf die Gefahr, daß Sonderklassenlehrer vor allem auf Lernschwierigkeiten, auf kognitive Förderung und auf Lösung der schulischen Verhaltensprobleme fixiert bleiben, und die Alltagsprobleme dieser Schüler bezüglich Ernährung, Kleidung, Körperpflege, elterlicher Erziehungsmaßnahmen und häuslicher Belastungserlebnisse ungenügend wahrnehmen.

Er beklagt die Diskrepanz zwischen curricularen Aussagen der Lernbehindertenpädagogik zur kognitiven Bearbeitung von Ernährungsfragen im Unterricht und dem Übersehen der ungenügenden Ernährungssituation von Schülern, die beispielsweise zur Schule kommen, ohne gefrühstückt zu haben.

Wir entnehmen KLEINS Appell folgenden Ausschnitt:

«Häusliche Erlebnisse»

Häufiger als an anderen Schulen kommen Kinder der Schule für Lernbehinderte am Morgen *mit bedrückenden oder mit aufwühlenden Erlebnissen zur Schule.* Der Vater kam in der Nacht betrunken nach Hause und hat die ganze Familie geschlagen. Die Mutter ist weggelaufen. Der Vater hat die Arbeit verloren. Der Freund der Schwester hat sie gewürgt. Die Wohnung wurde gekündigt. Die Eltern hatten Streit.

Solche oder ähnliche Erlebnisse bewegen Schüler, während im Stundenplan für die erste Stunde Mathematik steht, nach dem Stoffverteilungsplan Bruchrechnen dran ist und der Lehrer ein Arbeitsblatt mit Aufgaben zur Umwandlung von Dezimalbrüchen vorbereitet hat. Die Schüler sind noch benommen von den häuslichen Erlebnissen, in Gedanken sind sie nicht hier. Ihre Teilnahmslosigkeit, ihr *Desinteresse* oder auch ihre *Aggressivität* hemmt den Fortgang des Unterrichts, und sie müssen sehen, wie sie mit ihren *Erlebnissen einerseits* und den *unterrichtlichen Anforderungen andererseits fertig werden.*

Ist das Verhältnis zum Lehrer oder zur Lehrerin gut, so werden sie gelegentlich darüber sprechen, doch der Lehrplan und der Stundenplan sehen solche Gespräche nicht vor.

Diese Beispiele mögen deutlich machen, daß Schüler der Schule für Lernbehinderte ein starkes Bedürfnis nach «allseitiger Besorgung» haben, wie *Pestalozzi* seine Arbeit mit den Kindern in Stans genannt hat. Viele Sonderschulen nennen sich zwar Pestalozzischulen, doch ist eine allseitige Besorgung von der Institution her nicht vorgesehen. Die z.T. einseitige Konzentration der Lernbehindertenpädagogik auf eine Optimierung der Lernprozesse mag damit zusammenhängen, daß Pestalozzi in der Lernbehindertenpädagogik so gut wie gar nicht aufgenommen wurde.

Den *älteren kompensatorischen Programmen* wurde vorgeworfen, daß sie

- die ökonomischen Strukturen nicht in Frage stellten,
- individualtheoretisch restringiert blieben,
- sozio-ökologische Vernetzungen und Interdependenzen nicht beachteten.

Auch eine Erweiterung im Rahmen des gesellschaftstheoretischen Paradigmas, das auf mittel- und langfristige politische Aktionen und Veränderungen ausgerichtet ist, kann pädagogisch zu kurz treten. Die *here-and-now-problems der Lernbehinderten,* denen der Sonderpädagoge täglich begegnet, müssen vordringlich bearbeitet werden und dürfen nicht unter mühsamen Abgrenzungen zwischen Sonder- und Sozialpädagogen leiden. Die aktuellen Integrationsdiskussionen sollten auf diese Probleme ausgerichtet werden. Es ist zu verhindern, daß mit einer pädagogisch-therapeutischen Flickschusterpädagogik im kognitiven Bereich Schüler zur Regelklassenfähigkeit getrimmt werden und im Hinblick auf die Meisterung der jetzigen und späteren Lebensprobleme erzieherisch depriviert bleiben. Die Chancen, die sich mit der Einrichtung sonderpädagogischer Ambulatorien eröffnen, müßten genützt werden. Speziell ausgebildete Sonderpädagogen ohne Sonderklassen könnten in Zusammenarbeit mit den Lehrern an Sonder- und Regelklassen und in Kindergärten für schulschwache Schüler und für vorschulisch auffällige Kinder

- Maßnahmen zur Unterstützung und Ergänzung der Familienerziehung erarbeiten
- emotional-therapeutische verhaltenstherapeutische Trainings anbieten
- Eltern–Schule-Kontakte animieren
- Sozialarbeiter mit Lebenshilfprogrammen in die pädagogischen Maßnahmen integrieren.

Zurück zur These der Bestrafung soziokulturell und sozioökonomisch deprivierter Unterschichtkinder durch eine Sonderklassen(-schul)-Separation. Diese Frage kann erst nach der Bearbeitung der dritten These beantwortet werden. Wenn die Didaktik der Sonderklassen für Lernbehinderte auf das Schwachsinnskonzept mit seinen Reduktions- und Restfunktionsförderungsansätzen fixiert bleibt, müßten die Deprivationen und Belastungen, die mit der Sozialschichtzugehörigkeit und verschiedenen systemischen Konstellationen zusammenhängen, sich mit der schulischen Deprivation zum von JEGGE (1976) umschriebenen Prozeß «Dummheit ist lernbar» verdichten.

3. Welche Zusammenhänge zwischen Leistungsstand in Sonderklassen und Konzepten von Lernbehinderung sind anzunehmen?

3.1 Diskussion der Ergebnisse von Effizienzuntersuchungen in Sonderklassen

Exemplarische Diskussion der Ergebnisse von zwei Effizienzuntersuchungen

a) Die *schulleistungsorientierte Pilotstudie* von FERDINAND und UHR

Als erste gewichtige Provokation ist die Pilotstudie von FERDINAND und UHR (1968, 323–336) zu werten. Die für festgefahrene Sonderpädagogen unbequemen Feststellungen wurden meist etwas voreilig statistisch abqualifiziert mit dem Hinweis auf die «kleine Stichprobe von 2×10 Abschlußklassenschülern» (siehe z.B. STURNY 1984, 87). Dabei wird übersehen, daß es sich nicht um unausgelesene Stichproben, sondern um eine für eine Erkundungsstudie strenge matched pairs-Untersuchung mit der Parallelisierung von Alter, Sozialschichtposition und IQ handelte. Die «Zwillingspaare» wurden aus Volksschulentlaßschülern mit Mehrfachklassenrepetition und aus Sonderschulabschlußklassen rekrutiert.

Man kann die Bedeutung der Untersuchung relativieren, da sie sich auf Leistungsproben im Fertigkeitsbereich von Kulturtechniken beschränkt und da sie keine kreative Fähigkeiten erfaßte und sich nicht auf die sozial-emotionale Entwicklung bezog.

Die Untersuchungsergebnisse sind indes höchst beunruhigend: Die Mehrfachrepetenten, die aus irgendwelchen Gründen der Sonderklasseneinweisung entgingen, waren ihren intellektuell gleichwertigen und soziokulturell gleichpositionierten Vergleichspartnern in den Sonderklassen deutlich überlegen:

Tabelle 13: Stichproben, geordnet nach dem IQ

Volksschul-Entlaßschüler der 5. bzw. 6. Klasse				Sonderschul-Entlaßschüler der Abschlußklasse			
Vpn Nr.	Alter	Beruf des Vaters	IQ	IQ	Beruf des Vaters	Alter	Vpn Nr.
1	13;9	Arbeiter	98	100	Arbeiter	13;10	11
2	13;9	Händler	95	94	Straßenb. Fahrer	14;2	12
3	13;11	Kraftfahrer	92	91	Rentner	13;9	13
4	13;9	Dachdecker	83	85	Monteur	14;3	14
5	14;3	Schaffner	83	83	Kraftfahrer	14;8	15
6	14;1	Schlosser	79	80	Maurer	13;8	16
7	13;9	Arbeiter	78	78	Arbeiter	14;0	17
8	13;9	Arbeiter	78	77	Kaufmann	13;11	18
9	14;1	Maschinist	84	85	Schlosser	14;4	19
10	14;4	Unteroffizier	83	83	Büroleiter	13;8	20

Mittlerer Intelligenzquotient der Volkschüler 85,3 der Sonderschüler 85,6; Durchschnittsalter 13;11 bzw. 14;0 (Bildung der matched pairs)

Tabelle 14: Rechnerisches Denken

Volksschüler			Sonderschüler		
Vpn Nr.	Testpunkte*	Rangplatz	Rangplatz	Testpunkte*	Vpn Nr.
1	8	16,5	5	4	11
2	6	15	1	2	12
3	5	11,5	16,5	8	13
4	11	20	5	4	14
5	9	18,5	5	4	15
6	4	4	11,5	5	16
7	5	11,5	5	4	17
8	5	11,5	5	4	18
9	4	5	11,5	5	19
10	9	18,5	11,5	5	20
	66	$T_v = 133,0$	$T_s = 77,0$	45	
			Rangplatzsummen		

* Punkte für die richtig gelösten Aufgaben

Tabelle 15: Lese-Sinnverständnis

	Volksschüler		Sonderschüler		
Vpn Nr.	Testpunkte*	Rangplatz	Rangplatz	Testpunkte*	Vpn Nr.
1	20	14	5	11	11
2	22	16	10,5	16	12
3	23	17	**19**	28	13
4	14	7,5	**13**	19	14
5	35	20	6	12	15
6	9	2,5	**10,5**	16	16
7	18	12	9	15	17
8	9	2,5	1	6	18
9	21	15	4	10	19
10	24	18	7,5	14	20
	195	$T_v = 124,5$	$T_s = 85,5$	147	

* Punkte für richtig gelöste Aufgaben

Tabelle 16: Rechtschreiben

	Volksschüler		Sonderschüler		
Vpn Nr.	Testpunkte*	Rangplatz	Rangplatz	Testpunkte*	Vpn Nr.
1	7	6,5	15	24	11
2	4	4,5	9	12	12
3	7	6,5	12	16	13
4	12	9	18	28	14
5	1	1,5	20	43	15
6	1	1,5	13	18	16
7	15	11	14	20	17
8	12	9	16,5	26	18
9	4	4,5	19	37	19
10	2	3	16,5	26	20
	65	$T_v = 57,0$	$T_s = 153,0$	244	

* Punkte für Rechtschreibfehler

Die Bedeutung der alten Erkundungsstudie von FERDINAND und UHR wird unterstrichen durch *aktuelle Untersuchungen zum Problem des funktionalen Analphabetismus* s. auch S. 135). Funktionale Analphabeten sind zu einem großen Teil ehemalige Sonderklassen-(Sonder-)schüler, denen als Schwerstversager im elementaren Leseunterricht keine angemessene therapeutische Hilfe angeboten werden konnte.

Eine Erkundungsstudie des Instituts für Sonderpädagogik der Universität Zürich im Jahre 1984 ergab bei Schülern der Oberstufe (Abschlußklassen) der Sonderklassen B (Kleinklassen für Lernbehinderte) in einer demographisch orientierten, quasi repräsentativen Stichprobe beim Einsatz von Lese- und Rechtschreibtests für das dritte (!) Schuljahr eine Gefährdungsquote von 48-50% der Schülerschaft. Sie betrifft Schüler, welche am Ende ihrer Schulzeit die mittleren Normwerte für das dritte Schuljahr nicht erreichen. Bedeutend geringer ist eine Gefährdung bei den Absolventen der Oberschule, dem untersten Typus der dreiteiligen Oberstufe der zürcherischen Volksschule, welche neben dem Gymnasium nach dem sechsten Schuljahr besucht wird (Sekundarschule, Realschule, Oberschule). In der Oberschule beträgt die Gefährdung beurteilt nach den gleichen Kriterien 2-10%.

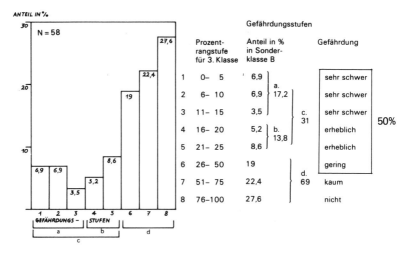

Gefährdung zum funktionalen Analphabetismus in Abschlußklassen der Sonderklasse B im Kanton Zürich (Abbildungen 16 und 17)

Abbildung 16: Diagnostischer Rechtschreibtest für 3. Klassen (I) DRT 3
Leistungsverteilung in Prozentrangstufen N=52

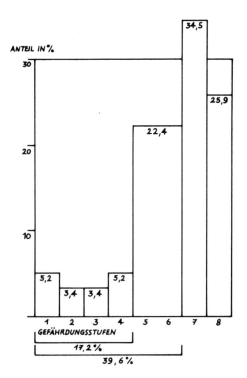

Anteil der gefährdeten Schüler unter Prozentrang 50 nach den Normen für das dritte Schuljahr: 39,6/40%

Abbildung 17: Test für sinnverstehendes Lesen für 3. Klassen SVL 3 N=52

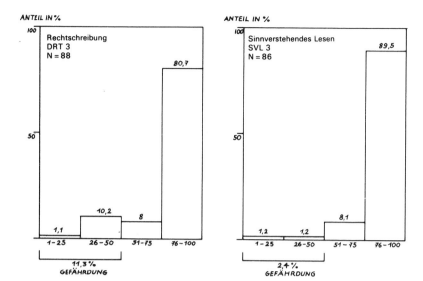

Abbildung 18: Gefährdung zum funktionalen Analphabetismus in Abschlußklassen der Oberschule im Kanton Zürich

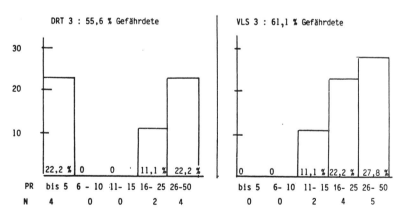

Abbildung 19: Leistungsverteilung der Absolventen der Sonderklasse B im Zürcher Werkjahr, neuntes oder zehntes Schuljahr zur Berufsfindung, mit Unterricht auf werktätiger Grundlage 1983 (s. S. 141, 148)

b) Die *Längsschnittstudie* von MERZ

Die Feldstudie von K. MERZ: Lernschwierigkeiten zur Effizienz von Fördermaßnahmen an Grund- und Lernbehindertenschulen (1984, 53–69) wurde breiter angelegt. Sie bezog sich auf 333 Kinder (241 an Lernbehindertenklassen, 92 an der Regelgrundschule). Als Parallelisierungskriterien für die Vergleichsuntersuchungen galten Geschlecht, Alter, IQ, Sozialschichtposition. In einer Eingangsuntersuchung wurden die Leistungstestergebnisse ähnlich wie in der Untersuchung FERDINAND/UHR im Zahlenrechnen, Sachrechnen und im sinnerfassenden Lesen erhoben.
In den Effizienzuntersuchungen nach sechs Monaten und nach drei Jahren wurden eingesetzt:
- Intelligenz-, Grundfunktions- und Schulleistungstests
- Tests zum emotionalen Bereich (Fragebogen zu Angst/Neurotizismus/Extraversion, Prüfungsangst und Motivation)
- Informelle Fragebogen für Schüler und Klassenlehrer.

Dem Untersuchungsbericht von MERZ entnehmen wir Feststellungen zu fünf Hypothesenfeldern:

1. Kognitiv-strukturelle und sprachliche Veränderungen

schulschwacher Schüler der matched pairs in Regelklassen und in der Schule für Lernbehinderte nach *sechs Monaten*. Die Parallelisierung bezog sich auch auf die schwachen Schulleistungen. Die Tabelle gibt signifikante Leistungsverbesserungen der Gruppen mit durchschnittlicher Intelligenz nach sechs Monaten Förderung an.

	Grundschule	Sonderschule
Rechtschreibung	+++	
bedeutungserfassendes Lesen	+++	++
Zahlenrechnen	++	
Sachrechnen	(+ Tendenz)	

- Für die durchschnittlich intelligenten Sonderschüler ergaben sich nur in einem Leistungsbereich Verbesserungen (bedeutungserfassendes Lesen)
- Die matched pairs schulschwacher aber durchschnittlich intelligenter Schüler waren in allen Leistungsbereichen im Prätest äquivalent: im Posttest nach sechs Monaten sind alle Leistungen der Grundschüler signifikant überlegen
- Nicht ganz so eindeutig war die Überlegenheit der unterdurchschnittlich intelligenten Schulversager an der Grundschule. Sie zeigte sich signifikant in der Rechtschreibung und im Lesen, nicht aber in den Rechenleistungen (schlägt sich in diesen Ergebnissen der höhere Ent-

wicklungsstand der Förderpädagogik lese- rechtschreibschwacher Schüler, bzw. der elementaren Lesedidaktik gegenüber der noch wenig etablierten Dyskalkulietherapie und ihren Auswirkungen auf den sonderpädagogischen Unterricht in Mathematik nieder?)
- Beunruhigend ist das Absinken des Intelligenzniveaus der ehemals durchschnittlich intelligenten Sonderklassenschüler innerhalb einer negativen Standardabweichung vom Mittelwert 90,7 im Prätest auf 84,0 in den Abschlußklassen! (Ist der Unterschied durch eine Konstruktdifferenz der angewendeten Verfahren erklärbar?)
- Bei den unterdurchschnittlich intelligenten Sonderklassenschülern ist keine signifikante Veränderung feststellbar
- Die unterdurchschnittlich intelligenten Sonderschüler haben einen stärkeren Fortschritt erreicht als ihre durchschnittlich intelligenten Klassenkameraden, ohne sie indes zu überholen.

2. Veränderungen im ausserkognitiven Verhalten nach sechs Monaten

Diese Ergebnisse interessieren besonders, weil die Untersuchung von FERDINAND/UHR wegen des Fehlens entsprechender Fragestellungen relativiert wurde. Auch diese Ergebnisse weisen keine emotional-sozial besonders ins Gewicht fallenden Veränderungen der Sonderschüler nach.
- Die matched pairs der Regel- und Sonderschule unterscheiden sich nicht in
  Neurotizismus
  Extraversion mit Geselligkeit und Aktivität
  Prüfungsangst
  Manifester Angst
  Bewußtsein sozialer Erwünschtheit
- Beim Vergleich schulschwacher Schüler an der Regelschule mit durchschnittlichem und unterdurchschnittlichem Intelligenzniveau fiel auf, daß in all den genannten Dimensionen mit Ausnahme «manifeste Angst» keine Unterschiede festgestellt werden konnten. Ist der einzige festgestellte signifikante Unterschied zu ungunsten der intelligenzschwächeren Versager in der Grundschule durch die drohende Separation zu erklären? Auch die Lehrerbefragung führte zu keinen feststellbaren emotional-sozialen Unterschieden.

3. Schulunlust nach sechs Monaten

- Durchschnittlich intelligente Sonderschüler unterschieden sich von den Grundschülern (mit gleichem Schulversagen zum Versuchsbeginn) signifikant durch höhere Schulunlustwerte.
- Die schulschwachen Grundschüler mit durchschnittlicher und unterdurchschnittlicher Intelligenz, die beide signifikant tiefere Schulunlustwerte als ihre matched-pairs-Kameraden in der Sonderschule hatten, unterschieden sich nicht von einander

- Die unterdurchschnittlich intelligenten Sonderschüler unterschieden sich von ihren durchschnittlich intelligenten Sonderschulkameraden durch hochsignifikant tiefere Schulunlustwerte.

4. Sprachliche Leistungsveränderungen nach dreijähriger Beschulung
- Die Leistungsschwäche der durchschnittlich und der unterdurchschnittlich intelligenten Sonderschüler dauerte an. (Siehe 1: Erfolgreiche Förderung der schulschwachen Grundschüler in den ersten sechs Monaten.) Sie unterschieden sich nicht voneinander.
- Der Einsatz des DRT 3 (Rechtschreibtest) in einer Sonderschulabschlußklasse ergab Leistungen unterhalb des Prozentranges fünf in der Eichstichprobe der Regelklassen! Obwohl differenziertere Aussagen sprachlicher Entwicklung vermißt werden müssen und die Weiterentwicklung des bedeutungserfassenden Lesens, das an der Sonderschule nach sechs Monaten Förderung mit signifikanten Veränderungen ermittelt worden war, fehlen, muß angenommen werden, daß sich in den Sonderschulen eine Häufung von Entwicklungen zum funktionalen Analphabetismus einstellt, dem die Sonderschulpädagogik offensichtlich noch nicht gewachsen ist. Wir ergänzen die Hinweise auf die Hilfsschule als Schulungsort für spätere funktionale Analphabeten als Aufgabenstellung für die Sonderklassenlehrer (s. dazu auch S. 113, 115).

Die Untersuchung von MERZ gibt keine Hinweise auf die Beantwortung der Frage nach dem Unterschied zu den wesentlich günstigeren Verläufen bei entsprechend schulschwachen Schülern an Grundschulen.

5. Emotionale Veränderungen nach weiterer dreijähriger Beschulung
- Sowohl bei ehemals unterdurchschnittlich und durchschnittlich intelligenten Abschlußklassenschülern haben sich keine signifikanten Veränderungen in den Dimensionen Schulunlust, Bewußtsein sozialer Erwünschtheit und manifeste Angst eingestellt.
- Hingegen haben sich die Prüfungsangstwerte bei den unterdurchschnittlich intelligenten sehr signifikant und bei den durchschnittlich intelligenten Sonderschülern hoch signifikant verringert.

Wir geben vorerst den *Kommentar von* MERZ zu den Untersuchungsergebnissen wieder:

«In der vorliegenden Untersuchung ergaben sich keine Resultate, welche die Beschulung in der Schule für Lernbehinderte gegenüber der Förderung in der Regelschule als effektiver auswiesen. Im Gegenteil verlief der Vergleich nicht nur bezüglich der durchschnittlich intelligenten Kinder mit Schulschwierigkeiten negativ für die Sonderbeschulung, sondern auch in bezug auf die unterdurchschnittlich intelligenten Jungen und Mädchen.
Auch nach einer weiteren dreijährigen Beschulung ließ sich aus den Testergebnissen nicht folgern, der Sonderschulbesuch sei für die in die Erhebung einbezogenen Schüler

der SfL oder eine bestimmte Gruppe von ihnen erfolgreich verlaufen. 2,1% der Probanden der SfL, welche zur Regelschule zurückgeschult, sowie 6,6% der Probanden, welche über F- und V-Klassen den Hauptschulabschluß zu erreichen suchten, sind wegen ihres geringen Anteils an der Stichprobe als Sonderfälle zu betrachten.

Im unmittelbaren Vergleich erweisen sich damit die in die Untersuchung einbezogenen Grundschulen, deren Lehrkräfte sozial benachteiligten und langsamlernenden Kindern aufgeschlossen gegenüberstehen, als geeignetere Förderstätten für Kinder mit Schulschwierigkeiten als die Schulen für Lernbehinderte. Wie die Beschulungsergebnisse in einer optimal auf die Förderung von Kindern mit Schulschwierigkeiten – einschließlich der sogenannten Lernbehinderten – vorbereiteten Regelschule sein könnten, ist damit noch nicht ausgelotet.

Die fallenden Grundschülerzahlen geben Raum für pädagogische Verbesserungen. Wo sie in diesem Sinne genutzt werden, verbessern sich die Voraussetzungen, um auch schwierigen Schülern in der Regelschule gerecht werden zu können. Zweifellos ist ein Grundschullehrer, der alle Kinder seiner Klasse zu fördern hat, nicht in der Lage, solch weitgehende zusätzliche Aufgaben allein zu meistern. Zum einen fehlen ihm – denken wir z.B. an die Sprachtherapie – die speziellen Kenntnisse, zum anderen wäre er auf die Dauer vom Arbeitsaufwand und seiner Zuwendungsmöglichkeit her überlastet. Die Lösung heißt: Sonderschullehrer/Sonderpädagogen an die Grundschulen!»

Die *Kritik* an der Untersuchung MERZ bezieht sich vor allem auf die mangelnde Kontrolle von Ausbildungs- und Persönlichkeitsvariablen der beteiligten Lehrkräfte.

Die folgenden Variablen wurden nicht kontrolliert und diskutiert:
- Selektion der Grundschullehrer der Vergleichsuntersuchung (Lehrer an Grundschulen, die Gesamtschulen angegliedert sind)
- Didaktisches Konzept und Ausbildung der in die Untersuchung einbezogenen Hilfsschullehrer.

Wie würde das Ergebnis des Vergleichs ausfallen, wenn die Hilfsschullehrer das rehabilitationsorientierte, offensive und emanzipatorische didaktische Konzept ihrem Unterricht unterstellen würden, das sich erst allmählich durchzusetzen beginnt?

Ein schönes Beispiel eines empirischen Untersuchungsdesigns mit der *Kontrolle didaktischer Variablen* ist der Beitrag von GEHRECKE und MOHR (1971). Ihr Untersuchungsziel bestand in der Überprüfung des Lernerfolgs von Lernbehinderten in Sonderschulen im Naturlehreunterricht, welcher der pädagogischen Grundeinstellung unterstellt worden war: «Nicht: Der Lernbehinderte hat Schwierigkeiten im Lernen, weil ... Sondern: Der Lernbehinderte lernt besser, wenn, ...»

Wir geben hier die wichtigsten Passagen aus dem Untersuchungsbericht wieder, welcher in einem Vergleich der Leistungen von Schülern der Sonderschule für Lernbehinderte und von Hauptschülern im sechsten Schuljahr zur Unterrichtseinheit «Der einfache elektrische Stromkreis» besteht.

Es wurden ausgewählt:
- eine Lernzielliste in der Form von Verhaltenszielen

- methodische Leitsätze
- eine Zusammenfassung der Untersuchungsergebnisse.

Die Verhaltensziele wie auch die methodischen Leitsätze waren Grundlage für den Unterricht in den Sonder- und Hauptschulabteilungen, welche in den Vesuch einbezogen worden waren.

Angestrebte Verhaltensziele bzw. Verhaltensweisen

Die Ziele des Unterrichts werden nicht in der üblichen Weise als physikalische Themen angegeben, sondern sind als Verhaltensziele formuliert und beschreiben somit Verhaltensweisen, die der Schüler mit Hilfe bestimmter, hierzu optimal geeigneter Unterrichtselemente «im Unterricht erlernen oder verbessern soll».

Mit der Unterrichtseinheit 5,1 «Der einfache elektrische Stromkreis» wird angestrebt, daß «die Schüler folgende Verhaltensweisen erwerben oder verbessern (es folgt eine Auswahl der wichtigsten Verhaltensziele aus den einzelnen Stunden)».

1. Die Schüler sollen verschiedene funktionierende Schaltungen mit Batterie und Lämpchen herstellen können (Z 5.1.1). – Entsprechend bei Dynamo und Rücklicht (Z 5.1.4), Batterie und Fassung (Z 5.1.7).

2. Die Schüler sollen verschiedene derartige Schaltungen beschreiben und zeichnen können (Z 5.1.2). – Entsprechend bei Dynamo und Rücklicht (Z 5.1.5).

3. Die Schüler sollen die Anschlußstellen von Batterie und Lämpchen zeigen und benennen können (Z 5.1.3). – Entsprechend bei Dynamo und Rücklicht (Z 5.1.6), bei der Fassung (Z 5.1.8).

4. Die Schüler sollen für Batterie und Lämpchen den Gegenstand, den Namen und das Schaltzeichen einander zuordnen können (Z 5.1.9).

5. Die Schüler sollen Versuchsaufbau, Zeichnung und Schaltskizzen einander zuordnen können (Z. 5.1.10).

6. Die Schüler sollen die untersuchten Gegenstände in zwei Gruppen einteilen und als Leiter bzw. Nichtleiter (Isolatoren) benennen können (Z 5.1.11).

7. Die Schüler sollen einfache Schaltungen mit Kurzschluß als nicht funktionsfähig und den Kurzschluß als Ursache angeben können (Z 5.1.15).

8. Die Schüler sollen elektrische Geräte in drei Gruppen einteilen können: Energiequellen (EQ), Energieverbraucher (EV), Sonstige Geräte (z.B. Schalter) (Z 5.1.21).

9. Die Schüler sollen für den Energietransport in einem Stromkreis eine Erklärung ähnlich der folgenden geben können: Der Strom fließt durch eine leitende Verbindung von der Energiequelle zum Energieverbraucher. Dann fließt er durch diesen hindurch und kommt gleich stark durch die zweite leitende Verbindung zur Energiequelle zurück. Dabei transportiert er Energie von der Quelle zum Verbraucher. In diesem wird also nicht Strom, sondern elektrische Energie verbraucht (Z 5.1.23).

Während für die Hauptschulpopulation sämtliche Verhaltensziele verbindlich waren und somit auch alle entsprechenden Unterrichtselemente (Aktivitäten verschiedenster Art: Klassengespräch, Einzelversuch, Demonstration etc.) zur Anwendung kamen, wurden für die Sonderschulpopulation die Ziele Z 5.1.9 (s. unter 4) und Z 5.1.10 (s. unter 5) hinsichtlich der Schaltzeichen bzw. Schaltskizzen abgeändert und das Ziel Z 5.1.23 (s. unter 9) mit den dazugehörenden Unterrichtselementen fortgelassen, weil Vorerprobungen ergeben hatten, daß bereits abgesicherte Kenntnisse durch die zusätzliche Behandlung der Schaltzeichen bzw. der Stromkreisvorstellung negativ beeinflußt wurden.

Unterrichtsmethode

Die «Leitsätze» fordern vom Unterrichtenden u.a. ein hohes Maß an planerischen Fähigkeiten (speziell Leitsatz 2), an Organisationsgeschick (Leitsätze 3 und 4) und an Flexibilität in bezug auf das Leistungs- und Aufnahmevermögen der Lerngruppe (Leitsatz 5). Wir haben davon auszugehen, daß unter bestmöglichster Beachtung dieser Leitsätze kein irgendwie «identischer» Unterricht erteilt werden konnte.

«1. Hauptaufgabe des Lehrers ist die Motivierung der Schüler zu Lernprozessen, die die im Unterricht angestrebten Verhaltensziele optimal zu erreichen gestatten.

2. Der vom Lehrer geplante Unterrichtsverlauf soll den jeweils behandelten Themen und den erwünschten Verhaltensweisen der Schüler angepaßt sein.

3. Der vom Lehrer geplante Unterrichtsverlauf soll in keinem Falle die ganze Unterrichtszeit ausfüllen. Ein Teil der Unterrichtszeit soll für freie Unterrichtsgestaltung zur Verfügung stehen, die etwa von spontanen Schüleräußerungen ausgehen kann.

4. Beim Aufbau und der Durchführung aller Experimente sollen vor allen Dingen die Schüler selbst aktiv werden können. Etwa die Hälfte aller Versuche sollte von Schülergruppen selbständig durchgeführt werden.

5. Modelle zur Klärung oder Beschreibung komplexer Sachverhalte sollen möglichst weitgehend von den Schülern formuliert und nicht weiter ausgeschärft werden, als für den jeweils konkreten Anlaß notwendig ist.»

Zusammenfassung

Es läßt sich – z.T. unter Einschluß unterrichtsbegleitender Beobachtungen – folgendes feststellen:

1. Hauptschüler weisen gegenüber gleichaltrigen Sonderschülern eine im Durchschnitt deutlich bessere Vorkenntnis von Funktionsbedingungen einfacher Geräte, der Kenntnis von Leitern und Nichtleitern im elektrischen Stromkreis und der Funktionszusammenhänge beim Kurzschluß auf.

2. *Haupt- und Sonderschüler sind gleichermaßen* durch die der Unterrichtseinheit zugrundegelegten Aktivitäten, Versuchsmaterialien, Versuchsanordnungen usw. *stark motiviert*.

3. *Beide Populationen erreichen* im Durchschnitt nach dem Unterricht in etwa *den gleichen Leistungsstand*. Positivere Ergebnisse der Sonderschulpopulation weisen auf spezielle Aktivitäten der Schüler bzw. des Lehrers hin.

4. Einen guten Leistungszuwachs verzeichnen durchweg bei beiden Populationen diejenigen Verhaltensweisen, die die Beurteilung bzw. Herstellung von Schaltungen sowie Kenntnisse von Leitern und Nichtleitern voraussetzen.

5. Aufgaben, denen die Begriffsstruktur «zwei getrennte leitende Verbindungen zwischen den Anschlußstellen» zugeordnet werden kann, werden nach dem Unterricht von mehr als zwei Dritteln *aller* Schüler richtig gelöst. Der Unterricht war hinsichtlich der Bildung entsprechender übergreifender Fähigkeiten zur Lösung dieser Aufgaben für beide Schülergruppen überaus effektiv. Es darf ausgeschlossen werden, daß die Schüler die Lösung entsprechender Aufgaben einzeln gelernt haben.

6. Die einer einfachen Stromkreisvorstellung weiter zugrundeliegende Begriffsstruktur «Der Strom fließt in einer Leitung zum Verbraucher hin, in der anderen zurück» wird bei beiden Populationen kaum zur Lösung von entsprechenden Beschreibungs- und Begründungsaufgaben benutzt.

7. *Jeweils die Hälfte beider Populationen* verfügt nach dem Unterricht über eine *übergreifende Fähigkeit zur Unterscheidung von Schaltungen mit und ohne Kurzschluß*. Die Verbalisierung des Kurzschlusses als «direkte leitende Verbindung zwischen den Anschluß-

stellen einer elektrischen Energiequelle» gelingt deutlich seltener, Sonderschüler haben dabei größere Schwierigkeiten.

8. *Guten Leistungszuwachs* zeigen vor allem die *Verhaltensweisen,* die durch *Schülerexperimente* beeinflußt und gefördert werden können. Dies gilt besonders für den Leistungszuwachs bei Sonderschülern.

9. Hinsichtlich der Benutzung der Umgangssprache zur Lösung bzw. Beschreibung von Aufgaben zeigt sich kein wesentlicher Unterschied zwischen den Populationen. In der Benutzung der «Fachsprache» dagegen sind lernbehinderte Kinder in der Regel schlechter.

Die eindrücklichen *Effekte des lernzielorientierten und auf handelndes Lernen ausgerichteten Hilfsschulunterrichts* unterstreichen die Problematik von empirischen Vergleichsuntersuchungen zur Effizienz des Hilfsschulunterrichts ohne Kontrolle didaktischer Variablen.

3.2 Zur Nachwirkung des Schwachsinnskonzepts der älteren Lernbehindertenpädagogik

Es dürfte nicht leicht sein, gültige Aussagen darüber zu machen, ob und wie weit sich heute die älteren Lernbehindertenkonzepte noch auf die sonderpädagogische Praxis auswirken. Man wird aber nicht darum herumkommen, die Ergebnisse von Effizienzuntersuchungen – insbesondere im Hinblick auf die positiven Ergebnisse von Versuchen im Zusammenhang mit einem *Konzeptwandel* (s. GEHRECKE/MOHR 1971, referiert auf den S. 73, 74) unter diesem Aspekt zu deuten.

JEGGE (1974, 96/97) stellt Zitate aus dem Kommentar zum zürcherischen Sonderklassenreglement, das für die Sonderklassenlehrer in den sechziger und siebziger Jahren bestimmend war, zusammen:

«Der wenig denkgewandte, dem *Gegenständlichen und Konkreten verhaftete Schüler* muß ohne viele Nebenabsichten durch eine ihm angepaßte Aufgabenstellung auf das für ihn Mögliche hingeleitet werden. Er ist in jenem ihm eigenen praktisch-technischen Denken zu fördern, das recht oft ein unsprachliches und irgendwie unbegreifliches (handliches) Denken ist, das sich an den Dingen, im Tätigsein und am Machen orientiert und entwickelt.» – «Was not tut, ist die *Entwicklung und Nutzbarmachung der vorhandenen Fähigkeiten...*» Und wie soll das vor sich gehen? «Bescheidenheit und Klarheit der Forderung, Beschränkung auf das, was den gegebenen Veranlagungen gemäß ist, und auf das Notwendige, Verzicht auf Unwesentliches, dieser Begabungsgruppe Unangepaßtes und auf bloß Wünschenswertes gelten als allgemeingültige Richtlinien» der Schule, von der zugleich gesagt wird, daß sie «ins Erwerbs- und Erwachsenenleben überleite.»

Die Schule soll also überleiten. «Das Werkprinzip gibt uns die besten Möglichkeiten, diesen Schülertyp zu schulen und zu fördern. Seine Absicht geht in verschiedene Richtungen. Es ersetzt weitgehend den für diese Schülergruppe nur begrenzt möglichen, begrifflich fundierten Denkschluß... Es sucht den Schüler durch die handwerkliche Exaktheit, durch Ordnung, Pünktlichkeit und Ausdauer charakterlich zu fördern und zu erziehen... Es bezweckt durch die Arbeit an verschiedenen Werkstoffen die Abklärung von beruflicher Eignung und Neigung und durch Angleichung der Arbeitsweise an handwerkliche und gewerbliche Vorbilder die Vorbereitung des Übertrittes ins zukünftige Erwerbsleben.»

Das heißt im Klartext: Wir unterrichten die Kinder im Schulzimmer und in der Werkstatt. Daneben «erziehen» wir sie auch.

Der Unterricht erstrebt «Sicherheit und Genauigkeit im Elementaren, Sauberkeit der Darstellung. Nicht vielerlei, das Notwendige aber vielmal.»
Die Werkstattarbeit bezweckt «Gewandtheit und Sicherheit in der Werkzeugführung, Angewöhnung von Genauigkeit und Ausdauer und das Erlebnis der Freude am Gelingen». Sie hat daneben aber auch noch einen tieferen Sinn. Beispiel: «Das Rundfeilen fördert das Zusammenspiel der Arm-, Körper- und Beinbewegungen. Diese Arbeit sind wertvoll zur Entwicklung einer gelockerten, aber trotzdem präzisen Bewegungsrhythmik.» Und noch tiefsinniger: «Wir leben im Zeitalter der Maschinen... Es ist daher angebracht, daß sie (die Schüler) lernen, sie mit Sorgfalt zu pflegen, mit Respekt (!) zu behandeln und mit Geschicklichkeit zu bedienen.»
Interessant ist nun, was unter *Erziehung* verstanden wird. «Es ist notwendig, daß wir jene Fähigkeiten entwickeln und ihnen (den Schülern) jene Fertigkeiten und Tugenden ins Leben mitgeben, die ihnen Halt in den Anfechtungen und Sicherheit gegenüber den sachlichen Anforderungen geben.» Und wie erreicht man das?
«Eine einfache und klare Schulordnung fördert die nachhaltige Gewöhnung der Schüler an geordnetes Verhalten. Eine eindeutige Schulordnung ist ein Gewöhnungs- und Erziehungsmittel von wesentlicher Bedeutung. Sie hat nicht nur die äußere Ordnung zum Ziel, sondern soll das heute so wenig gepflegte Gefühl der Einordnung in die Gemeinschaft und den Sinn für einen unabdingbaren Tages- und Arbeitsrhythmus wecken und fördern.»

Diese Aussagen stehen in einem Konsens mit Aussagen des in der Schweiz weit verbreiteten Lehrbuchs von BLEIDICK/HECKEL (1970) zum Unterricht in der Hilfsschule.

Auszüge aus BLEIDICK/HECKEL (1970), Praktisches Lehrbuch des Unterrichts in der Hilfsschule (!)

Das Prinzip der Stoffbeschränkung

«Die Grundlage für die Arbeit der Hilfsschule bildet eine gesunde, ganz einfache Elementarmethode». Dieser Satz von HORRIX (^{2}1921, 23) kennzeichnet in präziser Weise den gesamten Stil des Unterrichts nicht nur in bezug auf das methodische Vorgehen, sondern in vorderster Linie bereits auf die didaktische Auslese.
Die Einfachheit beginnt bei der *Stoffauswahl*. Das Prinzip des Elementaren in der didaktischen Planung zieht die elementare Methode nach sich. Die didaktische Trias des Hilfsschulunterrichts heißt daher: Weniger Stoff – größeres Zeitmaß – mehr Geduld.
Das formale *Prinzip der Stoffreduktion* findet seine inhaltliche Ergänzung im Heimatprinzip und im Grundsatz der Lebensnähe. Stoffbeschränkung wird durch die geringere Fassungskraft der Hilfsschulkinder nahegelegt. Sie behalten weniger und vermögen das Gelernte nicht anzuwenden. Vor allem abstrakte Lehrgüter werden nicht zum bleibenden Besitz. Der Unterricht hat diese Grenze immer zu sehen und mit der täglichen Energie von Aufmerksamkeit und Stetigkeit der Lernzuwendung hauszuhalten. Die Herabsetzung der Unterrichts- und Erziehungsziele kommt sowohl in der einzelnen Unterrichtsstunde als auch im Gesamtziel der Hilfsschule zur Geltung: Erstrebung eines einfachen Verstehens und praktische Beherrschung der unmittelbaren konkreten Umwelt genügen als didaktische Ziele (FUCHS ^{3}1922).

Die Methodik der kleinen Schritte

Die Präzisionsmethodik des lückenlosen, langsamen und minuziösen Fortschreitens gilt von jeher als Charakteristikum des Schwachsinnigenunterrichts. Die didaktische Kernfrage lautet gleichsam: *Wie geht es noch einfacher?*

Dem Lehrer stellen sich durch die Aufgabe der Reduktion, Transponierung und Elementarisierung komplizierter Stoffstrukturen psychologische Schwierigkeiten entgegen, die der Vermittlung gymnasialen Fachwissens nicht nachstehen dürften: Wahrung der sachlogisch richtigen Substanz und zugleich einfache Verstehbarkeit etwa theologischer, physikalischer und sozialkundlicher Stoffe.

Im einzelnen besagt die Methodik der kleinen und «kleinsten» Schritte:
a) Die Unterrichtseinheiten sind sorgfältig in übersichtliche *Teilziele* zu gliedern. Zu starke Stoffzunahme auf Kosten intensiver Festigung bildet erfahrungsgemäß eine ständige Versuchung für den neu unterrichtenden Lehrer, der sich nicht genügend auf die begrenzte Fassungskraft seiner Kinder, ihre oberflächliche, scheinbar gelungene, durch «Maulbrauchen» und Kopfnicken «bestätigte», Stoffannahme eingestellt hat. Der standardisierte Lehrgang im *Programmierten Unterricht* entspricht mit seinen durchgeplanten Kleinstschritten diesem Grundsatz der Hilfsschularbeit in ausgezeichneter Weise (KLAUER 1964).

b) Im zeitlichen Vorgehen ist ein gegenüber der Volksschule erheblich *verlangsamtes Unterrichtstempo* angemessen, das ein müßiges Verweilen ohne Stoff- und Zeitdruck gestattet: Weniger in mehr Zeit.»

Die von den Autoren angesprochenen didaktischen Kriterien sind auch heute noch als *allgemein didaktisch gültige Hinweise* zu betrachten. *Stoffbeschränkung und Selektion* ist eine Aufgabenstellung für Lehrende auf allen Bildungsstufen. Problematisch wird sie erst, wenn sie definitive Einschränkungen der Bildungsmöglichkeiten impliziert. Man beachte etwa KLAUERs Emanzipationssperre, die er mit drastischen didaktischen Einschränkungen im mathematischen Bereich postulierte. Dies geschah im Hinblick darauf, daß die meisten Hilfsschulabgänger in den Anlern- und Handlangerberufen nur über minimalste mathematische Kompetenzen verfügen müßten.

Er bezieht sich auf eine Befragung von 30 erwachsenen Hilfsarbeitern und 40 Jugendlichen aus Hilfsberufsschulklassen!

«Beruflich rechnen überhaupt nur relativ wenige der Befragten, privat jedoch alle. Über 70% rechnen meist nur im Zahlenraum bis 100, während der Zahlenraum über 200 nur selten überschritten wird. Es liegen über ¾ aller Rechenfälle im Bereich bis 100. Von den Grundrechenarten kommt die Addition mit Abstand am häufigsten vor – es folgen dann Subtraktion und Multiplikation, während die Division seltener als in 10% der Fälle genannt wurde. Bezieht man die faktischen Rechenoperationen auf den Zahlenraum, so zeigt sich, daß am meisten bis 20 gerechnet wird, während echte Operationen über 100 nur noch ausnahmsweise vorkommen. Mündliches Rechnen ist weitaus häufiger als schriftliches Rechnen (obwohl dies in der Schule umgekehrt ist). Von den *Maßeinheiten* ist die Kenntnis der Geldsorten am reichsten differenziert. Längenmaße werden privat nur selten, beruflich jedoch bis zu 50% verwendet; im privaten Bereich spielen praktisch nur Meter und Zentimeter eine Rolle, beruflich kommen außerdem Millimeter und Kilometer vor. Das Dezimeter entfällt in allen Bereichen! Neben den Längenmaßen werden überhaupt nur Gewichtsmaße häufiger genannt, diese privat aber häufiger als beruflich. Die Maße Pfund, Kilogramm und Zentner dominieren hier eindeutig, beruflich wird auch die Tonne häufiger genannt. Von den Flächen- und Raummaßen entfallen praktisch alle bis auf Quadratmeter und Liter.

Bruchzahlen werden vorwiegend im privaten Sektor gebraucht, und zwar praktisch nur Halbe, Viertel und Achtel. Von den Operationen mit Brüchen kommt gelegentlich die Addition gleichnamiger Brüche vor. Die Schlußrechnung, vom einfachen Zweisatz bis zur Maßstab- und Mischungsrechnung, spielt beruflich überhaupt keine Rolle. Privat werden in etwa 30% der Fälle einfache Zweisätze genannt. Die Prozentrechnung wird ebenfalls nur gelegentlich von etwa 30% der Befragten benutzt. Die Begriffe Brutto und Netto sind (im Zusammenhang mit dem Lohn) weitgehend bekannt, Tara und Skonto fallen dagegen gänzlich aus. Rabatt kennen die meisten, vorwiegend im Zusammenhang mit den Rabattmarken.»

Das *Prinzip der kleinen Schritte* wird heute im Programmierten Unterricht immer noch vertreten, allerdings nur in einem Kontext eines breiteren didaktischen Gesamtarrangements, etwa zusammen mit Kreativitätspflege, mit handelnd-erarbeitendem Unterricht (s. vorher GEHRECKE/MOHR, S. 73, 74) und nicht in der Dominanz, wie sie von den Hilfsschuldidaktikern vor 1970 vertreten wurde.

Wir stellen uns nicht die Aufgabe, die Grundlagen dieser fatalen didaktischen Haltung umfänglich darzustellen, und beschränken uns auf exemplarische Hinweise aus den theoretischen Beiträgen von MOOR 1965, einem Pionier der theoretischen Sonderpädagogik.

Die pädagogische Fehlentwicklung im Sonderklassenwesen bzw. in der Hilfsschulpädagogik kann darin gesehen werden, daß die Erziehungserfahrungen im Umgang mit den Debilen der ersten Kategorie von Lernbehinderten (siehe S. 14, Kategorien nach KANTER) und das psychologische Wissen um das Wesen der Debilität auf die Kinder mit nur leicht vermindertem Intelligenzniveau übertragen worden sind.

1965, als Paul MOORS «Heilpädagogik» erschien, stützten seine Aussagen über die Integration Lernbehinderter das allgemeine heilpädagogische Credo von Generationen von Sonderklassenlehrern. MOORS Aussagen waren prägnant im Stile des Slogans und fanden sich bezeichnenderweise in einem Abschnitt, in welchem der Integrationsbeitrag der *Hilfsschulklassen* unter der Überschrift «*Die Schule des Geistesschwachen*» dargestellt wird. Da heißt es: «Wenn man den Geistesschwachen zur Gemeinschaft erziehen will, so muß man ihn zuerst einmal aus der Gemeinschaft, in der er sich befindet, herausnehmen, insbesondere aus der Normalschule. Erst wenn man die Möglichkeit hat, sich ganz allein mit ihm zu befassen und so weit unten anzufangen, wie das für ihn nun mal notwendig ist, kann man ihn mit der Zeit dahin bringen, daß er den Zugang findet zu einem für ihn vorbereiteten Platz in der Gemeinschaft. Gerade um der Erziehung willen ist Sonderschulung notwendig. Das muß man beständig wiederholen, weil es nur für den selbstverständlich ist, der die Tatsache kennt.»

Für MOOR war der Hilfsschüler der Schwachbegabte, der Geistesschwache leichteren Grades, der Debile oder auch der Grenzdebile. Er war der eindeutige Schulversager mit verminderter Intelligenz, der allerdings im Sinne des Hanselmannschen Begriffs der Gesamtseelenschwäche auch im emotional-sozialen und im volitiven Bereich eingeschränkt war. Debilität war bei MOOR immer ein gesamtseelischer Strukturbegriff.

Aufgabe:

- Sammeln Sie aus dem folgenden Fallbeispiel Hinweise auf die damals festgestellten Ursachen von Lernbehinderung. Können Sie ätiologische Ergänzungen vermuten?
- Sehen Sie Probleme wegen der mangelnden Unterscheidung zwischen organisch bedingten Störungen und reaktiven Phänomenen?
- Welche erzieherischen und unterrichtlichen Grundsätze läßt MOOR in diesem Fallbeispiel erkennen?

Gottfried – ein Schwachbegabter (MOOR 1965, 132f., ausgewählte Stellen)

Die Lehrerin einer ländlichen Spezialklasse berichtet:

1   *Gottfried* wurde als das mittlere von fünf Kindern geboren. Der Vater ist Dachdecker und Kaminfeger, arbeitet aber meist als Handlanger auf Bauplätzen, bald hier, bald dort. Man wohnt in einer engen Mietwohnung, wo wenig Platz ist für die Kinder. Die Ernährung scheint recht zu sein; die Kleider sind meist schmutzig und zerrissen. Die Erziehung der Kinder ist of hart; in der Hauptsache aber sind sie sich selber überlassen. – Der Knabe ist mit eindreiviertel Jahren bettrein geworden, hat mit zwei Jahren gehen und sprechen gelernt.

2   Die Mutter erzählt, Gottfried sei mit fünf oder sechs Jahren von jemandem aus Lumperei in die Luft geworfen und nicht wieder aufgefangen worden. Er fiel auf den Boden, konnte nach acht Tagen nicht mehr sprechen, stotterte, hatte auch ein Weh, das sich aber bald verlor (starrer Blick, ganzer Körper steif, 10-15 Minuten). Die Anfälle wiederholen sich vier- oder fünfmal und hörten dann auf. Seither ist Gottfried in allem zurück und stottert.

3   Als achteinhalbjähriger kam Gottfried in die Spezialklasse. Er wird als beweglich und sehr zerstreut geschildert, lebhaft, aufgeregt, dreist, leicht beeinflußbar, dabei gesellig, gutmütig und willig; er ist meist unsauber und redet gerne unsauberes Zeug. Der Vater sei Trinker, die Mutter schwach, nachgiebig und dumm. Die Familie befinde sich immer in Geldnot. Die Kinder sind schlecht gekleidet, die übel zerrissenen Kleider werden oft wochenlang nicht geflickt. Neue Kleider trägt man, bis sie in Fetzen herunterhangen.

4   Schon nach ein paar Wochen mußte die Schulpflege eine Sitzung abhalten wegen Gottfried. Er hatte nämlich eine Uhr «gefunden». Sie lag auf dem Gesims eines Kellerfensters. Gottfried sah sie daliegen, dachte überhaupt nicht nach, wohin sie gehören könnte, hatte große Freude an seinem Fund, rannte jubelnd damit auf die Straße und zeigte ihn dem Erstbesten, der des Weges kam. Für 70 Rappen verkaufte er sie dem Mann; die Uhr war nicht mehr aufzutreiben. – Die Schulpflege

beschloß, Gottfried sei «so zu erziehen, daß er nichts mehr nehmen werde». Er mußte eine Woche lang nachsitzen; der Jugendrichter drohte, ihn zu versorgen, wenn noch einmal so etwas vorkäme.

Die Lehrerin sieht besser ein, wie wenig all dies nützt. Sie weiß, daß er phantasiert und lügt, ohne recht zu wissen, was er plappert. Sie verabredet mit ihm, daß er ihr alles erst einmal bringen solle, was er gefunden habe. Das befolgt er getreulich; nur daß er mit der Zeit anfängt, immer mehr zu finden. Eben dadurch aber erhält die Lehrerin Gelegenheit, nicht nur für ihn zu entscheiden, wo er es selber nicht kann, sondern auch ihn langsam zu lehren, was finden heißt.

5 Die erzieherische Aufgabe der Spezialklasse ist auch sonst eine große. Was Gottfried hat, das verliert er. Nicht die geringste Sorge trägt er zu seinen Schulsachen. Tadel nimmt er auf, als ob es ein Lob wäre. Weint er doch einmal, so dauert die Betrübnis nur wenige Minuten; dann ist wieder alles sonnenhell. Die Unordnung unter seiner Bank ist groß; wenn er aber etwas nicht findet, so meldet er sofort, es sei ihm gestohlen worden. An einem Abend nach Schulschluß sitzt Gottfried einem Milchhändler hinten auf; der Schulsack ist im Wege dabei. Er wirft ihn einfach ab und fährt seelenvergnügt weiter. Das war an einem Freitagabend. Am Samstag fiel die Schule aus. Erst am Montagmorgen tauchte die Frage auf, wo eigentlich sein Schulsack sei. Der große Bruder wird auf die Suche geschickt, kommt aber mit leeren Händen nach Hause. – Monate geht es auch, bis Gottfried weiß, daß die Hände sauber sein müssen und wann man sie schmutzig nennt.

6 Tut man zu Hause doch einmal etwas in der Erziehung des Knaben, so wird es noch schlimmer statt besser. So konnte Gottfried im Zahlenraum von 1-50 (als neunjähriger) ganz ordentlich rechnen. Dann aber geriet wieder alles drunter und drüber. Drei Wochen lang bemühte sich die Lehrerin erfolglos, die Fehler wegzubringen. Dann erfuhr sie, daß der Vater zu Hause mit dem Knaben rechne und sich dabei immer mehr darüber aufrege, daß der Bub so wenig könne. Die Lehrerin schrieb dem Vater, er solle die Rechnerei ihr überlassen: und bald besserten sich die Schulleistungen wieder.

7 Die Fortschritte bleiben durch alle Klassen hindurch gering. Gottfried aber hat für alles eine Ausrede. Beim Flechten wird er zu besserem Arbeiten angehalten; er solle den Flechtfaden sorgfältiger anlegen. Prompt antwortete er: «Ich habe halt kleine Hände». Macht er einen Klex, so heißt es: «Die Tinte ist schlecht; die Feder ist alt». Kommt eine kleine Schwierigkeit, so stellt er sich unglücklich: «Das chan i nüd, ich chume ja nüd drus».

8 Dann wieder geht es in der Familie drunter und drüber. Der Vater trinkt sich an der Kilbi toll und voll und arbeitet dann bis am Mittwoch nichts. Die Familie steckt tief in Schulden; die Knaben aber haben jeder drei Franken an die Kilbi mitbekommen. Dazu holt Gottfried noch bis gegen Mitternacht Bier für den Vater. Dafür zerfällt alles wieder, was die Schule mühsam aufgebaut hat; auch das Stottern stellt sich wieder ein. Und der Vater schreibt der Lehrerin einen Brief, wie lange es eigentlich noch gehe, bis Gottfried das ABC könne; bei ihr lerne man ja überhaupt nichts; wann denn Geometrie und Geographie dran kämen – bis ihm die Schulpflege mit einer Ordnungsbuße droht. – Langsam gelingt es der Lehrerin, die Mutter für sich zu gewinnen und erreicht damit, daß Gottfried wieder willig und nicht aufgehetzt zur Schule kommt.

9 Dann kam ein Unterbruch, da die Familie in die Nachbargemeinde zog. Aber schließlich war man dort froh, ihn wieder an den alten Ort zur Schule schicken zu können. Wie er zurückkam, war freilich furchtbar: Er stotterte wie noch nie,

war in fortwährender Erregung, schwatzte unaufhörlich, hatte beständig Streit mit den Kameraden. Er sprach mitten in den Unterricht hinein, riß Witze, wies die andern zurecht, pfiff, lachte, maulte, raisonnierte. Das meiste hatte er vergessen. + und − bis 100 gehen bei dem nun Zwölfjährigen nicht mehr recht, im Schreiben schmiert er entsetzlich, i- und Schlußpunkte werden weggelassen. Paßt ihm etwas nicht, so mault er, bockt, koldert, macht das Gegenteil. Es braucht ihn nur einer anzusehen, so tönt es mitten in die Stille hinein: «Dubel, Löli, dumme Chaib!»

10 Gegen all das hilft nur die ruhige Festigkeit und unerschütterliche Geduld der Lehrerin, die weiß: In der Spezialklasse verlangt man nicht erst bestimmte Voraussetzungen, bevor man die Arbeit beginnt; sondern man ist einfach da für die Aufgabe, die sich stellt.

11 Langsam nimmt das Stottern wieder ab; am stärksten ist es dann, wenn Gottfried etwas von zu Hause erzählt. Man muß aber mit wenig zufrieden sein. Noch nach einem Jahr ist es so, daß er sich höchstens für eine Stunde zusammennehmen kann. Während aber Wille und Einsicht schwach blieben, wird langsam etwas Feineres, das Gemüt, ansprechbar. Beim Spiel ist der Junge glücklich; da kann er zeigen, daß er auch jemand ist. Auf Weihnachten will er Geld sparen; er bringt seine Batzen der Lehrerin, die sie für ihn aufhebt. Zwischenhinein verschleckt er wohl wieder etwas; aber dann möchte er doch lieber, daß die Lehrerin mit ihm zufrieden ist. Zu Hause bleibt man unverständig; ist man zu spät aufgestanden, so gibt man dem Jungen Geld mit: Kauf dir etwas beim Bäcker. Und wieder gibt man ihm Geld, um sich irgendwelche üble Juxkarten zu kaufen; dafür langt es nicht fürs Monatsabonnement und Gottfried muß zu Fuß zur Schule. Trotzdem hat es zu Hause gebessert; die Widerstände gegen die Schule haben aufgehört. Und wenn die Lehrerin bei einer Widerspenstigkeit gar droht: Dann bist du eben nicht mehr mein Bub! dann wirkt dies wie eine Zauberformel.

12 Wie unselbständig und uneinsichtig er bleibt, wie notwendig die beständige Führung ist, sieht man aus folgendem Vorkommnis: An einem Abend öffnet er den Jauchetrog, schöpft mit der bloßen Hand den Schaum ab und traktiert damit die Hauswand und die Treppe; er habe sie anmalen wollen, gibt er nachher an.

13 Als 14jähriger kommt Gottfried im Frühjahr aus der Schule und zunächst zu einem Bauern; im Herbst darauf wird er dort fortgejagt, weil er frech ist, immer mault, über alles schimpft. Er kommt zu einem Dachdecker, den der Vater kennt, als Handlanger, wird aber auch bald wieder weggeschickt. Dann vagiert er herum, immer mit dem Velo. Dann arbeitet er wieder bei einem Gärtner, dann bei einem Kaminfeger. Darauf wurde er krank, lag lange im Spital und war dann wieder arbeitslos zu Hause. Nachher versuchte man es wieder bei einem Meister; er lief nach drei Wochen davon. Immer aber spielt er den Großartigen, wartet mit Witzen und Schlagerversen auf und raucht wichtig drauflos. Mit 19 Jahren endlich bringt man ihn in eine Erziehungsanstalt, wo er drei Jahre bleibt und wo es gut geht, da er beständig unter Aufsicht ist. Er macht dort die praktische Lehre als Hilfsgärtner. Entlassen arbeitet er als 23jähriger zunächst bei einem Gärtner, muß dann in die Rekrutenschule, erleidet einen Unfall, weil er eine Handgranate zu lange in der Hand behält, kommt aber noch glimpflich weg, ist immerhin acht Wochen im Spital. Arbeitet dann wieder als Gärtner und geht auf Freiersfüssen, sieht sehr unternehmungslustig aus, stottert kaum mehr.

14 Ein Jahr später, 24jährig, ist er verheiratet, beim Militär zum Hilfsdienst versetzt und arbeitet als Wagenreiniger bei der Bahn. Seine Frau ist ordentlich, wohlmeinend, aber der schweren Aufgabe kaum gewachsen. Nach einem Jahr kommt das

erste Kind; nach abermals einem Jahr kann Gottfried die Stelle bei der Bahn nicht behalten und arbeitet wieder bei einem Gärtner; nach wieder einem Jahr kommt das zweite Kind...

15 Das Letzte, was wir noch hörten, war, daß Gottfried als Hausdiener in einem großen Wohnblock angestellt worden sei. Die Leute rühmten ihn, daß er gut zu heizen verstehe; sie hätten auf alle Fälle immer schön warm; bis man plötzlich noch vor Weihnachten entdeckte, daß die Heizvorräte schon beinahe alle aufgebraucht waren. Da aber anerbot Gottfried dem Hausmeister, ihm ohne Bezugsschein weiteres Brennmaterial zu vermitteln. Der Hausmeister ging darauf ein und bezog ein kleines Quantum; worauf Gottfried wieder erschien und eine ziemlich hohe Provision für die Vermittlung verlangte, sonst werde er ihn anzeigen wegen Schwarzhandel. Der Hausmeister mußte ihn erst darauf aufmerksam machen, daß er als Vermittler und nun gar noch Erpresser wohl dabei am schlimmsten wegkäme; daran hatte der schlaue Gottfried nicht gedacht!...

Zum besseren Verständnis der Entwicklung von Gottfrieds Behinderung vermissen wir heute ein differenzierteres sonderpädagogisch-diagnostisches Vorgehen. Auch wenn in diesem Fall eine stark genetisch kontrollierte Minderbegabung vorliegen würde, ist die exemplarische Falldarstellung des *schwachbegabten Hilfsschülers* als Generalisierung von Lernbehinderung und der Darstellung von daraus ableitbaren gleichartigen Erziehungsaufgaben für *alle schulschwachen, sonderklassenbedürftigen Kinder* ein Impuls zur pädagogischen Gleichmacherei und Restriktion.

Man vergleiche nun die explizite Darstellung von MOORS *Konzept des Lernbehinderten* mit der Falldarstellung Gottfried.

«Wir sprechen oft vom ‚Schwachbegabten', wenn wir den Spezialklassenschüler meinen. Das ist eine beschönigende Ausdrucksweise. Es handelt sich auch bei ihm um eine eigentliche ‚Geistesschwäche', wenn auch leichteren Grades. Der Ausdruck ‚Schwachsinn' freilich wird meist erst für die schweren, ausgesprochenen Grade verwendet. Einen guten Sinn hätte auch der alte, heute zum Schimpfwort gewordene Ausdruck ‚Blödsinn'; das Besinnen, Verstehen eines Sinnes und Sinnzusammenhanges, nicht die Sinneswahrnehmung ist geschwächt.

Wichtigste und häufigste Ursache der Geistesschwäche ist die *Vererbung*. Etwa zwei Drittel nach RÜDIN sind ererbt, 78% nach DUBITSCHER erblich bedingt. Daraus geht aber auch schon hervor, daß es neben der Vererbung auch noch andere Ursachen gibt, allerdings in verschiedenem Ausmaße bei den verschiedenen Graden der Geistesschwäche: Idiotie ist nur bei 50% der Fälle ererbt; bei Hilfsschülern dagegen beruht die Geistesschwäche bei 90% der Fälle auf Vererbung.» (MOOR 1965, 131)

Das *antirehabilitative Resignationskonzept* von Lernbehinderung bei MOOR deckt sich weitgehend mit demjenigen, das noch 1970 von BLEIDICK/HECKEL lehrbuchmäßig für die Sonderklassenlehrerausbildung vertreten wurde:

«*Aufgabe der Hilfsschule ist die Sondererziehung der ihr anvertrauten schwachbegabten Kinder;* die Anerkenntnis des Begrenzten, eben nach Möglichkeiten der Erziehung zu suchen, wo etwas Unheilbares, Minderbegabung, vorliegt. Ein einführendes und prakti-

sches Lehrbuch über die Arbeit in der Hilfsschule kann also dem auf diesem Erziehungsgebiet Tätigen nur noch einmal sagen, daß er keine Heilerziehung zu verrichten brauche und auch gar nicht könne, daß zumindest mit der Bezeichnung des pädagogischen Geschehens als Heilpädagogik für das wirkliche erzieherische Geschäft nichts gewonnen sei.»
«Die Sprache der Hilfsschulkinder ist strukturell einfach, der mündliche und schriftliche Ausdruck auf anschauliche Sachverhalte bezogen, das Sprechen in vielen Fällen gestört. An die Stelle der vorwiegend intellektuellen Beziehungserfassung und Begriffsbildung und des abstrahierenden sprachlichen Denkens tritt ein gediegenes Gebrauchs-, Hantierungs- und Erfahrungswissen.»

Diese Aussagen stimmen nicht nur mit Moor, sondern mit den von Jegge zitierten Passagen aus dem anweisenden Kommentar zum zürcherischen Sonderklassenreglement überein (s. S. 75, 76).

Diese Betrachtungen drängten sich auf im Hinblick auf die unkontrollierten Variablen (Lernbehinderungskonzept, didaktische Grundhaltung, Differenziertheit und Flexibilität im Bereiche der didaktischen Kompetenzen) in empirischen Vergleichsuntersuchungen zur Effizienz der Sonderklassen (-schulen).

3.3 Beiträge zur Überwindung der monokausalen Theorien als Grundlegung einer flexiblen Didaktik in der Lernbehindertenpädagogik

Diese Beiträge können fünf Ansätzen zugeordnet werden:
- Die Erfassung des Zusammenhangs zwischen Lern- und Verhaltensstörungen
- Die Berücksichtigung dynamischer Begabungstheorien
- Ätiologische Typologien als Übergang zu kumulativen und interaktionell ätiologischen Konzepten
- Mehrdimensionale Erklärungsmodelle
- Dynamisch-systemische Entwicklungsmodelle

3.3.1 Die Erfassung des Zusammenhangs zwischen Lern- und Verhaltensstörungen

Die Jahresberichte von schulpsychologischen Diensten und Erziehungsberatungsstellen verweisen immer wieder darauf, daß sowohl Lern- wie auch Verhaltensstörungen relativ selten isoliert auftreten. Tiedemann (1980, 20) führt einen von Strobel (1975) referierten Jahresbericht an:

Emotionale und soziale Auffälligkeiten treten keineswegs immer isoliert auf. Gerade im Schulalter sind sie nicht selten gekoppelt mit Schulleistungsschwierigkeiten. Wie stark die Überlappung, insbesondere bei relativ extremen Auffälligkeiten sein kann, demonstrieren die von Strobel (1975) referierten Befunde (vgl. Abb. 20). Die Autorin gibt die Diagnose einer Erziehungsberatungsstelle innerhalb eines Jahres wieder (N=176).

Abbildung 20: Die Konkordanz von Schulleistungsproblemen mit Verhaltensproblemen (nach Daten von STROBEL 1975, S. 67)

Differenzierter ist die Darstellung von SCHMID et al. (1980). Ein kinderpsychiatrisches Ärzteteam unter der Leitung eines Genetikers (!) verglich die Sonderklassenschüler eines gesamten Jahrgangs einer größeren schweizerischen Stadt, elfjährige Lernbehinderte, die in zwei Sonderklassentypen beschult wurden. Das Team verglich unter Beizug der schon vorhandenen schulpsychologischen und kinderpsychiatrischen Untersuchungsakten und nach Durchführung von Tiefeninterviews bei Hausbesuchen psychosoziale Daten und Verhaltensmerkmale der Schüler der Sonderklassen B (Sonderklassen für «Lernbehinderte») mit denjenigen der Sonderklassen D (Sonderklassen für verhaltensauffällige Schüler mit Lernschwierigkeiten).

Die folgenden Angaben zeigen, daß sowohl die *psychosozialen Belastungen* als auch die *Verhaltensstörungen* in beiden Untersuchungsgruppen gleich verteilt waren. Ein statistisch signifikanter, aber pädagogisch wenig bedeutsamer Unterschied wurde in der Variable Intelligenz erfaßt. In den Sonderklassen B wurde ein durchschnittlicher IQ von 84, in den Sonderklassen D ein solcher von 86 ermittelt. Dabei bildete sich die Selektionsstrategie der Schulpsychologen im Überweisungsverfahren ab.

Die Vergleichsgruppe A wurde als Extremgruppe guter Schüler in Regelklassen gebildet (Auswahl der 4 leistungsstärksten Schüler pro Regelklasse in der Grundschule).

Beachtlich war, daß das Ärzteteam in der Interpretation der Ergebnisse das *Hauptgewicht auf die psychosozialen Belastungen* legte, obwohl in den Überweisungsverfahren bei rund 40% der Schüler ein psychoorganisches Syndrom (POS) festgestellt worden war. Die Ärzte trugen dabei – in der Berichterstattung kommt dies explizit kaum zum Ausdruck – einem gewandelten Verständnis der minimalen zerebralen Dys-

Tabelle 14: Psychosoziale Belastungen

Gruppe 1: Censusdaten

	Sonderklasse B		Sonder-klasse D	Vergl.-gruppe A
	abs.	%	%	%
– Desintegration der ursprünglichen Familie durch				
– Tod eines Elternteils	1/38 *(1)*	2.6	4.4	3
– Scheidung/Trennung	8/38 *(2)*	**21.0**	**22.2**	5
– Proband ist Stiefkind	3/38 *(3)*	8.9	13.3	3
– Proband ist Pflegekind	3/38 *(4)*	8.9	0	0
– Proband lebt als Einzelkind	12/38 *(5)*	31.6	15.5	14
– Ungewöhnliches Alter der Eltern bei der Geburt des Probanden				
– Minderjährigkeit des Vaters	0/38	0	0	1
– Minderjährigkeit der Mutter	2/38 *(6)*	5.3	2.2	2
– Beide Eltern über 40jährig	0/38	0	2.2	4
– Fremdsprachigkeit der Eltern	7/38 *(7)*	18.4	6.7	3
– Häufiger Wohnortwechsel der Familie	4/38 *(3)*	10.5	2.2	1
– Wechselnde Erziehungspersonen				
– Hortbesuch des Probanden	3/38 *(3)*	8.9	13.3	0
– Fremdplazierung des Probanden (mindestens 6 Monate)	12/38 *(10)*	31.6	26.7	2
– Häufige Lehrerwechsel (mehr als 4)	15/38 *(11)*	39.5	33.3	26
– Frühkindliche Mutter-Kind-Trennung durch				
– Volle Berufstätigkeit der Mutter	14/38 *(1)*	**36.8**	**28.9**	8
– Krankheit der Mutter	0/38	0	2.2	1
– Krankheit des Probanden	8/38 *(33)*	**21.0**	**17.8**	4
– andere Gründe	0/38	0	2.2	2

Tabelle 15: Psychosoziale Belastungen

Gruppe II: Interviewdaten

	Sonderklasse B		Sonderklasse D	Vergl.-gruppe A
	abs.	%	%	%
– Eltern mit schwer belasteter Jugend	23/38 *(1)*	**60.5**	**48.9**	9
– Proband stammt aus unerwünschter Schwangerschaft	15/38 *(2)*	**39.5**	**31.1**	4
– Erzieherische Fehlhaltungen der Eltern				
– Überbehütung/Verwöhnung	8/38 *(3)*	**21.0**	**35.5**	3
– Schwere Körperstrafen	8/38 *(4)*	21.0	0	0
– Eltern an Schule desinteressiert	14/38 *(5)*	**44.7**	**15.5**	9.2
– Schulische Überforderung durch Eltern	4/38 *(6)*	10.5	13.3	?
– Schwere familiäre Konflikte				
– vorwiegend durch Alkoholismus eines Elternteils bedingt	7/38 *(7)*	**18.4**	**24.4**	1
– ohne Beziehung zu Alkoholismus eines Elternteils	11/38 *(8)*	**28.9**	**17.8**	0
– Dissozialität der Eltern	5/38 *(9)*	13.2	8.9	0
– Psychiatrische Krankheiten bei einem Familienmitglied				
– Vater	0/38	0	4.4	2
– Mutter	5/38 *(10)*	13.2	13.3	3
– Geschwister	0/38	0	0	?
Schwere somatische Krankheiten eines Familienmitgliedes	2/38 *(11)*	5.3	13.3	1

Tabelle 16: Aktuelle Verhaltensstörungen

I. Elternbeobachtung

Art der Verhaltensstörung	Sonderklasse B		Sonderklasse D	Vergl.-gruppe A
	abs.	%	%	%
1. Störungen mit vorwiegend psychischer Symptomatik				
– Konzentrationsstörung	26/38 *(1)*	68.4	66.7	9
– Störungen der Stimmung	14/38 *(2)*	36.8	44.4	4
– Depression, Entmutigung	14/38	**36.8**	**17.8**	?
– Stimmungslabilität	0/38	0	26.6	?
– Agressivität	8/38 *(3)*	21.0	35.5	5
– Angst	4/38	10.5	33.3	4
– Kontaktstörung	21/38 *(4)*	55.2	53.3	11
– Antriebsarmut	27/38 *(5)*	71.0	33.3	0
2. Störungen mit vorwiegend körperlicher Symptomatik				
– Motorische Unruhe	6/38	15.8	37.8	17
– Schlafstörung	13/38	34.2	33.3	20
– verspätetes Einschlafen, Aufwachen	11/38	28.9	17.8	8
– Nachtwandeln, Angstträume	2/38	5.3	15.5	12
– Enuresis	7/38 *(6)*	18.4	20.0	3
– nocturna	3/38 *(7)*	7.9	11.1	3
– diurna	2/38 *(8)*	5.3	8.9	0
– nocturna und diurna	2/38 *(9)*	5.3	0	0
– Bauchweh, Obstipation, Diarrhoe	1/38	2.6	11.1	7
– Erbrechen, Polyphagie, Inappetenz	11/38 *(10)*	28.9	17.8	5
– Kopfschmerzen	7/38	18.4	13.3	3
– Nägelkauen, Daumenlutschen	14/38	36.8	22.2	28
– Jaktationen, Tics	5/38	13.1	11.1	6

funktion unter Einbezug von systemischen Wechselbeziehungen Rechnung (s. dazu MÜLLER-KÜPPERS 1969; GRISSEMANN 1986a, 117–122 und 45–48) (s. dazu auch 3.3.5). Angesichts dieser Haltung, die sich in der schweizerischen Kinderpsychiatrie immer mehr durchsetzt, dürfte auch die gängige Zuordnung von «medizinischem Paradigma» und individuumrestringierter Erklärungsweise problematisch geworden sein.

3.3.2 Die Berücksichtigung dynamischer Begabungstheorien in der Lernbehindertenpädagogik

SCHENK-DANZINGER (1972, 109) unterscheidet die folgenden Begabungsbegriffe, die für eine Rehabilitationspädagogik kaum fruchtbar sind:

Die *traditionellen* (statischen) Begabungsbegriffe
– Die Gleichsetzung der Begabung mit der Intelligenz (Begabungstests=Intelligenztests, s. z.B. Beltz: «Schulbegabungstests»)

- Begabung verstanden als angeborenes intellektuelles Potential (Gabe!)
- Begabung verstanden als besonders hohes intellektuelles Leistungsniveau (die Begabten, Begabtenförderung!)
- Begabung als Oberbegriff für ausgeprägte, besonders entwickelte kulturell gerichtete Spezialfähigkeiten (musikalische, sprachliche, mathematische ... Begabung)

Es werden hier zwei Beispiele eines dynamischen, prozeßorientierten Begabungsbegriffs angeführt, welche zur förderdiagnostischen Interventionsplanung ausgenützt werden können.

① Begabung bei Heinrich ROTH (1961)
a) ROTH unterscheidet
- *Intelligenz* ist die Fähigkeit, in verschiedenen Problemsituationen das aktuell Wesentliche zu erfassen und Anpassungsleistungen gemäß den üblichen Intelligenzdefinitionen zu vollziehen.
- *Begabung* wird verstanden als eine Persönlichkeitsstruktur, die sich im Sinne der MOORschen Haltlehre (s. S. 89–92) auf «Lebensführung» und «Lebenserfüllung» bezieht, auf eine in «Können» «Wollen» und «Empfänglichkeit» sich vollziehende Begabung.

Begabungsbeschreibungen von ROTH:
- Fähigkeit, Erfahrungen zu machen und aus den Erfahrungen produktiven Gewinn zu ziehen
- Fähigkeit, vorgesteckte Ziele zu erreichen und nach Erreichen der Ziele, neue Ziele zu sehen (Problemfindungsfähigkeit)
- Umformung der Persönlichkeit zur Erfüllung einer Aufgabe
- gesammelte Kraft einer Persönlichkeit für geliebte Aufgaben

b) Aus dieser Unterscheidung trifft ROTH Zuordnungen der beiden Fähigkeits- bzw. Persönlichkeitskomplexe zu Lernleistungen
- *Intelligenz* befähigt besonders zu *Anfangsleistungen* gegenüber neuartigen Aufgaben (Problemlösungsfähigkeit, intellektuelle Wendigkeit)
- *Begabung* befähigt zum Ausbau und zur *Entfaltung* von Leistungen über die Anfangsleistungen hinaus. Sie stützt länger dauernde, komplexe, aufeinander aufbauende Lernprozesse.

c) Das dynamische Moment des Begabungsbegriffes von ROTH zeigt sich in seiner Darstellung der Begabungsstufen, die zur Einordnung in das dynamische Persönlichkeitsmodell von MOOR (s. dazu S. 91) einlädt:

1. Eine relativ frühe *spezifische Ansprechbarkeit* auf ein bestimmtes Material, eine bestimmte Sache, eine bestimmte Aufgabe, und eine auffallende Neigung, an diesem Material, dieser Sache, dieser Aufgabe interessiert zu werden.

2. Eine gewisse *lustbetonte Leichtigkeit,* sich diejenigen Leistungen anzueignen, die zur Bemeisterung dieses Materials, dieser Sache, dieser Aufgabe dienen.
3. Ein *intimes Heimischwerden* und wachsendes Werterleben im Bereich des Materials, der Sache, der Aufgabe, das zu einem gesteigerten Bedürfnis nach vermehrten und erhöhten Erlebnissen auf diesem Gebiet und zu einem freiwilligen Opfer an Zeit und Kraft für die Sache führt.
4. Eine *produktive Unzufriedenheit* mit den erreichten Leistungsstufen, welche die Anstrengungsbereitschaft erhöht, die Schwierigkeiten immer wieder überwindet und schließlich zur Meisterschaft strebt.
5. Ein *wachsendes Selbstvertrauen,* das zu einem immer freieren Verfügen und inneren Überlegensein über die Arbeitsweisen, Erkenntnis- und Ausdrucksmittel drängt und das über die Erfüllung von technischen Regeln hinaus zu einer relativen Vollendung und beweglichen Sicherheit im Vollzug und Gebrauch der Leistungsformen führt, wie wir sie im «Talent» vor uns haben.
6. Eine *schöpferische Produktivität,* die sich aus spontanen Anfängen zu einer immer deutlicheren originalen Erkenntnis- und Gestaltungskraft steigert, wie wir sie in höchster Form im Genie vor uns haben.

d) Die *sonderpädagogische* Bedeutung des Begabungsbegriffes von ROTH
- Der Begabungsbegriff ist sowohl auf die Leistungen auf hohem kulturellem Leistungsniveau, wie auch auf die *behinderten und gestörten Lernprozesse* zu beziehen.
- ROTH verweist auf den Zusammenhang der «intellektuellen Lern- und Leistungsfähigkeit» mit *Variablen des emotionalen und sozialen Persönlichkeitsaufbaus,* die wesentlich soziokulturell, sozioökonomisch, familiär und auch schulisch bedingt sein können.
- Damit wird auf Persönlichkeitsbereiche verwiesen, die noch «plastischer», d.h. pädagogischen Interventionen zugänglicher sein dürften als die als Intelligenz definierten Strukturen.
  Damit eröffnen sich für die Lernbehindertenpädagogik hoffnungsvolle Perspektiven der Rehabilitation.

ROTHS Modell des Begabungsprozesses verweist auf die *Bedeutung emotionaler Störungen* als Faktor von Lernbehinderung. Lernfähigkeit ist in diesem Verständnis abhängig von persönlichen Beziehungen und Bindungen, von emotionaler Ansprechbarkeit und von der Differenziertheit prosozialer und sachbezogener emotionaler Bindungen.

Interessant ist die Diskrepanz von MOORS Aussagen zur Lernbehindertenpädagogik im Rahmen eines statischen Schwachsinnskonzepts (s. S. 79f.) und seinem Entwurf eines *dynamischen ätiologischen Modells* in seiner Haltlehre, das durchaus den dynamischen Begabungstheorien entgegenkommt.

MOORS Haltlehre läßt sich folgendermaßen kurz zusammenfassen:

(1) Der *Halt* des Menschen wird verstanden als ein Zusammenwirken bzw. Zusammenspiel von Sichhaltenkönnen, Sichhaltenwollen und Sichhaltenlassen.

Halt bedeutet dabei eine Identitätsfindung als Selbstverwirklichung und Integration in der Gemeinschaft, wie dies auf psychoanalytischer Grundlage etwa von ERIKSON (1966) entwickelt worden ist.

(2) Dabei lassen sich als *Haltbereiche* unterscheiden:
Der Halt, den der Mensch im *tätigen Leben,* in der Lebensführung findet.
Der Halt den der Mensch im *empfangenden Leben* als Lebenserfüllung findet.

«Lebensführung» und «Lebenserfüllung» sollen nach MOOR nicht als voneinander getrennte Bereiche, sondern als abstrahierbare Momente der Ganzheit des Erlebens und Verhaltens verstanden werden. Dies schließt nicht aus, daß in einzelnen Verhaltensbereichen ein Moment oder Faktor dominant wird. Arbeit wird von einzelnen Menschen in verschiedenem Ausmaße oder vielleicht gar nicht als Selbstverwirklichung und erfüllend erlebt. Die Freude am Schönen, soziale Bindungsgefühle und kognitiv vermittelte Ergriffenheit (das Erleben von Ich-Du-Beziehung nach BUBER), sind dem Menschen in- und außerhalb seiner Berufsarbeit, in aktiven und in kontemplativen Phasen und Situationen seines Lebens möglich.

(3) Als *Haltmerkmale* sind – immer unter der Voraussetzung eines ganzheitlichen Verständnisses bzw. aus der Sicht des Zusammenspiels von Lebensführung und Lebenserfüllung – «*Willensstärke*» als Wechselbeziehung zwischen differenzierten und geläuterten Einstellungen und Idealen und einem Repertoire von kognitiven, motorischen und sozialen Fertigkeiten und «*Gemütstiefe*» zu unterscheiden. Gemütstiefe wird als Gefühlsresonanz, als Bindung der gefühlsmäßigen Ansprechbarkeit an emotionale Gehalte, an erfüllendes Erleben verstanden.

(4) Als haltorientierte *Erziehungshaltungen* wären deshalb zu unterscheiden:
- Der *pädagogische Zugriff,* die pädagogischen Interventionen welche den Aufbau, die Korrektion oder die Kompensation von «Können» und «Wollen» im Hinblick auf die Lebensführung anstreben und auch unter der heute üblichen Bezeichnung von Motivationsmaßnahmen das emotionale Ansprechen animieren und kanalisieren.
- Die *pädagogische Zurückhaltung,* nicht etwa als laissez faire, sondern als bewußtes und ergriffenes Zurücktreten und Geschehenlassen bei kindlichen Aktivitäten und Haltungen, in welchen das Kind «Staunen», «Liebe» und «Freude» empfindet, sich ausdrückt und entsprechend handelt. Pädagogische Zurückhaltung ist bei MOOR zu verstehen als ein Bewahren und Beschützen von Stimmung und Egriffenheit ohne Durchkreuzung der Gemütsbewegungen durch Handlungsimpulse, die von außen an das Kind herantreten und sein inneres Geschehen durch erzieherische Zielsetzungen unterbrechen würden.

Es lassen sich folgende *Beziehungen zwischen ROTHS Prozeßmodell der Begabung und MOORS Haltlehre* feststellen (s. die sechs Begabungsmerkmale bei ROTH 1961, vorher S. 88f.).
1) die relativ frühe Ansprechbarkeit (ROTH) – emotionale Ansprechbarkeit als Bewegt- und Gestimmtsein (MOOR)
2) die lustbetonten Leistungsvollzüge (ROTH) – Verwirklichung als emotional getragenes, motiviertes Tun (MOOR)
3) das intime Heimischwerden und das wachsende Werterleben im Lern- und Leistungsbereich (ROTH) – die Empfänglichkeit für den Gehalt sich bewährender Lebensführung (MOOR)

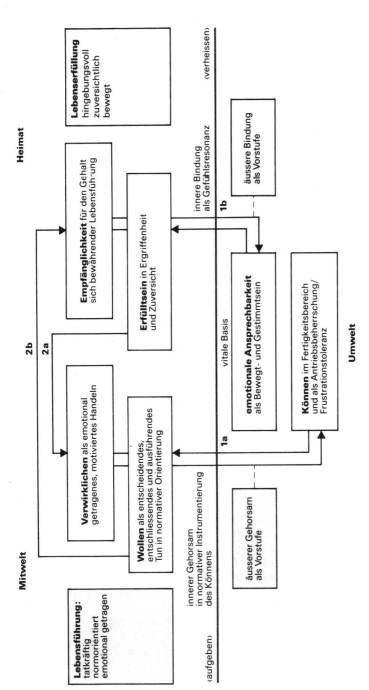

Abb. 21: Moors intrapsychisches Interdependenzsystem des inneren Haltes

4/5) die Erhöhung der Anstrengungsbereitschaft, das wachsende Selbstvertrauen und die Optimierung in Vollzug und Gebrauch der Leistungsformen (ROTH) - die tatkräftige, normorientierte und emotional getragene Lebensführung (MOOR)
6) Produktivität/Originalität (ROTH) - Synthese von tatkräftiger Lebensführung und hingebungsvoller, zuversichtlicher Erwartung von Lebenserfüllung (MOOR)

MOOR hat es aber versäumt, in seinen Aussagen zum hilfsschulbedürftigen Lernbehinderten, die mannigfaltigen emotionalen Lernbeeinträchtigungen im Sinne seines Haltmodells zu einem *prozessualen Konzept von Lernbehinderung* zu entwickeln. (In GRISSEMANN 1986a, 126f. findet sich eine kritische Auseinandersetzung mit MOORs Haltlehre und S. 143 eine Anwendung auf die besonderen Entwicklungsbedingungen und -prozesse bei hyperaktiven bzw. neuropathischen Kindern.)

② Begabung bei Lotte SCHENK-DANZINGER (1972, 109f.)

«*Begabung ist die funktionelle Wechselwirkung der aktualisierten Intelligenz mit ihren aktualisierten Stützfunktionen.*»

Intelligenz wird wie bei ROTH verstanden. *Prozessuale* Intelligenzdefinitionen:

«Von den vielen Definitionen der *Intelligenz* wollen wir zwei herausgreifen. Die allgemein gehaltene Definition von ROHRACHER besagt: ‚Intelligenz ist der Leistungsgrad der psychischen Funktionen in ihrem Zusammenwirken bei der Bewältigung neuer Situationen.' WENZL geht näher darauf ein, worin diese Bewältigung neuer Situationen eigentlich besteht. Seine Definition lautet: ‚Intelligenz ist die Fähigkeit zum Erfassen und Herstellen von Bedeutungen, Beziehungen und Sinnzusammenhängen.' Wesentlich ist, daß es sich bei der Bewältigung neuer Situationen nicht um ein zufälliges Ergebnis beim Lernen nach Versuch und Irrtum handelt, die Problemlösung nicht auf Grund angeborener Reaktionen vollzogen wird und es nicht ausschließlich um die Anwendung erlernter Techniken geht.

Intelligenz als solche ist nicht faßbar, wir erkennen sie nur an ihren Äußerungen, an den Leistungen. Diese Leistungen können wir messen, und scherzhaft meinte SPEARMAN: ‚Intelligenz ist das, was man mit dem Intelligenztest messen kann.'»

Strukturelle (faktorenanalytische) Intelligenzdefinitionen (s. auch vorher SPEARMAN).

SCHENK-DANZINGER verweist auf die *multiple Faktorentheorie* von THURSTONE und seine vier Primärfaktoren:
- einen verbalen Faktor
- einen logisch-begrifflichen Denkfaktor
- einen Faktor des Erfassens von Raum-Formbeziehungen
- einen numerischen Denkfaktor.

Jeder dieser Faktoren läßt sich in Teilfaktoren aufgliedern. Die individuellen Ausprägungen in den verschiedenen faktoriellen Bereichen können verschiedene Ursachen haben (organische, soziokulturelle, geschlechtsrollenbedingte, genetisch-konstitutionelle, systemische).

Der Begriff der *Stützfunktionen:*

«Unter *Stützfunktionen* verstehen wir jene psychischen Faktoren, die
1. der Aufnahme und Speicherung von Umweltinformationen dienen, also Wahrnehmung und Gedächtnis;
2. die Art der Durchführung von Handlungsabläufen bestimmen: Konzentration, Ausdauer, Pflichtbewußtsein, kurz, die Arbeitshaltungen;
3. Handlungsimpulse setzen: die Motivationen.

Die unter (1) genannten Funktionen bezeichnen wir als *kognitive,* die unter (2) und (3) genannten als *personale Stützfunktionen. Zwischen der Intelligenz und ihren Stützfunktionen besteht eine Wechselwirkung.* So kann eine schwächere Intelligenz ausgeglichen werden durch einen hohen Grad von Motiviertheit oder durch eine sehr hoch entwickelte Arbeitsmoral. Andererseits kann die Leistung eines sehr intelligenten Schülers durch mangelhafte Stützfunktionen leiden.»

Man wird sich fragen, warum SCHENK-DANZINGER den *sprachlichen Stützfunktionsbereich* nicht explizit in ihr Modell integriert hat. Neben der Kommunikationsfunktion der Sprache ließen sich sprachliche Kompetenzen auch als Stützfunktionen der Intelligenz verstehen. Eine partielle Berücksichtigung kann im Bereiche der Aufnahme und Speicherungsfunktionen in ihrer sprachlichen Dimension gesehen werden; im Motivationsbereich könnte man eine allgemeine sprachliche Lernmotivation und die Lesemotivation ausgliedern. Die sprachliche Flexibilität, welche die situations- und aufgabenangemessene Verwendung des elaborierten Code einbezieht, könnte analog in ihrer Wechselwirkung zur Intelligenz verstanden werden, wie die von SCHENK-DANZINGER dargestellten Stützfunktionen.

Zur *zeitlichen Diskrepanz* der Aktualisierung von Intelligenz und Stützfunktionen verweist SCHENK-DANZINGER auf die neurologischen Bedingungen der späteren und länger dauernden *Aktualisierung der Stützfunktionen.*

«Es gibt viele Kinder, die über ein ausreichendes Maß an meßbarer Intelligenz verfügen, aber trotzdem in der Schule versagen oder grobe Mängel in der Spielhaltung zeigen, weil es ihnen an Ausdauer, Konzentration, willkürlicher Aufmerksamkeit und Aufgabenbereitschaft fehlt.
Die Aktualisierung der personalen Stützfunktionen ist an die Entwicklung des Gehirns, d.h. an die zunehmende Ausbildung von Nervenfaserverbindungen zwischen dem Kleinhirn, dem Träger der kleinkindhaften Triebhaftigkeit, und der Großhirnrinde, dem ‚Sitz' der Bremsfunktionen, gebunden. Diese ‚Verzahnung' des neokortikalen mit dem limbischen System (dem oberen Rand des Kleinhirns) ist erst vom fünften Lebensjahr an so weit entwickelt, daß die oben erwähnten Arbeitstugenden in Erscheinung treten können.

Die Ausformung der bewußten Verhaltenssteuerung ist jedoch nicht nur reife- sondern auch in hohem Maße milieuabhängig. Sie scheint auf der Basis eines neurophysiologischen Reifungsschrittes als Möglichkeit, als Disposition, gegeben, ebenso wie die Sprache oder die Intelligenz.»

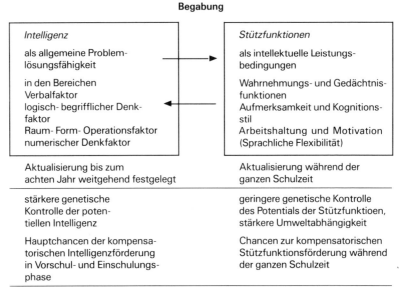

Abbildung 22: Begabungsmodell nach SCHENK-DANZINGER

«Die Aktualisierung der personalen Stützfunktionen kann wegen der dazu notwendigen neurophysiologischen Reifungsprozesse der Nervenfaserverbindungen zwischen Kleinhirn und Großhirn erst später einsetzen als die der Intelligenz – d.h. allmählich etwa ab dem vierten Lebensjahr. Aber sie kann viel länger, wahrscheinlich *während der ganzen Schulzeit,* als Reaktion auf entsprechende pädagogische Zuwendung stattfinden und auch noch in der Pubertät, als ein Akt der ‚Selbsterziehung' und der ‚Selbstverwirklichung'.

Man mag einwenden, daß sich die Stützfunktionen nur mit Hilfe jener Medien entfalten können, die auch die Intelligenz aktivieren. Das ist richtig. Nicht selten sind diese Medien jedoch vorhanden, z.B. gutes und reichliches Spielzeug, aber das Kind kann trotzdem wegen *psychischer Frustrationen,* denen es ausgesetzt ist, seine Stützfunktionen nicht aktivieren. Oft gelingt dies erst in der spannungsfreien Atmosphäre eines guten Kindergartens oder einer Vorschulklasse. Jedenfalls weisen alle bisherigen Untersuchungen darauf hin, daß Möglichkeiten, die Stützfunktionen der Intelligenz zu entwickeln, und die Chance, daß einem jungen Menschen ‚der Knopf aufgeht', während der ganzen Schulzeit und auch noch in der Pubertät bestehen, während die Möglichkeiten, das Tempo der Intelligenzentwicklung selbst zu beschleunigen, vor allem auf das Vorschulalter beschränkt bleiben.»

Als Bedingungen der *verzögerten Aktualisierung von Stützfunktionen* nach SCHENK-DANZINGER können angenommen werden:

- *genetische Reifungsverzögerungen,* welche die Hoffnungen auf Nachreifungen, die ins komplementäre und kompensatorische Lernen einbezogen sind, als plausibel erscheinen lassen
- *zerebrale Schädigungen* mit der Folge der bekannten Teilleistungsstörungen im Rahmen eines psychoorganischen Syndroms, welche Trainingsprogramme zum Aufbau kompensatorischer Hirnfunktionssysteme notwendig machen
- *emotionale Blockaden* im Zusammenhang mit Deprivations-, Frustrations- und Neurotisierungsprozessen, die durch erzieherische und systemische Veränderungen, durch den Aufbau tragender Beziehungen und auch durch psychotherapeutische Interventionen aufgehoben werden können.

Zur Begründung ihres Stützfunktionskonzepts bezog sich SCHENK-DANZINGER auf eine Vergleichsuntersuchung von SCHUMACHER (1975), der 50 schulschwache und verhaltensauffällige Schüler der Sonderschule für Verhaltensgestörte in Bremen mit einer Kontrollgruppe von 50 Regelklassenschülern verglich. Zwischen beiden Gruppen ergaben sich keine Unterschiede in der mit dem HAWIK gemessenen Intelligenz. Die Unterlegenheit der vor allem im Rechnen und in der Rechtschreibung leistungsschwachen Sonderklassenschüler zeigte sich in der Arbeitshaltung (höhere Fehlerzahlen bei geringerer Leistung, größere Leistungsschwankungen und schlechteres Arbeitstempo in einem Konzentrationstest), geringerer Leistungsmotivation und geringerem Durchhaltevermögen (Auswertung von Beobachtungen), also durch *Devianzen im Stützfunktionsbereich.*

SCHENK-DANZINGER befaßt sich weniger mit den Komplikationen der Aktualisierung der Stützfunktionen bei verschieden intelligenten Kindern und den daraus ableitbaren komplexen pädagogisch-therapeutischen Maßnahmen. Als besonders bedeutsam erscheint ihr, daß «intelligenzschwächere Kinder», bei denen auch ein engeres genetisches Potential zur Auswirkung käme, kompensatorisch im Leistungsbetrieb der Schule von ihren intakten oder durch besonderes Training geförderten Stützfunktionen profitieren könnten.

Überlegungen zur schulischen Integration Lernbehinderter aufgrund dieses Begabungsmodells fehlen bei SCHENK-DANZINGER. Das insgesamt pädagogisch anregende Modell verweist weniger differenziert als dasjenige von ROTH (1961) auf die emotionalen Variablen des Lernens. Es steht dem von der Kinderpsychiatrie entwickelten Konzept des psychoorganischen Syndroms nahe, den Erklärungen der Teilleistungsstörungen als «Werkzeugstörungen der Intelligenz» und der primären und sekundären Verhaltensstörungen im Rahmen zerebraler Dysfunktionen. Beide Modelle treten aber einem simplifizierenden Verständnis von Lernbehinderung als Intelligenzschwäche und dem Erbfatalismus in der Sondererziehung entgegen.

Problematisch erscheint die Interpretation der Erhebung über den Erfolg der Förderung von «nicht schulreifen Kindern» in Wiener Vorschulklassen. Die starke Abhängigkeit des Schulerfolgs von der Stützfunktionsförderung wird begründet mit einer Wiener Erhebung über den Erfolg der Förderung von «nicht schulreifen» Kindern in Vorschulklassen.

«Es handelt sich um Kinder, die vom Unterricht zurückgestellt werden mußten, weil sie trotz ihres schulpflichtigen Alters den Anforderungen der Schule nicht gewachsen waren. Sie wurden ein Jahr lang in einer Vorschulklasse untergebracht und dann vier Jahre lang in ihrer schulischen Entwicklung verfolgt. Die Kontrollgruppe bestand aus Kindern, die aus den gleichen Gründen rückgestellt wurden, jedoch aus reinem Zufall nicht in Vorschulklassen aufgenommen werden konnten, sei es, daß in den Klassen zum Zeitpunkt ihrer Rückstellung kein Platz mehr war, sei es, daß sich die Vorschulklassen zu weit von ihrem Wohnort befanden. Die Kinder wurden zur Zeit der Rückstellung mit den Entwicklungstests für das Schulalter getestet und genau ein Jahr später zum zweitenmal. Diese Nachtestungen bestätigten das Ergebnis von BLOOM. Sehr zur Enttäuschung der Vorschulklassenlehrer hatte die Betreuung der Kinder keine Beschleunigung des Entwicklungstempos bewirkt. Die Entwicklungsquotienten blieben bei 75 % der Kinder konstant. *Trotzdem waren die Schulerfolge im Verlauf von vier Jahren bei jenen Kindern, die die Vorschulklasse besucht hatten, signifikant besser als bei der Kontrollgruppe.* Sehen wir uns die folgende Tabelle an.

Tabelle 18: Die Schulbewährung der Vorschulklassenkinder und der Kinder der Kontrollgruppe (nach (HÖDL)

	Vorschulklassenkinder	Kontrollgruppe
normale Schulbahn	50,9%	29,0%
Repetenten	22,5%	42,0%
allg. Sonderschule	**26,6%**	**29,0%**
N (436)	381	55

Die Unterschiede sind sehr signifikant. (112f.)

Die Erhebung weist wohl auf günstigere Schullaufbahnen der Vorschulklassenkinder hin, die mit dem besonderen Training der Stützfunktionen erklärt werden. Es gelang jedoch nicht, mit den pädagogischen Interventionen in den Wiener Vorschulklassen die Quote der sonderschulbedürftigen Kinder signifikant zu beeinflussen. SCHENK-DANZINGER führt dies auf das tiefere und nicht mehr entscheidend beeinflußbare Niveau der aktualisierten Intelligenz zurück. Diese Erklärung ist nicht zwingend. Es ist zu fragen, wie weit die anfangs der sechziger Jahre erhobenen Untersuchungsergebnisse abhängig waren von den Methoden und Materialien der als «Schulreife-Entwicklungshilfe» bezeichneten Interventionen nach BAAR/TSCHINKEL (1956).

Erweiterte Förderkonzepte mit dem soziolinguistischen Sprachförderungskonzept von GAHAGAN (1971), mit dem emanzipatorischen

Förderansatz von SCHÜTTLER/JANIKULLA (o. J.), mit psychomotorischen Föderansätzen (s. etwa KLAUER 1975 über nichttriviale psychomotorische Lerneffekte bei Lernbehinderten verschiedener Altersstufen mit Niveau- und Strukturveränderungen der Intelligenz), mit dem Einbezug der Elternarbeit standen damals noch nicht zur Verfügung. Damit können neben der Stützfunktionsförderung vermehrte Auswirkungen auf die Aktualisierung der Intelligenz über die Einschulungszeit hinaus erwartet werden.

Dynamische Begabungsmodelle sollten nicht nur im Hinblick auf die Bewahrung vor Sonderklassen(-schul)einweisungen verwendet werden. Auch innerhalb des Sonderklassenunterrichts können Maßnahmen auf Anregung und Förderung der Intelligenz und ihrer Stützfunktionen zur Optimierung der Entwicklungsprozesse organisiert werden.

Einen *kognitiv vereinseitigten,* aber fruchtbaren Beitrag zu den dynamischen Begabungstheorien leistet FEUERSTEIN (1979). Er versteht *kulturelle Deprivation,* die er nicht auf Sozialschichten bezieht, als *Versäumnis des Vermittelns* von Lernerfahrung ab frühestem Kindesalter und zeigt Möglichkeiten der Begabungsänderung durch kompensatorische, während des ganzen Schulalters ansetzbare *Interventionen zur Vermittlung von Lernfähigkeit.*

Seine Trainingsvorschläge zur Strategiebildung, zur Förderung kognitiver Reflexivität mit seinem Instrumental Enrichment Program können im Begabungsmodell von SCHENK-DANZINGER sowohl dem Intelligenztraining, wie auch der Stützfunktionsförderung zugeordnet werden.

Zum *Intelligenztraining* sind zu rechnen:
- Strategiebildungsübungen
- Impulse zum Aufbau kognitiver Reflexivität und Flexibilität
- Training verschiedener intellektueller Funktionen (Kategorisierung, Erfassen numerischer und zeitlicher Beziehungen, Ableiten von Folgerungen).

Dem *Stützfunktionstraining* können zugeordnet werden:
- Übungen zur visuellen Gestaltanalyse
- Förderung der Raumorientierung
- interhemisphärisches Hirnfunktionstraining mit der Versprachlichung der Einsichten in Raumlagebeziehungen.

Zur Praxis der vermittelten Lernerfahrung in der Sonderpädagogik mit dem *Instrumental Enrichment Programm* verweisen wir auf die Publikationen von FEUERSTEIN et al. 1980 und 1979 (s. auch Übersichtsdarstellung in GRISSEMANN 1984, 184f.).

Zum dynamischen Bagabungsbegriff von FEUERSTEIN unter dem Merkmal der *vermittelten Lernerfahrung* wird hier aus einem Beitrag zitiert, den er uns im Zusammenhang mit der Sichtung von Fördermaßnahmen für Jugendliche mit der Gefährdung zu funktionalem Analphabetismus zur Verfügung gestellt hatte (GRISSEMANN 1984, 161-164).

Die vermittelte Lernerfahrung (MLE = mediated learning experience)
Unser pädagogisches Bemühen bezieht sich auf ein Syndrom, das wir als kulturelle Deprivation bezeichnen möchten. Mit diesem Begriff beziehen wir uns nicht auf bestimmte Subkulturen, sondern auf Individuen welche in ihrer jeweiligen Kultur bzw. Subkultur in ihrer Lernfähigkeit depriviert werden. Operational definiert, bezieht sich diese kulturelle Deprivation auf einen Zustand niedriger Veränderbarkeit, als herabgesetzte Fähigkeit, sich mit Umweltereignissen *direkt* auseinanderzusetzen. Diese Bedingung findet ihren Ausdruck in schwachen kognitiven Lernleistungen. Kulturelle Deprivation wird nicht auf Ausfälle im Bereiche des Wissens bezogen, sondern auf eine allgemein herabgeminderte Neigung zu lernen und sogar unter offensichtlich fördernden Lernbedingungen verändert zu werden. Um das Syndrom zu verstehen und folglich zu einer Überwindung dieses Aspekts kultureller Deprivation zu kommen, ist es notwendig, die Entstehung schwacher kognitiver Lernleistungen in bezug auf kognitive Flexibilität zu betrachten.

Wir behaupten, daß die menschliche Intelligenz eine Funktion von zwei verschiedenen Arten des Lernens ist. Wie beim Lernvorgang in anderen lebenden Organismen kann das menschliche Lernen als ein Ergebnis des *direkten* Ausgesetztseins der Umwelt gegenüber angesehen werden. Die Reiz-Reaktionstheorien und die Reiz-Organismus-Reaktionstheorie von PIAGET beschäftigen sich damit, wie das Individuum als *Reaktion* auf die Umwelt von Objekten und Ereignissen reagiert. Zusätzlich zu diesen universellen Lerntheorien meinen wir, daß das *Lernen, wie man lernt,* als direkte *Funktion* von etwas zu betrachten ist, das wir als *vermittelte Lernerfahrung* (MLE) bezeichnen. Im Gegensatz zum Lernen durch direktes Ausgesetztsein, tritt das vermittelte Lernen dann auf, wenn ein Vermittler sich zwischen den Lernenden und die Umwelt «einschaltet» und dem Lernenden diese Welt interpretiert. MLE ist jedoch nicht notwendigerweise mit sozialer Interaktion gleichzusetzen. Das Schwergewicht ist nicht, *ob* ein Individuum Stimulusinformationen aus belebten oder unbelebten Quellen empfängt, sondern es kommt auf die *Art* der Information an, die empfangen wird. Das Wesen einer vermittelten Interaktion besteht darin, daß im Prozeß der vermittelten Information, eine Transformation auftritt, welche die Übermittlung von Bedeutungen, die nicht im reinen Stimulus oder der sinnlichen Information, die auf den Organismus trifft, selbst vorhanden sind. Typische Mutter-Kind-Interaktionen sind reichlich mit Momenten des *vermittelten Lernens* versehen; z.B. wählt die Mutter gewisse Umweltreize aus, um sie zu präsentieren, läßt aber andere weg. Sie bildet einen Rahmen, filtert, bildet Schemen und zieht eine Reihenfolge vor, in der sie die Stimuli anbietet. Sie verleiht Objekten und Ereignissen spezielle Bedeutung. Auf diese Weise werden zeitliche, räumliche, kausale und andere Verbindungen, welche nicht in den Objekten selbst oder in den Handlungen des Kindes innewohnen, durch die Mutter oder andere signifikante Bezugsperson vermittelt. Zusätzlich zur Übermittlung aller Arten spezieller Information, welche einfach nicht durch direkte Auseinandersetzung zur Verfügung stehen, wie z.B. auch die Kenntnisse der Vergangenheit, zieht das vermittelte Lernen eine Art von Erfahrung nach sich, welche notwendig ist, um *kognitive Strategien* aufzubauen.

Die grundlegenden Zielsetzungen des MLE sind
- dem Kind die erfahrene Welt zu *interpretieren* und
- die Erfahrungen und die Bedürfnisse im unmittelbaren Hier und Jetzt zu transzendieren, um das *Lernen zu lernen.*

Die Unterrichtssprache und das Niveau der Technologie einer gegebenen Kultur sind noch nicht die gewichtigsten Determinanten eines wirkungsvoll vermittelten Lernvorgangs. Ob nun ein Kind lernt, ein Kanu zu konstruieren oder einen Transistorradio zu bauen, es muß gleichzeitig auch lernen, nach vorne zu planen, sachgemäße Strategien anzuwenden, zu verstehen, wie die Teile mit dem Ganzen zusammenhängen, logische Schlußfolgerungen zu ziehen usw. Über die spezifischen Inhalte einer Aufgabe oder Geschicklichkeitsübung hinaus, ob nun ein Computerprogramm geschrieben werden oder die Fährte eines Tieres verfolgt werden soll, muß Information organisiert, müssen Operationen vorgenommen und eine Anzahl von komplexen Handlungen in ein sinnvolles und zweckmäßiges Handlungssystem integriert werden. Aus diesen Gründen kann MLE als eine Übermittlung *universeller kognitiver Strukturen/Strategien* verstanden werden, die von den eingeweihten zu den nichteingeweihten Mitgliedern der Gesellschaft geht. Es ist eben dieser Erwerb von Strukturen/Strategien, der das Individuum anpassungs- und veränderungsfähig macht.

Die Entstehung schwacher kognitiver Lernleistung und MLE

Wir behaupten, daß je mehr und je früher ein Individuum mit MLE in Berührung kommt, desto größer auch seine Fähigkeit sein wird, aus direkter Auseinandersetzung zu profitieren. Darum haben kulturell deprivierte Individuen (d.h. Individuen die von MLE depriviert sind) Schwierigkeiten beim Lernen, weil ihnen die kognitiven Strukturen fehlen, die dazu dienen, Stimulusinformation zu verbinden, zu organisieren, zu integrieren und in ein Verhältnis zu bringen. Kurzum, solche Individuen haben nicht die kognitive Ausstattung, die es ihnen erlauben würde, an neue und neueintretende Ereignisse auf eine Art zu reagieren, welche ihr Verständnis vertiefen würde und sie zusehends kognitiv flexibel machen könnte.

Zusätzlich zu der Betonung der strukturellen Komponenten jeder geistigen Aktivität, ist es auch wichtig, die Bedeutung ihrer Entstehung zu begreifen. Schwache kognitive Lernleistungen werden normalerweise entweder Umweltereignissen oder konstitutionellen Faktoren zugeschrieben. Argumente, welche die sozioökonomischen Faktoren unterstützen, wie Armut, *Schichtzugehörigkeit* oder Erziehung, zielen darauf ab, Gegenargumente gegen die Tatsache zu sein, daß schwache kognitive Lernleistung *genetisch-konstitutionell* verursacht ist. Im Sinne der MLE-Theorie können weder Umweltfaktoren noch konstitutionelle Fakten als direktere kausale Faktoren betrachtet werden, welche unvermeidlich schwache kognitive Lernleistung hervorbringen. Die direkte oder proximale Entstehung schwacher Lernleistungen besteht auch in einem *Mangel an MLE*. Genetische, sozioökonomische oder weitere Umweltbedingungen können Bedingungen hervorbringen, welche die Versorgung mit MLE unterbinden oder erschweren. Organische Verschlechterungen verschiedener Art, wie auch psychische Bedingungen, können ein Individuum weniger empfänglich gegenüber der MLE machen. Die erzieherische Tragweite des theoretischen Konzepts der Entstehung schwacher kognitiver Lernleistungen sind von praktischer Bedeutung. Wenn die Ursache von schwachen kognitiven Lernleistungen entweder in sozioökonomischen Bedingungen der Eltern des Schülers oder in genetisch-organischen Störungen oder selbst in Entwicklungsstörungen gesehen wird, welche während den kritischen Zeitabschnitten der Vorschuljahre entstehen, ist der Erzieher mit Bedingungen konfrontiert, über die er keine Kontrolle hat. Wenn schwache kognitive Lernleistungen direkt auf einen Mangel an MLE erklärt werden können, fällt das Problem in den Bereich des Erziehers. Darüber hinaus von noch fundamentalerer Bedeutung ist, daß es keinen Grund gibt zu glauben, daß das Syndrom der kulturellen Deprivation – wie es durch die schwache kognitive Lernleistung widerspiegelt wird – eine irreversible Bedingung ist. Wenn auch gewisse extreme Bedingungen Grenzen setzen für Interventionen im Sinne der MLE, kann oft bei schwachen kognitiven Leistungen die Anwendung von sachgemäßer MLE eine positive Veränderung der kognitiven Aktivität bewirkt werden.

Kognitive Modifizierbarkeit

Im Sinne dieser Definition des Syndroms kultureller Deprivation, müssen Interventionen in Richtung auf die Produktion struktureller Veränderungen gehen, welche dem Individuum zu einem autonomen Lernen verhelfen. Die strukturellen Veränderungen sind zu verstehen als der Aufbau einer *Grundbereitschaft zur Strategiebildung* über verschiedene in der MLE vermittelte *Strategieerfahrungen*. Das Wesen einer strukturellen Veränderung besteht darin, daß seine Wirkungen in einer zeitlichen überdauernden flexiblen kognitiven Bereitschaft bestehen sollten, im Gegensatz zu einfachen Anhäufungen spezifischer Informationen, welche den Prozessen des Ausblendens, des Vergessens oder des Löschens ausgeliefert sind.

Die von FEUERSTEIN vorgelegten Evaluationsergebnisse des Instrumental Enrichment Programms (s. GRISSEMANN 1984, 169–171) beinhalten positive Hinweise auf die Langzeitwirkung dieses kognitiven Veränderungsprogramms. Dabei muß berücksichtigt werden, daß sich die Evaluation vorwiegend auf Veränderungen in Intelligenztests bezog. Wenn man die differenzierten dynamischen Begabungskonzepte (z.b. nach SCHENK-DANZINGER 1972) berücksichtigen will, müssen weitere Evaluationshypothesen auf die Veränderung außerintellektueller Lernfaktoren und auf die Leistungen in Schulfächern und in beruflichen Aufgaben aufgestellt und überprüft werden. Beachtlich ist aber schon der von FEUERSTEIN geleistete Nachweis der Veränderbarkeit des als Intelligenz definierten Konstrukts bei Jugendlichen und Jungerwachsenen, also außerhalb der etwa von SCHENK-DANZINGER definierten Grenzmarge für Veränderungen der Intelligenz zur Einschulungszeit.

3.3.3 *Ätiologische Typologien als Übergangsstufen zu interaktionellen ätiologischen Konzepten*

KOBIS Darstellung (1975, 91) in der folgenden Grafik ist nicht als ätiologische Typologie gemeint. Sie zeigt aber ätiologische Erklärungsvarianten, die in der Verabsolutierung und in der vereinseitigten Verwendung meist den komplexen Entwicklungen von Lernbehinderung nicht gerecht zu werden vermögen, die sich aber zu Vernetzungen eines dynamischen ätiologischen Denkens anbieten.

Aufgabe:

- Was vermissen Sie in dieser Übersicht?
- Vergleichen Sie mit den Einsichten, die Sie aus den dynamischen Begabungstheorien gewonnen haben.
- Leiten Sie aus der Übersicht sich aufdrängende schulorganisatorische Maßnahmen ab für Fälle, bei denen mehr als ein ätiologischer Faktor am Lernbehinderungsprozeß beteiligt ist.

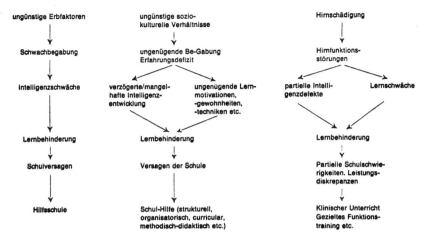

Abbildung 23: Ätiologische Erklärungsvarianten (KOBI 1975)

3.3.4 Mehrdimensionale Erklärungsmodelle zur Grundlegung komplexer Maßnahmen

WEIGERTS Modell (1987, 80-84) zeigt drei Paradigmata (Erklärungsmuster), das personorientierte (individuumzentrierte), das schulsystemische und das gesellschaftsorientierte.

Das Modell zeigt weder die Interdependenzen zwischen ätiologischen Faktoren, die den einzelnen Paradigmata zugeordent werden könnnen, noch die möglichen personellen Kooperationsstrukturen zur Realisierung von Maßnahmen. Es verweist aber auf die Komplexität der Angehungsweisen zur Prävention und Rehabilitation von Lernbehinderung. Es dürfte den Aufgabestellungen bei Lernbehinderten heute nicht mehr angemessen sein, die in der Kolonne «Ausführende» genannten Berufe einem Paradigma, d.h. einer eingeschränkten Betrachtungsweise zu unterstellen. Paradigmenfixierungen verweisen bei allen aufgeführten Berufen auf Ausbildungsmängel.

Aufgabe:

- Suchen Sie nach möglichen Kooperationsstrukturen.
- Welche haben Sie in Ihrem Erfahrungsfeld wahrnehmen können?
- Erkennen Sie aktuelle Bemühungen in Ihrer Region, die sich den beiden letzten Zeilen zuordnen lassen (sozio-ökonomisch mikrostrukturelle/polit-ökonomische, makrostrukturelle)?
- Wo wäre «Elternarbeit» in verschiedenen Varianten u.a. auch?

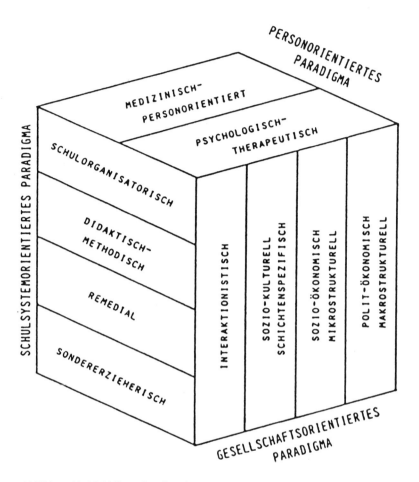

Abbildung 23: Multidimensionalität der Interventionen bei drohenden oder manifesten Lernbehinderungen (WEIGERT 1987)

Tabelle 19: Multidimensionale Interventionen bei drohenden oder manifesten Lernbehinderungen

	INTERVENTION	ÄTIOLOGIE	PHÄNOMENOLOGIE	ZIELE	METHODEN	AUSFÜHRENDE
PERSONORIENTIERTES P.	medizinisch-personorientiert	Krankheit, Unfall, "Defekt"	"krank"	Behandlung Milderung	med.Prophylaxe med.Therapie	Arzt, medizinische Berufe
	psychologisch-therapeutisch	Lernhemmungen, Neurosen	psychisch auffällig	Milderung Abbau,Löschung	psychologische Therapie	Psychologe, Erziehungsberatung
SCHULSYSTEM-ORIENTIERTES PARADIGMA	schul-organisatorisch	Auslesefunktion Relegation	zurückgestellt Schulversager	alternative Schulorganis.	keine Noten u. Jahrgangsklass.	Schulaufsicht Lehrer
	didaktisch-methodisch	didakt.-meth. Mängel d.Schule	überfordert	präventive Didaktik	innere Diff. Anschaulichkeit	Lehrer
	remedial	kumulative Lerndefizite	Lernstörungen droh.Lernbeh.	Abbau von Störungen	Fördermaßnahmen	Sonderschullehrer Grundschullehrer
GESELLSCHAFTS-ORIENTIERTES PARADIGMA	sonder-erzieherisch	Generalisierung Chronifizierung	Schüler mit Lernbehinderung	berufl.u.gesellschaftl.Integr.	Sondererziehung Schule f.Lernb.	Sonderschullehrer
	inter-aktionistisch	gelernte soziale Rolle,Etikett	"schlechter Schüler".	Stigma-Abbau Vorurteilsabbau	Interaktionen Lehrertraining	Lehrer
	sozio-kulturell schichtspezifisch	sozio-kulturelle "Defizite"	sozio-kulturell benachteiligt	Ausgleich von Differenzen	kompensatorische Erziehung	Lehrer, Erzieher, Sozialpädagoge
	sozio-ökonomisch mikrostrukturell	Zugehörigkeit zur Grundschicht	"Unterschichtenkind","arm"	Linderung von "Armut"	Sozialpolitik Sozialarbeit	Sozialmeter Sozialarbeiter
	polit-ökonomisch makrostrukturell	Klassenzugehörigkeit,Ausbeutung	"proletarisches Kind"	Gesellschaftsänderung	Aufklärung,Reform,Revolution	Politik Betroffene

3.3.5 Dynamisch-systemische Entwicklungsmodelle

Mit diesem Ansatz (GRISSEMANN 1988) wird versucht, ätiologische Typologien, restringierte Paradigmenanwendung und statische Faktorendarstellungen von Lernbehinderung zu überwinden. Die Sichtbarmachung von Wechselbeziehungen zwischen den ätiologischen Zellen in der Darstellung von WEIGERT steht im Mittelpunkt dieser Betrachtungen. Die linearen Pfeile in der Grafik sollen die Wechselbeziehungen darstellen; die flächigen verweisen auf sonderpädagogische Maßnahmenbereiche zur Durchbrechung negativer Wechselbeziehungsgefüge:

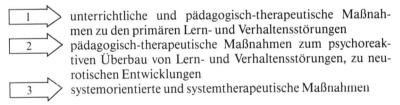

- 1 unterrichtliche und pädagogisch-therapeutische Maßnahmen zu den primären Lern- und Verhaltensstörungen
- 2 pädagogisch-therapeutische Maßnahmen zum psychoreaktiven Überbau von Lern- und Verhaltensstörungen, zu neurotischen Entwicklungen
- 3 systemorientierte und systemtherapeutische Maßnahmen

Die *Wechselbeziehung* zwischen Lern- und Verhaltensstörungen wird heute in ihren Beziehungen zu ätiologischen Basisfaktoren und zur systemischen Dynamik gesehen. Diese ätiologische Dynamik läßt die tra-

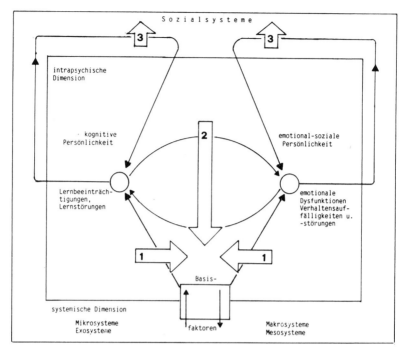

Abbildung 24: Dynamisch-systemisches Modell von Lern- und Verhaltensstörungen

ditionelle sonderpädagogische Aufteilung in Lernbehinderten- und Verhaltensgestörtenpädagogik als problematisch erscheinen.

Ätiologische Basisfaktoren intraindividueller und sozialer Art bedingen verschiedenartige Lern- und Verhaltensstörungen. Sie sind allerdings auch in systemisch-dynamischen Zusammenhängen zu sehen. Als ätiologische Basisfaktoren sind zu verstehen:
- organische Beeinträchtigungen (z.B. minimale zerebrale Dysfunktionen)
- Sozioökonomische und soziokulturelle Beeinträchtigungen
- familiär-psychosoziale Belastungen und damit zusammenhängendes deviantes Erzieherverhalten wie erzieherische Vernachlässigung und Fehlerziehung
- schulische Belastungen (u.a. didaktische Mängel, erzieherische Fehlhaltungen von Lehrern, gehäufte Lehrer-/Wohnortswechsel)

Als Merkmale der kognitiven Persönlichkeit, die durch verschiedenartige ätiologische Basisfaktoren – auch in verschiedenartigen Kombinationen – bedingt sind und sich als *Lernbeeinträchtigungen* auswirken, sind insbesondere anzuführen:

- kognitive Impulsivität als überstürztes Problemlösungsverhalten als allgemeines oder als situationsspezifisches Phänomen
- Ablenkbarkeit, allgemein oder situationsspezifisch
- Teilfunktionsstörungen als Devianzen im Bereiche der Wahrnehmung, des Gedächtnisses und der Motorik
- Störungen in der Integration von Teilfunktionen und in der Entwicklung und Anwendung kognitiver Strategien

Merkmale der emotional-sozialen Persönlichkeit, welche durch ätiologische Basisfaktoren bedingt sind, manifestieren sich in verschiedenartigen *Verhaltensstörungen:*
- allgemeine, person- und fachbezogene Lernmotivationsstörungen
- gesteigerte affektive Erregbarkeit, insbesondere als emotionale Impulsivität
- sensorische Störbarkeit als affektive Belastung und als Bedingung von Ablenkbarkeit
- affektive Labilität, insbesondere als Tendenz zur gereizten und zur depressiven Gestimmtheit
- Distanzstörungen des Kontaktes und beeinträchtigtes Einfühlungsvermögen
- Merkmale des sogenannten Asozialitätssyndroms: Infantilismen, Schwierigkeiten im Aufbau von Gruppeninteressen und Gruppenidentität, im Aufbau normativer Bindungen und Verpflichtungen, Hypostasierung einzelner Strebungen
- Merkmale neurotischer Entwicklungen: Angstabwehrmechanismen (A. FREUD 1964), erlernte Hilflosigkeit, erlebte Inkontingenz, soziale Unsicherheit (SELIGMAN 1979).

Diese Merkmalsauflistung beschränkt sich auf intrapsychische Konstrukte, welche für die sonderpädagogische Praxis und insbesondere für die Überprüfung des Erfolgs von Interventionen *operationalisiert* und konkretisiert werden müssen (z.B. störendes Sozialverhalten im Zusammenhang mit Schwierigkeiten im Aufbau normativer Verpflichtungen und im Aufbau von Gruppenidentität: als verbales Störverhalten wie Gröhlen, Beleidigen, Auslachen; als physisches Störverhalten wie Schlagen, Treten, Zerstören von Gegenständen). Auf dieser Stufe der Verhaltenserfassung geschieht auch die Unterscheidung von *situationsübergreifenden* und *situationsspezifischen* Verhaltensweisen bzw. die Infragestellung der eigenschaftsdiagnostischen Zuschreibungen durch ein verhaltensdiagnostisch und dynamisch orientiertes Verständnis.

Zu den Wechselbeziehungen zwischen kognitiven und emotional-sozialen Persönlichkeitsmerkmalen:
- Die *reaktiven emotionalen Störungen* bei Lern- und Leistungsstörungen, insbesondere bei Teilleistungsschwächen: Dabei sind die Neurotisierungsbedingungen neuropathischer («nervös störbarer») Kinder

(einschließlich derjenigen mit psychoorganischem Syndrom) wie Reizüberempfindlichkeit, provokative Wirkung auf die Umwelt, Verunsicherung der Erzieher und reduzierte Verarbeitungspotenz zu beachten.

Als reaktive Folgen kommen dabei in Frage:
- Schulangst mit verschiedenen Angstabwehrmechanismen und psychosomatischen Reaktionen
- angstbedingte Lernblockaden
- Motivationsstörungen, die sich auf einzelne Fächer und Lehrer beziehen, aber auch generalisiert werden können, die sich auch zur partiellen oder allgemeinen Lernverweigerung steigern können
- Reduktion des Selbstwertgefühls mit kompensatorischen oder resignativen Entwicklungsvarianten
- einseitige Mißerfolgsorientierung mit beeinträchtigter Erfolgszuversicht.

Diese sekundären, wie auch die vorher aufgelisteten primären Verhaltensstörungen können sich verschiedenartig auf den *Lern- und Leistungsbereich* auswirken
- als Störung des Lernverhaltens in Gruppensituationen
- als Resistenz gegen die Motivationsmaßnahmen der Lehrer
- als Schwierigkeiten in der Stabilisierung der Aufmerksamkeit, insbesondere bei komplexeren Leistungsvollzügen
- als rationalisierende Versagenserklärungen, welche zu kindlichen Erklärungsmodellen führen, die der Überwindung der Schwierigkeiten entgegenstehen.

Die sich daraus ergebenden Lücken im Aufbau von Lern- und Arbeitsinventarien (Kenntnissen, Konzepten, Strategien, Algorithmen) können zu neuen Lernbeeinträchtigungen, neuen Belastungen des Selbstwertgefühls, verstärkten Ängsten und Angstabwehrmechanismen, zu neuen Konflikten und Fehlmaßnahmen verzweifelter Erzieher führen.

Die Wechselwirkungen zwischen Persönlichkeits- und Sozialsystemen

Im Gegensatz zu den älteren Umwelt- bzw. Milieutheorien mit den kausal-linearen Erklärungen wird das Kind in den Systemtheorien auch als umweltstiftendes Wesen gesehen, das dann auf die von ihm mitgestalteten Umwelten auf verschiedene Weisen reagiert. Das Konzept der sogenannten *Milieuschädigung im Rahmen der älteren Umwelttheorien* verbleibt im hier vertretenen dynamischen Entwicklungskonzept von Verhaltens- und Lernstörungen noch in Varianten der ätiologischen Basisfaktoren (Frühdeprivation, erzieherische Deprivation, Fehlerziehung u.a.). Allerdings sind auch diese *Basisfaktoren in systemischen Zusammenhängen* (Ehesystem, Nachbarschaftssystem, Systeme der elterlichen Arbeitsplätze u.a.) *zu verstehen* und in den sich oft rasch einstellenden ersten Systemauswirkungen zu betrachten.

Damit ist auch die *Überwindung der statischen Eigenschafts- und Fähigkeitsdiagnostik* gegeben. In systemischer Sicht interessieren nicht die Störungen an sich, sondern ihre Manifestationen in spezifischen Situationen, ihre Auswirkungen auf verschiedene Personen im Familien- und Schulsystem und deren Rückwirkungen auf das Kind. Nach BRONFENBRENNER lassen sich vier Systemkategorien unterscheiden: Mikrosysteme (Rollenmuster, Aktivitäts- und Gruppenstrukturen in gegebenen Lebensbereichen wie Familie, Schulklasse, Nachbarschaft), Mesosysteme (Wechselbeziehungsstrukturen zwischen Mikrosystemen, also Systeme von Mikrosystemen wie etwa die Beziehung zwischen dem familiären System und den Systemen Schulklasse/Schule), Exosysteme (Systeme, an denen das Kind nicht direkt beteiligt ist, zu denen es aber über Mitglieder seiner Mikrosysteme in Wechselbeziehungen steht: Beispiel System des Arbeitsplatzes des Vaters als Exosystem), Makrosysteme (kulturelle und subkulturelle Systeme).

Beispiele von systemischen Zusammenhängen bei Verhaltens- und Lernstörungen:
- Auf Kränkungen, Schuldgefühlen und Angst beruhende Abwehrmechanismen von Eltern lern- und verhaltensgestörter Kinder mit Realitätsverleugnung, Schuldprojektion auf verschiedene Objekte, Overprotection sind verbunden mit verschiedenartigen erzieherischen Fehlmaßnahmen, welche eine sekundäre Belastung darstellen und Konflikte des Kindes außerhalb des familiären Systems begünstigen und Bedingungen reaktiv-neurotischer Entwicklungen schaffen
- Durch das Problemkind werden Eltern erzieherisch überfordert, verhalten sich unsicher und inkonsequent und bewirken das Erlernen des Gefühls der Hilflosigkeit (SELIGMAN) angesichts der kontinuierlichen Inkontingenz, des Kontrollverlustes, der Undurchsichtigkeit der Personen und Situationen und der Nichtvoraussehbarkeit von stützenden und belastenden Handlungen der Eltern
- Dabei können sich *familiensystemische Umstrukturierungen* und *Dysfunktionen* einstellen, z.B.:
  - Verdrängung von latenten familiären Konflikten,
  - Begünstigung von Koalitionen, auch mit generationsübergreifenden Spaltungen
  - Aufbau des Harmoniemythos der «gut funktionierenden Familie» mit familiärer Abkapselung

Beispiele *mesosystemischer Komplikationen:*
- Streithaltung Eltern–Lehrer auf der Basis der elterlichen Abwehrmechanismen, die sich auf die Kränkung, die Schuldgefühle und die Angst von Eltern und möglicherweise auch von Lehrern beziehen

- Konkurrenzhaltungen Mutter-Lehrer-Legastehnietherapeut bzw. Förderkurslehrer mit mangelnder Grenzziehung zwischen den spezifischen Kompetenzbereichen.

Der nachfolgende *Workshop-Bericht* im Rahmen einer Legasthenietherapeuten-Fachtagung in der Schweiz zeigt, wie Sonderpädagogen das dynamisch-systemische Modell (S. 104) sonderpädagogisch-diagnostisch verwenden und zur Planung von Interventionen heranziehen können.

Erarbeitung eines Bedingungsmodells an einem Fallbeispiel

Zur Erarbeitung eines dynamisch-systemischen Bedingungsmodells wurde eine kasuistische Kurzdarstellung «Gerda» (aus SCHLEICHERT 1976) verwendet.

Gerda (10) ist ein adoptiertes Kind. Ihr Adoptivvater hat sich vom Lehrling zum Unternehmer emporgearbeitet. Er und seine Frau wollen Gerda alle Wege ebnen. Sie soll die bestmögliche Ausbildung erhalten, damit sie nicht all die Entbehrungen und Strapazen kennenlernen muß, die ihre Eltern durchgemacht haben. Gerda ist ein durchschnittlich begabtes, jedoch übernervöses, zerfahrenes und leicht ablenkbares Kind. Sie hat sich, wohl auch durch eine gewisse Verwöhnung, zum Haustyrannen entwickelt, denn sie reagiert auf jede Verstimmung mit Migräneanfällen und Erbrechen. Gerda ist Legasthenikerin. Sie besucht mit zehn Jahren die dritte Klasse. Trotzdem erwarten die Eltern, daß sie noch das Gymnasium absolvieren wird. Nach einer Auseinandersetzung wegen des schlechten Zeugnisses unternimmt Gerda einen Selbstmordversuch mit Schlafmitteln.

In der nachfolgenden Psychotherapie stellt sich heraus, daß Gerda ihren Eltern gegenüber unter schweren Schuldgefühlen litt. Auch hatte sie irgendwo den Ausdruck «minderwertiges Erbgut» gehört und bezog ihn auf sich. So kam Gerda zu dem Ergebnis, sie habe das Glück ihrer Eltern zerstört, sie sei undankbar und unverbesserlich. Der Selbstmordversuch war die Konsequenz aus diesen Gedankengängen.

Das knapp gehaltene Beispiel eignet sich gut zu fiktiven Annahmen verschiedener ursächlicher Varianten und Entwicklungen. Nach einer freien Aussprache wurde versucht, zum folgenden Modell Zuordnungen zu treffen. Die linearen Pfeile zeigen mögliche Entwicklungsprozesse auf; die flächigen verweisen auf die grundsätzlichen Interventionsbereiche zum Durchbrechen negativer Wechselwirkungsgefüge (Grafik S. 104).

So wurden für den Fall Gerda folgende mögliche, aber keineswegs abgesicherte Bedingungen der fatalen Entwicklung diskutiert:
Basisfaktoren, welche die komplexen Wechselwirkungen anstoßen:
- neuropathische Konstitution mit vegetativer Labilität, Hyperaktivität und nervöser Störbarkeit
- psychoorganisches Syndrom (POS) auf der Basis einer leichten frühkindlichen Hirnschädigung mit Hypersensibilität, nervöser Störbarkeit und Teilleistungsstörungen

- frühkindliche Deprivation eines relativ spät adoptierten Heim- oder Pflegekindes mit emotionaler Labilität und sprachlichen Entwicklungsstörungen

Auch mögliche Kombinationen von Basisfaktoren wurden in die Diskussion einbezogen.

Als mögliche *Lernstörungen* als Auswirkung der Basisfaktoren (1 links) wurden erwähnt:
- Lese-Rechtschreibversagen aufgrund kognitiver Impulsivität (überstürztem Problemlösungsverhalten), Ablenkbarkeit, sprachlichen Lernmotivationsstörungen, Teilfunktionsstörungen.

Mögliche *emotionale Dysfunktionen,* welche sich in Verhaltensauffälligkeiten äußern (1 rechts):
- Stimmungslabilität mit Tendenz zu gereizter Verstimmung
- reduzierte Frustrationstoleranz und Verarbeitungskapazität
- unbewußte psychosomatische Durchsetzungsstrategien (Migräne, Erbrechen als Notsignale).

Systemische Belastungsbedingungen wurden vor allem bezüglich der Familienkonstellation (Sozialsystem Familie) diskutiert (3 oben):
- Familienkonstellation: Adoptiveltern mit Gerda als Einzelkind
- Wunsch der Eltern, optimale Entwicklungsbedingungen zu sichern und damit verbundene Verwöhnungshaltung
- überhöhte Leistungserwartungen: Gymnasium
- Enttäuschung über die unerwarteten Lern- und Verhaltensstörungen
- Rationalisierungen der Adoptiveltern mit Spekulationen über ungünstige genetische Bedingungen
- Trübungen des Familienklimas
- Vorwurfshaltung gegenüber Gerda bei Schulversagen.

Mögliche Merkmale der Paarbeziehung der Adoptiveltern als Bedingungen der eigenen Leistungsorientierung und der Karrierewünsche bezüglich des Adoptivkindes wurden nicht in die Diskussion einbezogen.

Es wurde auch nicht auf die Auswirkungen der Lernstörungen und Verhaltensauffälligkeiten einschließlich der Verwöhnungsfolgen auf das schulische Mikrosystem Schulklasse (z.B. Außenseiterposition) eingetreten, die wiederum Rückwirkungen auf Lernen und Verhalten haben können. Zu den schulsystemischen Bedingungen einer solchen ungünstigen Entwicklung müßten auch ungünstige Maßnahmen zur Legasthenietherapie z.B. in einer einseitigen Leistungsorientierung und mit einer Dominanz lesetechnischer Förderung und von Funktionstrainings gesehen werden. Auch Legasthenietherapie kann legasthenieverursachend wirken. Zu den makrosystemischen Bedingungen im Bereich Schule als Teil des gesellschaftlichen Gesamtsystems gehört u.a. die Überbewertung der Rechtschreibung im Rahmen der gültigen Selektions- und Beförderungsprozeduren.

Zu den *Wechselbeziehungen zwischen Lern- und Verhaltensstörungen*, die schon in einer Wechselbeziehung zu Familien- und Schulsystemen stehen (2): Für Gerda wurden die Möglichkeiten folgender Prozesse diskutiert:
- Verunsicherungen im Zusammenhang mit Grübeleien über die Ursachen des Versagens, Spekulationen über «minderwertiges Erbgut», Entwicklung von Schuld- und Minderwertigkeitsgefühlen
- Verunsicherung wegen der Verschlechterung des Familienklimas, wegen der unerfüllbaren (Riesen-)Ansprüche der Verwöhnten, wegen des Nichtverstandenwerdens
- Überhandnehmen von Angst und depressiven Verstimmungen mit dem Suizidversuch als möglichem Notsignal.

Solche Wechselbeziehungen decken den Sachverhalt ab, der in der Kinderpsychopathologie als neurotische Entwicklung bezeichnet wird.

Obwohl in diesem Fall keine Überweisung in die Sonderschule zur Diskussion stand, dürften die aufgezeigten Wechselbeziehungsprozesse exemplarisch sein für die Entwicklungen vieler Schulversager, denen das Etikett «Lernbehinderte» zugeordnet wird. Dies besonders auch deshalb, weil aufgrund verschiedener Untersuchungen (s. S. 65–68) feststeht, daß schweres Leseversagen in vielen Fällen Ursache der Einweisung in Sonderschulen(-klassen) ist.

3.4 Hinweise zu sonderpädagogischen Interventionen unter dem Aspekt eines dynamisch-systemischen Entwicklungsmodells von Lernbehinderung

Die Hinweise beziehen sich auf die grafische Modelldarstellung auf S. 104 und die drei Interventionsbereiche zur Durchbrechung negativer Wechselwirkungsgefüge.

zu (1): (Unterrichtliche und pädagogisch-therapeutische Maßnahmen zu den *primären Lern- und Verhaltensstörungen).* (Grafik S. 104)

Die vorliegende Frageliste, angeregt durch einen Beitrag von BAIER (1980), deutet an, wie heute, abgestützt auf dynamisch-offensive Lernbehinderungskonzepte, in der *Ausbildung von Sonderklassenlehrern* vorgegangen werden könnte, oder wie sich der ausgebildete Lehrer zur Planung seiner *Fortbildung* umsehen sollte (GRISSEMANN 1981).

Fragestellungen zu den Grundmerkmalen der Hilfsschuldidaktik

1. Wie weit ist der Hilfsschulunterricht *offen und flexibel* im Hinblick auf die Vielfalt der Erscheinungen und der Verursachungen?

– Berücksichtigt er sprachliche Defizite als Anstoß zur Förderung von intakten Restfunktionen außerhalb der Sprache oder macht er sich die Organisation sprachlichen Nachhollernens zur Aufgabe?
– Versucht man in der Hilfsschule, Elternarbeit zu leisten, in welcher Eltern aktiviert und zu neuen erzieherischen Bemühungen animiert werden sollen?
– Will man Hilfsschullegastheniker durch Rechtschreibdrill vor allem in mittlere Prozentrangbereiche befördern, oder nimmt man eher die Möglichkeit einer vielseitigen Leseförderung wahr, welche sich auch auf Alltags- und Gebrauchstexte bezieht?
– Ist man den Teilfunktionsstörungen der POS-Hilfsschüler in den Hilfsklassen gewachsen? Was tut man zur Funktionsförderung im Bereiche der Wahrnehmung, der Psychomotorik, der Speicherung?
– Ist man in der Lage, eine Veränderung der resignativ-passiven Haltung des mißerfolgsgeprägten Hilfsschülers zu einer ungestümen, expansiven, z.T. auch aggressiven als Entwicklungsfortschritt zu verstehen?
– Besteht die Flexibilität auch darin, zu erkennen, daß es Hilfsschüler gibt, die in Teilbereichen (z.B. im Sachunterricht) recht anspruchsvolle kognitive Prozesse meistern wollen und können?

2. Wie weit ist die Hilfsschuldidaktik *pluralistisch und integrativ?*
– Kann man pädagogischen Heilslehren kritischen Widerstand leisten, monopolistische Theorien und Einzelvorstöße aber als Impulse zum Einbau in ein breites pädagogisch-didaktisches Inventar verwenden, das zum flexiblen individualisierenden Einsatz zur Verfügung steht?

Zum Beispiel:
– Versucht man, die Grundformen des Lehrens von AEBLI (1976) sorgfältig auf den Unterricht bei Lernbehinderten anzuwenden?
– Ist die Lernorganisation der Jena-Planschule nach PETERSEN bekannt?
– Hält man die «freie geistige Schularbeit» nach GAUDIG und Lotte MÜLLER als ein Privileg für begabte Regelschüler?
– Werden Möglichkeiten zur Gestaltung von Spiel, Fest und Feier nach dem pädagogischen Ansatz von MOOR wahrgenommen?
– Haben sich Versuche mit dem Epochenunterricht der *Waldorfschulen* (CARLGREN 1972a) bewährt?
– Wird die Technik der Lernkontrollen (Lernzieltests) nach MAGER so gehandhabt, daß sie Erfolgserleben der Hilfsschüler involvieren?
– Wie wird die Neugiermotivation im Hilfsschulunterricht berücksichtigt?

Die Hinweise auf eine pluralistische Haltung dürfen nicht als Verführung zu einem didaktischen Kunterbunt verstanden werden. Die Breite des didaktischen Horizontes des Hilfsschullehrers ermöglicht diesem, für einzelne Schüler in bestimmten Situationen die *wenigen* Elemente solid einzubringen, die dannzumal angezeigt sind.

3. Ist die Bereitschaft vorhanden, in *pragmatischer* Hinsicht einen *begabungssuchenden und begabungsfördernden* Hilfsschulunterricht zu betreiben?

Dieses Postulat bedeutet keinesfalls eine Wiederbelebung des alten Reduktions- und Restfunktionsprinzips, mit welchem «Begabungsreste» erfaßt und erhalten werden sollten. Jenes Konzept, das Hilfsschülern die Förderung in ihren Defizitbereichen vorenthielt, war einerseits auf den schulischen Lernbetrieb, dann aber auch auf eine spätere Tätigkeit als Hilfsarbeiter ausgerichtet. Im neuen anthropologisch verankerten Hilfsschulkonzept soll im Bereiche der schulischen Fähigkeiten Korrektion und Kompensation vorgesehen sein. Diese Möglichkeit führt nun aber in einem neuen Ansatz zur Förderung von «*Begabungsinseln*».

Zum Beispiel:
– Weshalb soll der vereinseitigte Sonderling – ich denke hier an einen schulpsychologischen Beratungsfall mit der Diagnose «autistische Psychopathie Typus ASPERGER» –, der schon im Vorschulalter ein hohes technisches Interesse und eine entsprechende Begabung zeigte, nicht als Schulversager in den klassischen Schulfächern in der Sonderklasse die Möglichkeit haben, diese Begabung weiter zu entwickeln und mit diesen Leistungen auch anerkannt zu werden? Man versuchte aber vornehmlich, seine «Legasthenie» anzugehen und seine bedenkliche Rechtschreibung zu verbessern, die sich vielleicht über den technischen Lernbereich mit weniger Aufwand hätte günstig beeinflussen lassen.
– Denken wir auch an die Fälle von Hilfsschulabsolventen mit hohen sportlichen Teilbegabungen, welche später als Spitzensportler Fremdsprachen lernen und als beigezogene Radiokommentatoren auf ihrem Spezialgebiet anerkannt werden.

Musische, sportliche und auch sachkundliche Lerninhalte sind nicht generelle Bereiche, in denen Hilfsschüler mit intellektuellen Lernschwierigkeiten ihre Entfaltungsfelder finden. Es gilt aber doch, im Einzelfall solche Begabungsinseln zu suchen und allenfalls, den üblichen Bildungsbetrieb übersteigend, die Hand zu Tätigkeiten zu bieten, welche auch außerhalb der klassischen Bildungsgüter liegen. Vielleicht dient eine solche Begabungsförderung dem Hilfsschüler im Hinblick auf sein Sozialprestige mehr, als wenn er in der Rechtschreibung vom Prozentrang 5 auf denjenigen von 20 angehoben wird.
– Bestehen ab fünftem/sechstem Schuljahr Möglichkeiten zu einem Wahlfachbetrieb mit entsprechenden Hobby- und Interessenbereichen, und können allenfalls auch außerschulische Fachleute dazu beigezogen werden?

Fragestellungen zu den allgemeinen Zielsetzungen des Hilfsschulunterrichtes

1. Wie sind die Zielsetzungen im Bereiche *kognitiver und kreativer Prozesse?*
– Werden die guten Lernerfolge, welche WITTOCH bei Lernbehinderten im *problemlösenden* und entdeckendem Lernen darstellt, zum Anlaß zu entsprechenden Veränderungen im Hilfsschulunterricht genommen?
– Versucht man, das *elaborative,* Handlungen verinnerlichende Lernen nach AEBLI (1976) besonders auch im Aufbau und bei der Verinnerlichung von mathematischen Operationen zu realisieren, allenfalls auch in einer Verlängerung der Lernphasen, vielleicht auch in einem mehrmaligen Ansetzen nach dem Bild der konzentrischen Kreise? Oder ist man immer noch dem Modell «Anbahnen-Einschleifen» verpflichtet?
– Wird auch *divergentes Denken* mit der Variation von Lösungswegen in einfacher Form angestrebt und geübt und damit eine Möglichkeit gesehen, auch auf niederem Gesamtleistungsniveau eine geistige Beweglichkeit aufzubauen? Sind die entsprechenden Untersuchungen und Anregungen von BÖHM und GRAMP (1975) bekannt?
– Ist bekannt, daß es Hilfsschüler mit geringerer (Test-)Intelligenz und höherer Kreativität gibt, die in entsprechenden *Kreativitätstrainings* nach WITTOCH und TORRANCE (1976) ihr Selbstkonzept erhöhen und geistig aktiviert werden können?

2. Wie sind die Zielsetzungen bezüglich *Umlernen und nachholendem* Lernen?

Hier geht es um Lernprozesse im Bereiche des remedialen Lernens, des klinischen Unterrichtes, der pädagogisch-therapeutischen Maßnahmen. Es ist immer wieder von neuem zu prüfen, was dazu im Hilfsschulunterricht geleistet werden kann, was eventuell von einem ambulanten Sonderpädagogen ohne Sonderklasse, der den Regel- und den Sonderklassen zur Verfügung steht, übernommen werden müßte.
– Bestehen Konzepte zur Angehung von *Teilleistungsstörungen* im Sinne von basalen Teilfunktionsausfällen, die schulische Leistungen in verschiedenen Fächern gefährden? Sind die sensomotorischen Trainingskonzepte von KEPHART (1977), von EGGERT (1975), die graphomotorischen Trainings von KRAMER (1975) und NAVILLE (1980) bekannt? Sind die visuellen Wahrnehmungstrainings von FROSTIG (1974), die auditiven von REINARTZ et al. (1976) griff- und einsatzbereit? Können die allgemeinen Hinweise von WAGNER (1976) zum Abbau eines impulsiven Kognitionsstils auf verschiedene Fachbereiche (Erstlesen, Rechtschreibung, Rechnen) übertragen werden?
– Wie werden Schulleistungsdefizite in den einzelnen Schulfächern angegangen? Ist man mit methodenübergreifenden Erstleselehrgängen vertraut, die eingesetzt werden könnten, wenn Hilfsschüler in der Regelschule an einem synthetischen oder ganzheitlichen Leselehrgang vorerst

gescheitert sind? (s. dazu beispielsweise den Leselehrgang der Interkantonalen Lehrmittelzentrale «*Lesen-Sprechen-Handeln*» GRISSEMANN 1980.) Ist man in der Lage, «Wackelkontakte» im Bereiche des Zahlbegriffs bei rechenschwachen Schülern zu beheben – etwa nach dem Programm von BOCK (1978) zum Aufbau von Vorzahlbegriffen (ausgerichtet auf PIAGET: Kategorisierung, Klasseninklusion, Seriation, auch in Verbindung mit dem darauf abgestimmten orientierten Schultest von WINKELMANN 1975 TEKO).
– Wie bekannt sind die Strategien zur *Kompensation von sprachlichen Lernvoraussetzungen,* etwa in Ausrichtung auf D. und G. GAHAGAN (1971) und auf BUSH/GILES, letztere zusammen mit dem Einsatz des *Psycholinguistischen Entwicklungstests* (PET) (ANGERMAIER 1974)?

3. Versteht man die *Theorien zur Lernmotivation* auf den Lernbehinderten anzuwenden?

Zum Beispiel:
– Die Strategien der Hinführung von Schülern von der *extrinsischen* (außerhalb der Sache liegend) zur *intrinsischen* (sachbezogenen) *Motivation* beziehen sich u.a. auf das Modell von BERLYNE zur *Erzeugung kognitiver Dissonanzen und Konflikte*. Sieht man auch Möglichkeiten zur Anwendung dieses Modells bei den oft einfachen Lernprozessen in der Sonderklasse, oder hält man dies für eine elitäre didaktische Maßnahme?
– Wird die Bedeutung behavioristischer Motivationskonzepte (z.b. Verstärkungslernen) relativiert, aber auch unterrichtsfruchtbar gemacht (s. dazu etwa NEUKÄTER, GÖTZE 1978, mit ihrer verhaltensmodifikatorischen Kombination von kurzphasiger konzentrierter Schularbeit und spielerisch-musischen Tätigkeiten)?
– Wie wird die Motivationstheorie von HECKHAUSEN (1974) bezüglich Anspruchsniveau und Erfolgshoffnung auf den Hilfsschüler mit seinen divergenten Kapazitäten in den einzelnen Leistungsbereichen *individualisierend* angewendet?
– Wie weit werden idealistische Motivationstheorien modifiziert durch pragmatische Motivationen: Oder ist man bereit, sich dem von BAIER (1980) dargestellten Sachverhalt zu fügen: Lernbehinderte und Gymnasiasten halten das, was sie in der Schule lernen müssen, weitgehend für entbehrlich. Der Gymnasiast unterdrückt aber die Kritik, um seine Schulchancen nicht zu gefährden.

Die vorliegende Übersicht über Innovationspostulate dürfen nicht als vollständig, sondern eher als provokative Auslese verstanden werden.

Dazu kommt die *Integration pädagogisch-therapeutischer Maßnahmen außerhalb des Unterrichts* in den einzelnen Schulfächern. Falls sie nicht vom Sonderklassenlehrer wahrgenommen werden können, müßten sie in der *Kooperation* mit weiteren sonderpädagogischen Fachleuten organisiert werden.

Es ist zu bedenken, daß bis heute Sonderklassen Entwicklungsräume für funktionalen Analphabetismus darstellen (s. S. 65-68). Die Falldarstellung Annette (S. 19-24) hat auf die Notwendigkeit von sonderpädagogischen Kompetenzen in der Dyskalkulietherapie hingewiesen, die auch durch die Überweisung in eine gut geführte Sonderklasse nicht realisiert werden können.

Die folgenden Bereiche pädagogisch-therapeutischer Maßnahmen sollten für einzelne Sonderklassenschüler offenstehen:
- Legastenietherapie (GRISSEMANN 1980 und 1984)
- Dyskalkulietherapie (GRISSEMANN/WEBER 1982)
- psychomotorische Trainings (EGGERT 1975)
- sozial-emotionale Interventionen (z.B. sozialpädagogisch-therapeutische Spielgruppen in Anlehnung an die nondirektive Spieltherapie wie bei den Münchner Schulversuchen, SPECK et al. 1978, 94f.).

Zur sonderpädagogischen Integration von Maßnahmen der *Legasthenietherapie:* Grund einer Hilfsschuleinweisung ist oft der Zusammenbruch im elementaren Erstleseunterricht, gefolgt von größten Schwierigkeiten bei der Neuorganisation der Erstleselernprozesse. Die meisten lesetechnischen Trainings, die früher der Legasthenietherapie vorbehalten blieben, sind heute in die methodenintegrierenden Erstleselehrgänge integriert worden.

Für Schüler nach dem zweiten/dritten Schuljahr ist der unterrichtliche Einsatz von legasthenietherapeutischen Kleincomputer-Disketten angezeigt (NEUBERT 1982; GRISSEMANN/SCHINDLER 1988).

Zur sonderpädagogischen Integration von Maßnahmen der *Dyskalkulietherapie:*
Neben all den speziellen förderdiagnostisch abgestützten Maßnahmen (s. GRISSEMANN/WEBER 1982) erscheint besonders der selektive ebenfalls diagnostisch begründete Einsatz des sonderpädagogischen Mathematik-Lernwerks «Denken, Rechnen, Handeln» (DRH) von BEGEMANN et al. (1976-78) angezeigt. Ebenso differenziert sind die mathematischen Lernmaterialien von LÜSCHER/MAUNDER-GOTTSCHAL 1984 und TOTTOLI-WEBER 1986, die für den Einsatz an Kleinklassen (Kleinklassen A zur Einschulung und Kleinklassen C als Sonderklassen für das 3.-5. Schuljahr) entwickelt worden sind. Diese Materialien eignen sich in besonderem Maße für den selektiven Einsatz bei spezifischen Ausfällen.

Zu den *sozial-emotionalen Interventionen:*
In den Sonderklassen-Unterricht integrierbar sind
- Maßnahmen zur Förderung des Ausdrucksverstehens als Bedingung von Empathie (LEMPP 1978[3]; Materialien: HIELSCHER 1981[4]; CROISSIER et al. 1979)

– Spielpädagogische Maßnahmen mit Rollenspielmaterialien und kooperativen Spielen (KOCHAN 1971, 12f., im Sprachlernwerk «Sprache und Sprechen» zweites bis neuntes Schuljahr, jeweils Teil A; KLIPPSTEIN/KLIPPSTEIN 1978).

Den psychomotorischen Trainings nach EGGERT (1975) kommt auf Grund der empirischen Evaluation bei Legasthenikern vor allem die Funktion der emotionalen Stabilisierung zu.

– Soziale Lernprozesse im Bereiche von Konfliktproblemlösungen können arrangiert werden mit den Interventionen nach DREIKURS (1976) auf individualpsychologischer Grundlage der ADLER-Schule und nach REDLICH/SCHLEY (1981) auf der Grundlage einer humanistisch-kognitionsorientierten Strategie von Verhaltensmodifikation.

Zu (2): Pädagogisch-therapeutische Maßnahmen zum psychoreaktiven Überbau von Lern- und Verhaltensstörungen
(neurotische Entwicklungen)

Diese Maßnahmen können vor allem von Sonderpädagogen ohne Sonderklassen mit besonders erworbenen Kompetenzen realisiert werden, in sonderpädagogischen Ambulatorien, die in die Schulen integriert sind und für Regel- und Sonderklassenschüler mit den entsprechenden Indikationen zur Verfügung stehen.

In Frage kommen die Trainingsprogramme von PETERMANN/PETERMANN (1981) «Training mit aggressiven Kindern» und U. PETERMANN (1983) «Training mit sozial unsicheren Kindern». Auch BETZ/BREUNINGER (1982) haben Trainingspakete zur Angst- und Aggressionstherapie entwickelt.

Zu den pädagogisch-therapeutischen Maßnahmen rechnen wir auch JEGGES (1976) *Strategie zum systematischen Aufbau von prosozialen Beziehungen.* JEGGE hat in seiner Tätigkeit als Sonderklassenlehrer einen fünfphasigen Aufbauplan erprobt, der nur in einem individuellen, auf jeden einzelnen Schüler ausgerichteten Vorgehen anwendbar ist. Die Schüler einer Sonderklassenabteilung finden sich zu verschiedenen Terminen in den fünf Phasen:

1. In der sogenannten *Bravheitsphase,* in welcher sich viele Sonderklassenschüler nach ihrem Weggang von der Regelklasse infolge Entmutigung befinden, wird versucht, konsequent die Verstärkungen der Überanpassung zu vermeiden (JEGGE 155, 218, 219)
2. Während der anschließenden *Expansions- und Aggressionsphase* («Ruderphase», «Roboterphase» nach JEGGE) wird dem Schüler konsequent das Festhalten an der positiven Grundeinstellung in den Bemühungen zur Anerkennung des positiv «aggressiven» bzw. forsch-initiativen Verhaltens gezeigt (JEGGE 158, 220)
3. In der dritten Phase beginnt sich der *Aufbau der Beziehungen* – zum Lehrer und zu den Mitschülern – zu verstärken. Dazu gehört in per-

sönlichen Aussprachen die Vergangenheitsbewältigung, die Verarbeitung belastender Erlebnisse, die Bemühung um aktuelle Konfliktlösungen. Dabei wird sich die – von JEGGE nicht erwähnte – Methode des aktiven Zuhörens nach GORDON (1977) aufdrängen (JEGGE 164, 165, 221)
4. Dadurch sind die Bedingungen gegeben für die eigentliche *Beziehungsphase,* zu der JEGGE eine sorgfältige Pflege der Beziehungen vorschlägt, welche sich auch auf außerschulische Aktivitäten – bei JEGGE z.B. im Besuch kultureller Veranstaltungen – bezieht. In der dritten und vierten Phase geht es um die Selbstfindung (s. auch die Hinweise zur Identitatsproblematik S. 157, 158) (JEGGE, S. 167, 168)
5. Das Verhalten in der sogenannten *Erweiterungsphase* ist der Nachweis des erfolgreichen Verlaufs der vorherigen Phasen. Der Schüler beginnt, seine Beziehungen außerhalb des pädagogisch-therapeutischen Arrangements zu erweitern und zu vertiefen (JEGGE 184).

Zu (3): Systemorientierte und systemtherapeutische Maßnahmen

Neben den beratungs- und trainingsorientierten Varianten der Elternarbeit (s. dazu das Verhaltenstrainingsprogramm für Elterngruppen von PERREZ/MINSEL/WIMMER 1974) werden heute vermehrt auch systemische Konzepte der Elternarbeit und schulsystemisch orientierte Strategien zur Ergänzung der individuumzentrierten sonderpädagogischen Maßnahmen beachtet.

Wir verweisen hier exemplarisch auf den Beitrag von HENNIG/KNÖDLER (1985), welche ein systemisches Konzept der schulpsychologischen Arbeit mit lerngestörten und verhaltensauffälligen Kindern darstellen, das auch in schulisch institutionalisierten sonderpädagogischen Ambulatorien wahrgenommen werden könnte, falls Sonderpädagogen ohne Sonderklassen sich entsprechende Kompetenzen erwerben würden.

Der Problemschüler wird in diesem Verständnis unter dem Begriff der Zirkularität verstanden, nach welchem jedes Verhalten in der Struktur eines transaktionellen Feldes gesehen wird. Ein Problemschüler ist im systemischen Denken ein Symptomträger für dysfunktionale Systemkonstellationen, die der Therapeut/Berater in Familiensitzungen zu verändern versucht. Dieser Ansatz schließt die individuumzentrierte Zuwendung, die Interventionen an interpersonalen Subsystemen nicht aus, soll aber nach Auffassung der Systemiker die Ergänzung oder die vordringliche Strategie zur Optimierung der Rehabilitation von Problemschülern darstellen.

Die Systemtherapeuten haben eine Systemdiagnostik entwickelt, welche in der familientherapeutischen Variante zu einer genauen Erfassung von Familienstrukturen führen soll. Wir greifen aus einem Fallbeispiel unter dem Titel «Das Damoklesschwert der Scheidung», die Familienstrukturskizze heraus, welche die schweren Lernstörungen eines

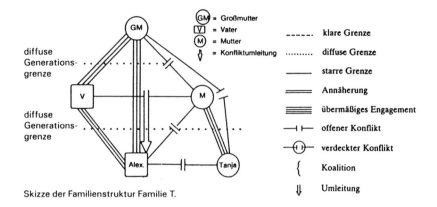

Skizze der Familienstruktur Familie T.

13jährigen Schülers (Alex) erklären soll (s. dazu die Erklärungen von HENNIG/KNÖDLER 1985, 36-38).

Aus dem Katalog der Methoden zur Veränderung des Familiensystems greifen wir einige heraus (HENNIG/KNÖDLER 145-184):
- Grenzziehungsarbeit bei dysfunktionalen Familienstrukturen: diffuse Grenzen im System werden deutlicher gezogen; starre Grenzen werden durchlässiger gemacht.
- Arbeit mit familiären Subsystemen: Vorübergehende Unterstützung eines Familienmitgliedes oder einer familiären Untergruppe, z.b. eine Phase der Ehepaararbeit ohne Einbezug der Kinder.
- Fokussieren: Herausgreifen und intensives Bearbeiten ausgewählter Themen und Prozesse, z.b. Auseinandersetzung mit der Funktion der Unselbständigkeit eines Symptomträgers, etwa zur dysfunktionalen Verstärkung einer Koalition.
- Arbeit mit Metaphern, «Du hast Glück oder auch Pech, ein Prinz zu sein, der in einer Sänfte getragen wird, so daß du nicht selbst gehen mußt. Wer sind die Träger der Sänfte?»
- Erteilen von Aufgaben in der Familiensitzung, z.b. Aufforderung der Mutter, sich mehr Erholung zu gönnen und den Kindern mehr Aufgaben anzuvertrauen.
- Familiäre Interaktionen während der Sitzung organisieren: Rollenspiele veranlassen, Unterbrechungen durch ins Wort fallen verhindern, sofortige Kommunikation zwischen Familienmitgliedern veranlassen.

Die Auseinandersetzung mit *Effizienz-Untersuchungen* zum Sonderklassen-Unterricht war Anlaß zur *Sichtung ätiologischer Paradigmen und didaktischer Modelle*. Kehren wir zu diesem Ausgangspunkt zurück. Sind solche Effizienzuntersuchungen nicht Symptom systemischer Mängel? Ein differenziertes System mit Regelklassenlehrern, die in ihrer Aus- und Fortbildung Kompetenzen in der «Problemschülerpädagogik» erworben haben (s. S. 193-204), Sonderklassenlehrer, die in innovativer Lernbehindertenpädagogik ausgebildet worden sind, und Sonderpädagogen («Schultherapeuten») ohne Sonderklassen ließen solche Vergleiche hinfällig werden. Kinder mit Lernproblemen könnten aufgrund von Erfahrungen mit differenzierteren Maßnahmen in den drei Systemen aufgrund einer Prozeß- und Erfahrungsdiagnostik so plaziert werden, daß die Fragestellung, die hinter der empirischen Vergleichsuntersuchung steht, pädagogisch verfehlt erscheinen könnte.

4. Wovon ist die soziale Diffamierung von Sonderklassenschülern abhängig?

4.1 Sozialpsychologische Untersuchungen zur Vorurteilsforschung in der Lernbehindertenpädagogik

Die folgende Grafik gibt einen Überblick über die *Untersuchungsmethoden* zur Erfassung der sozialen Diffamierung lernbehinderter, bzw. schulschwacher Schüler. Wir unterscheiden Untersuchungsmethoden zur Erfassung von *Statusbefunden,* d.h. der Ablesung vorfindbarer Einstellungen und von *Prozeßmethoden,* die sich eher um Bedingungen der Einstellungsbildung bemühen (vgl. Tabelle auf gegenüberliegender Seite).

Zu a) *Merkmalsgebundene Vorurteilsforschung (Grafik S. 121).* Wir geben zuerst einen Einblick in die klassischen Untersuchungen die von VON BRACKEN (1969, 32-46) durchgeführt wurden und die man der *Stereotyperfassung nach der Merkmalsauslese* zuordnen kann. Eine Liste von 15 positiven und negativen Eigenschaften wurde in einem Gespräch mit Schülern einer Sonderklasse für Lernbehinderte im achten Schuljahr erarbeitet, eine Merkmalsliste, in welcher ihre Erfahrungen und Befürchtungen zum Ausdruck kamen. In den Untersuchungen zur Erfassung des Autostereotyps, Heterostereotyps und des projektiven Heterostereotyps mußten Schüler verschiedener Schultypen auf den Merkmalslisten die Wörter unterstreichen, die nach ihrer Meinung am besten zu den Schülern des in Frage stehenden Schultyps paßten. Wir geben einige Ergebnisse aus der Untersuchungsreihe wieder:

Tabelle 20: Wie Hilfsschulkinder Hilfsschulkinder sehen

Autostereotyp; Median = 47%			
Größte Häufigkeit		Geringste Häufigkeit	
pünktlich	70%	halbverrückt	21% +
schlagen	60%	doof	30%
kameradschaftlich	65%	unordentlich	30%
sauber	65%	klauen	32%
laut schreien	64%	spucken	33%
frech	63%	rücksichtsvoll	35%
	+p=5		

Untersuchungsmethoden zum Problem der sozialen Diffamierung lernbehinderter bzw. schulschwacher Kinder

a.) merkmalsgebundene Vorurteilsforschung	b) offene Einstellungserfassung	c) projektive Einstellungserfassung	d) Methoden in Anlehnung an die Labelingtheorie	e) kasuistische Methode
– Stereotyperfassung nach der Merkmalsauslesemethode (VON BRACKEN) – Stereotyperfassung mit Polaritätsprofilen bzw. semantischen Differential (SCHINDLER) – Fragebogenmethode (STARK)	– Assoziationshierarchie (STARK) – freie Befragungen, offene Interviews (KLEIN)	– Aufsatzmethode (HÖHN) – Bilderinterpretationsmethode (HÖHN)	– Erfassung der normativen und reaktiven Bedingungen von Devianz	– biographische Darstellungen mit mehrperspektivischen Aussagen

direkte Erfassung   indirekte Erfassung

Zustandsaufnahme   Prozeßforschung

Tabelle 21: Wie Hilfsschulkinder Volksschulkinder sehen

Heterostereotyp; Median = 45%			
Größte Häufigkeit		Geringste Häufigkeit	
sauber	81% +	halbverrückt	7% +
pünktlich	78% +	doof	14% +
fleißig	76% +	unsauber	18% +
kameradschaftlich	76% +	unordentlich	18% +
ordentlich	71% +	klauen	19% +
klug	65%	faul	21%
	+p=5		

Tabelle 22: Wie Hilfsschulkinder denken, daß andere die Hilfsschulkinder sehen

projektives Heterostereotyp; Median = 42%			
Größte Häufigkeit		Geringste Häufigkeit	
frech	76% +	klug	20%
faul	67% +	fleißig	23%
doof	66% +	leise	23%
Krach machen	61%	gutmütig	25%
schlagen	61%	artig	26%
Streit suchen	60%	Wahrheit sagen	26%

Tabelle 23: Wie Volksschüler Volksschulkinder sehen

Autostereotyp; Median = 46%			
Größte Häufigkeit		Geringste Häufigkeit	
kameradschaftlich	82% +	halbverrückt	5% +
sauber	74%	doof	5% +
ehrlich	72%	klauen	8% +
ordentlich	70%	unsauber	9% +
pünktlich	68%	unordentlich	14%
freundlich	68%	faul	15%
	+p=5		

Tabelle 24: Wie Volksschülerinnen Volksschulkinder sehen

Autostereotyp; Median = 35%			
Größte Häufigkeit		Geringste Häufigkeit	
freundlich	90% +	halbverrückt	2% +
sauber	90% +	klauen	3% +
höflich	89% +	unsauber	3% +
ehrlich	86%	spucken	6% +
pünktlich	85%	doof	10% +
ordentlich	85%	unordentlich	13%
	+p=5		

Tabelle 25: Wie Volksschüler Hilfsschulkinder sehen

Heterostereotyp; Median = 42%

Größte Häufigkeit		Geringste Häufigkeit	
faul	83% +	klug	3% +
frech	78% +	höflich	8% +
Streit suchen	77%	gutmütig	8% +
schlagen	77%	ordentlich	9%
doof	69%	sauber	9%
spucken	69%	brav	10%
	+p=5		

Zu *Tabelle 20*
Das Autostereotyp der Hilfsschüler erscheint relativ sachlich, ohne Bemühungen, negative Eigenschaften in Abrede zu stellen.

Zu *Tabelle 21*
Hier deutet sich eher eine Überschätzung der positiven Eigenschaften der Regelklassenschüler ab.

Zu *Tabelle 22*
Die Aussage stimmt gut überein mit den tatsächlichen Meinungen der Regelklassenschüler (Tab. 25) und weicht wesentlich ab von deren positivem Selbstbild (Tab. 23, 24).

Zu *Tabelle 25*
Hier zeigt sich eindrücklich die negative Einstellung der Regelklassenschüler im Sinne einer Sammlung von Vorurteilen.

Die Ursache des ungünstigen Bildes der Hilfsschüler bei den Volksschülern sieht von Bracken (1969, S. 43/44) nicht nur als Auswirkung von Separierung, sondern auch bedingt durch die Begegnung in der vielfach emotional stark besetzten Phase vor der Überweisung in die Sonderschule. Damit gibt er zu bedenken, daß die Nichtseparierung schulschwacher Schüler nicht nur kognitive sondern auch sozialerzieherische Integrationsmaßnahmen in den Regelklassenbetrieben unabdingbar erscheinen läßt.

Ebenfalls nach einer *Methode der merkmalsgebundenen Vorurteilsforschung* ist der Beitrag von Schindler (1981) unterstellt, der im Rahmen eines sozialpsychologischen Pilotprojektes des Instituts für Sonderpädagogik der Universität Zürich in einer Schweizerstadt Stereotype mit *Polaritätsprofilen* erfaßte.

Mittelstufe der Hilfsschüler

	(7	6	5	4	3	2	1)		Mittelwerte nach abgeänderter Skala
faul	3	2	1	0	1	2	3	fleißig	(3.6/2.0)
laut	3	2	1	0	1	2	3	leise	(3.5/2.7)
unruhig	3	2	1	0	1	2	3	ruhig	(3.4/3.0)
dumm	3	2	1	0	1	2	3	klug	(4.1/1.9)
unartig	3	2	1	0	1	2	3	brav	(3.4/2.6)
grob	3	2	1	0	1	2	3	sanft	(3.0/2.5)
langsam	3	2	1	0	1	2	3	schnell	(3.8/2.9)
unehrlich	3	2	1	0	1	2	3	ehrlich	(3.5/2.2)
schmutzig	3	2	1	0	1	2	3	sauber	(2.9/2.0)
böse	3	2	1	0	1	2	3	gut	(3.3/2.2)
feige	3	2	1	0	1	2	3	mutig	(3.6/2.0)
unkameradsch.	3	2	1	0	1	2	3	kameradsch.	(3.3/1.8)
häßlich	3	2	1	0	1	2	3	hübsch	(3.1/2.8)
traurig	3	2	1	0	1	2	3	froh	(2.9/2.0)
krank	3	2	1	0	1	2	3	gesund	(2.9/1.4)
schwach	3	2	1	0	1	2	3	stark	(3.8/2.3)

Oberstufe der Hilfsschüler

faul	3	2	1	0	1	2	3	fleißig	(4.4/2.3)
laut	3	2	1	0	1	2	3	leise	(5.2/3.9)
unruhig	3	2	1	0	1	2	3	ruhig	(3.8/3.8)
dumm	3	2	1	0	1	2	3	klug	(4.6/2.3)
unartig	3	2	1	0	1	2	3	brav	(3.8/2.8)
grob	3	2	1	0	1	2	3	sanft	(4.3/3.6)
langsam	3	2	1	0	1	2	3	schnell	(4.5/2.3)
unehrlich	3	2	1	0	1	2	3	ehrlich	(3.8/2.6)
schmutzig	3	2	1	0	1	2	3	sauber	(2.8/1.7)
böse	3	2	1	0	1	2	3	gut	(2.9/2.0)
feige	3	2	1	0	1	2	3	mutig	(4.4/2.5)
unkameradsch.	3	2	1	0	1	2	3	kameradsch.	(2.6/1.5)
häßlich	3	2	1	0	1	2	3	hübsch	(3.3/2.6)
traurig	3	2	1	0	1	2	3	froh	(3.6/2.3)
krank	3	2	1	0	1	2	3	gesund	(2.4/2.6)
schwach	3	2	1	0	1	2	3	stark	(4.1/2.2)

——— projektives Heterostereotyp: Was die Hilfsschüler meinen, daß Normalklassenschüler von ihnen halten

——— Autostereotyp: Wie sich die Hilfsschüler selber sehen

Abbildung 25: Die Stereotype der Hilfsschüler

Die *Heterostereotype der Regelklassenschüler* stellen nur teilweise eine Bestätigung der Untersuchung von VON BRACKEN dar. Spitze der negativen Bewertungen durch die Primarschüler: unruhig 4,2; langsam 5,4; traurig 3,9; dumm 3,9. Spitzenwerte der positiven Beurteilungen: ehrlich 2,3; sauber 2,1; kameradschaftlich 2,4 (Oberstufenschüler sogar 1,9!). Die positiven Beurteilungen stehen in einem deutlichen Gegensatz zu den Ergebnissen von VON BRACKEN.

Zu a) und b): (Grafik S. 121)

Die Untersuchungsergebnisse von STARK (1981) als Beitrag zur Pilotstudie des Instituts für Sonderpädagogik der Universität Zürich weichen noch stärker von den Ergebnissen von VON BRACKEN ab und verweisen schön auf pädagogische Bedingungen der z.T. erfreulichen Einstellungen der Oberstufenschüler. STARK wendete die *Fragebogenmethode* (als merkmalsgebundene Forschungsmethode, a) und die *Assoziationshierarchie* (als Methode der offenen Einstellungserfassung b) an.

Wir entnehmen ihrem Untersuchungsbericht:

«Die gesamte Befragung wurde in der Gemeinde Muttenz im Kanton Basel-Land durchgeführt. Es ist deshalb unerläßlich, einige Erklärungen über die Struktur der Gemeinde und das kantonale Schulsystem abzugeben.

Die Gemeinde Muttenz

Obwohl Vorort der Stadt Basel und mit der Straßenbahn direkt erreichbar, hat Muttenz zum Teil einen starken Dorfcharakter behalten. Um den alten Dorfkern gruppieren sich Einfamilienhäuser, die auch den Hügel dominieren. Dort wohnen die wenigen Angehörigen der oberen Mittel- und der Oberschicht. Die meisten der 17 000 Einwohner von Muttenz wohnen jedoch in größeren, neuen Überbauungen und Siedlungseinheiten, auch steht eine der ältesten Arbeitersiedlungen auf Genossenschaftsbasis (Freidorf) in Muttenz. Viele SBB-Angestellte wohnen längs des Rangierbahnhofs. Die modernen Blocksiedlungen dienen aber auch als Schlafstätte für die Arbeiter der Basler Chemie. Die Mehrheit der Bevölkerung gehört daher wohl der unteren Mittel- und der Unterschicht an. So gibt auch die Mehrzahl der befragten Schüler als Beruf des Vaters «Arbeiter» oder «Angestellter» an.

Die befragten Schüler

Es wurde in einem Realschulhaus je eine zweite bis vierte Klasse der Realschule und des Progymnasiums befragt, im benachbarten Sekundarschulhaus die entsprechenden Sekundar-, respektive Berufswahlklassen.

			weiblich	männlich	total
7. Klassen	Sekundar		6	12	18
(14 J.)	Real		12	13	25
	Progym.		10	13	23
8. Klassen	Sekundar		12	7	19
(15 J.)	Real		13	10	23
	Progym.		17	5	22
9. Klassen	Sekundar		5	10	15
(16 J.)	Real		12	13	25
	Progym.		4	15	19
Total Sekundar		52			
Total Real		73			
Total Progym.		64			
Gesamtzahl der befragten Schüler		189			

Methoden

Assoziationshierarchie

Auftrag
Den Schülern wurde mitgeteilt, daß man von ihnen gerne wissen wolle, was sie von Hilfsschülern denken. Anschließend wurde ihnen ein Blatt ausgeteilt, auf dem zwölfmal der gleiche Satzanfang «Ein Hilfsschüler ist...» zu ergänzen war (vgl. BAIER 1980). Folgende Arbeitsanleitung wurde dabei gegeben:
«Du findest hier auf dem Blatt zwölfmal den gleichen unvollständigen Satz. Zur Ergänzung des Satzes stehen Dir jedesmal zehn Sekunden zur Verfügung. Nach zwei Minuten ist der letzte Satz des Bogens ergänzt. Wenn Dir einmal nichts einfällt, ist das überhaupt nicht schlimm. Gehe dann einfach nach dem Kommando zum nächsten Satz über und lass diesen Satz unbeantwortet.»

Dazu wurde darauf hingewiesen, daß diese Arbeit nicht benotet werde und auch niemand seinen Namen hinzuschreiben brauche. Die Schüler arbeiteten allein und unter ziemlich starkem Druck. Sie beklagten sich nachher, einige sogar schon während der Arbeit, sie hätten viel zu wenig Zeit gehabt, da habe man ja gar nichts «Richtiges schreiben können». Einige machten auch dementsprechende Bemerkungen auf den Bogen.

Sehr stark war deshalb das Bedürfnis, anschließend mit dem Lehrer über die Probleme der Hilfsschüler zu diskutieren. Die Mehrzahl der Lehrer stieg auf dieses Bedürfnis ein. Eine Ausnahme machten die vierten Klassen, denen gerade anschließend an den Assoziationsbogen ein Fragebogen ausgeteilt wurde.

Auswertung
BAIER verlangt, daß die Assoziation an erster Stelle (d.h. der erste vervollständigte Satz: ein Hilfsschüler ist ...) mit 12 Punkten zu zählen ist, die folgenden Assoziationen in fortlaufender Abnahme je einen Punkt weniger. Damit würde eine Hierarchie der Assoziationen erreicht.

In dieser Arbeit wurde aus technischen Gründen jede Aussage, unabhängig von ihrer Position, einmal gezählt. Es konnten so alle gleichen Aussagen addiert werden. Anschließend wurden alle Attribute in positive und negative Aussagen aufgeteilt und zum Vergleich graphisch dargestellt.

Ergebnisse

Assoziationen

Tabelle 26: Positive und negative Zuschreibungen

		Nennungen			%-Werte		
		pos.	neg.	total	pos.		neg.
2. Sek.	Knaben (12)	7	25	32	22%		78%
	Mädchen (6)	6	22	28	22%		78%
	Total (18)	13	47	60	22%	s	78%
2. Real.	Knaben (13)	10	46	56	18%		82%
	Mädchen (12)	1	50	51	2%		98%
	Total (25)	11	96	107	10%	ss	90%

		Nennungen			%-Werte		
		pos.	neg.	total	pos.		neg.
2. Progym.	Knaben (13)	9	37	46	20%		80%
	Mädchen (10)	12	27	39	31%		69%
	Total (23)	21	64	85	25%	s	75%
3. Sek.	Knaben (7)	8	10	18	44%		56%
	Mädchen (10)	23	14	37	63%		38%
	Total (17)	31	24	55	57%	ns	43%
3. Real.	Knaben (10)	40	21	61	66%		34%
	Mädchen (13)	44	40	84	53%		47%
	Total (23)	84	61	145	58%	ns	42%
3. Progym.	Knaben (5)	9	15	24	38%		62%
	Mädchen (17)	30	66	96	31%		69%
	Total (22)	39	81	120	33%	s	67%
4. Sek.	Knaben (10)	15	32	47	32%		68%
(BWK)	Mädchen (5)	16	9	25	64%		36%
	Total (15)	31	41	72	43%	ns	57%
4. Real.	Knaben (13)	40	30	70	57%		43%
	Mädchen (12)	17	52	69	25%		75%
	Total (25)	57	82	139	41%	ns	59%
4. Progym.	Knaben (15)	15	47	62	24%		76%
	Mädchen (4)	4	17	21	19%		81%
	Total (19)	19	64	83	22%	s	78%

Signifikanz der Unterschiede pos./neg. s=95%-Niveau, ss=99%-Niveau, ns=nicht signifikant.

Fragebogen

Um gewisse Annahmen bezüglich Aussagen von Normalschülern über Sonderschüler der Lernbehindertenklasse noch genauer zu überprüfen, wurde allen drei Stufen der Abschlußklassen (viertes Progymnasium, vierte Realklasse, vierte Sekundarklasse, d.h. Berufswahlklasse) ein Fragebogen vorgelegt.

Dieser Fragebogen sollte auf folgende Fragen noch genauer eingehen:
- Wie weitgehend sind Normalschüler bereit, etwas mit Hilfsschülern zu unternehmen, individuell, im Klassenverband?
- Wie groß ist das Verständnis für die Hintergründe einer Einweisung in die Sonderklasse für Lernbehinderte?
- Wie schätzen Normalschüler die Konsequenzen einer Hilfsklasseneinweisung ein?
- Wie sehen Normalschüler die Zukunftsperspektiven der ehemaligen Hilfsschüler?

Es wurden alles geschlossene Fragen gestellt mit der Antwortmöglichkeit «ja» oder «nein». Bewußt wurde auf die dritte Möglichkeit «sowohl als auch» verzichtet, um dem Trend zur Mitte entgegenzuwirken und um den Schülern klare Entscheide abzuverlangen. Dies wurde in den Schülerkommentaren auch prompt kritisiert und darauf hingewiesen, «daß es schließlich auf den Einzelfall ankommt». (Mädchen, 15 J., vierte Real.)

Auswertung
Die «ja»- und «nein»-Antworten wurden ausgezählt und summiert. Es wurde nicht mehr nach Stufen unterschieden, sondern das Total der Antworten aller Abschlußkläßler dargestellt.»

Fragebogen

(N-60, vierte Klassen aller Stufen; Progym. 19, Real. 26, Sekundar. 15.)
Kreuze bitte bei jeder Frage eine Antwort an:

	ja
Kennst du einen Hilfsschüler/in persönlich	45%

Würdest Du mit einem/er Hilfsschüler/in ...

in der gleichen Sportmannschaft spielen	98%
gemeinsam ins Skilager gehen	62%
im Lager das Zimmer teilen	85%
gemeinsam an einem OL teilnehmen	87%
tanzen	87%
eine Party veranstalten	82%

Wärest Du dazu bereit, wenn Deine Klasse mit einer Hilfsschulklasse ...

zusammen ins Skilager ginge	78%
gemeinsam auf die Monatswanderung ginge	98%
gemeinsame Turnstunden hätte	88%
ein Deutschthema gemeinsam erarbeiten würde	78%
den Sporttag zusammen abhielte	85%
zusammen auf die Schulreise ginge	78%
gemeinsam eine Party abhielte	78%

Warum, glaubst Du, kommt jemand in die Hilfsklasse?

Weil er dumm ist	28%
weil ihm seine Eltern nicht helfen	62%
weil er frech ist	16%
weil er einen Hirnschaden hat	32%
weil er Ausländer ist	48%
weil in seiner Familie alle dumm sind	12%
weil er langsam ist	76%
weil er sehr einseitig begabt ist	70%

Was bedeutet es für einen Hilfsschüler, in die Hilfsklasse zu gehen?

er hat dort bessere Noten	67%
er findet später keine Lehrstelle	50%
er wird von allen verachtet	35%
sein Lehrer hat mehr Verständnis	95%
er ist glücklicher als vorher	87%
er wird als dumm angesehen	47%
er geht lieber in die Schule	88%
er findet eher Kameraden	70%
er fühlt sich als Versager	35%
er hat nur noch Hilfsschüler als Freunde	38%

Kann jemand, der in der Hilfsschule war

ein/en Freund/in finden	98%
autofahren lernen	98%

heiraten	97%
ein Buch lesen	100%
an Abstimmungen teilnehmen	95%
Berufssportler werden	93%
an eine Zeitung einen Leserbrief schreiben	97%
Hilfsschullehrer werden (!)	30%

Interpretation der Ergebnisse und pädagogische Postulate

Interpretation

Oberstufenschüler in Muttenz (Basel-Land) denken generell nicht negativ über Hilfsschüler. Sie sind in ihren Einschätzungen differenziert und bringen einiges Verständnis für die Gründe des Schulversagens auf. Andererseits sehen sie ihre Berufschancen eher zu optimistisch.

Beeinflussung durch den Lehrer
Ob es sich bei den befragten Schülern um eine Ausnahme handelt, ist nicht ohne weiteres auszuschließen. Die Lehererkollegien in Muttenz sind relativ jung, und verschiedene Lehrer arbeiten miteinander und bereiten den Unterricht gemeinsam vor. Es wird vorwiegend in Projektunterricht gearbeitet, wobei die Themen «Indianer» und «Vorurteile» in verschiedenen Klassen behandelt und somit eine gewisse Sensibilisierung der Schüler auf die Minderheitenproblematik angenommen werden kann. Inwieweit dieser kritische Ansatz der Lehrer das Verhalten und die Ansichten der Schüler beeinflußt hat, kann hier nicht untersucht werden.

Es wäre weiter interessant zu prüfen, inwieweit das Verhalten des Lehrers gegenüber den Minderheiten innerhalb seiner Schulklasse (schlechte Schüler, Fremdarbeiterkinder) das Verhalten der Schüler gegenüber diesen Minderheiten beeinflußt und ob es sich auf ihr Verhalten gegenüber Minderheiten allgemein auswirkt.

Pubertät
Die befragten Schüler befinden sich alle im Alter zwischen 13 und 16 Jahren, sind also in der Pubertät.

In diesem Alter sind Jugendliche sehr kritisch eingestellt gegenüber allen festgefahrenen Meinungen. Sie realisieren, daß bei ihren Eltern Vorurteile bestehen gegenüber Minderheiten ihrer Altersgruppe (Langhaarige, Rocker, Fremdarbeiterkinder). Gegen diese Vorurteile lehnen sie sich auf und beginnen nach Argumenten zu suchen, um diese Vorurteile zu entkräften. Allgemein ist eine sehr kritische Haltung gegenüber Gemeinplätzen festzustellen, alles wird stark hinterfragt. (Zu dieser Einschätzung kam ich in meiner vierjährigen Arbeit als Lehrerin bei Jugendlichen dieser Altersstufe.) Es wäre interessant zu verfolgen, inwieweit diese kritische Haltung beibehalten wird, oder ob sie in der Einpassungsphase in den Arbeitsprozeß nicht wieder einer angepaßteren Haltung weicht.

Aus dieser Protesthaltung gegenüber Vorurteilen der Erwachsenen ist vielleicht auch zu verstehen, warum die Situation der Hilfsschüler fast zu rosig gesehen wird. Obwohl vielleicht sehr wohl anerkannt wird, daß Hilfsschüler als «dumm» angesehen werden, haben sich viele Schüler dagegen gewehrt, dies zu anerkennen und deswegen in der Assoziationliste «nicht dumm» hingeschrieben. Wie weit solche Mechanismen des Protests in diese Untersuchung hineingespielt haben, kann ich nicht beurteilen.

Die schlechten Zukunftschancen der Hilfsschüler werden in den Assoziationen nur von wenigen Schülern erwähnt. Auch im Fragebogen schätzen nur 50% der Schüler die Lehrstellen-Angebots-Situation für Hilfsschüler schlecht ein.
Es wäre denkbar, daß hier die Verdrängung der eigenen Ängste angesichts der immer kritischer werdenden Lehrstellensituation mitspielt.

Pädagogische Postulate

Gemeinsame Unternehmungen mit Hilfsklassen
Da unter den befragten Oberstufenschülern sehr wohl die Bereitschaft besteht, Gemeinsames mit Hilfsklassen zu unternehmen, liegt es wohl an den entsprechenden Lehrern, hier die Initiative zu ergreifen. Die allmonatlich stattfindenden Wandertage werden terminlich schulhausintern geregelt. Wo Hilfsklassen gemeinsam mit Normalklassen untergebracht sind, braucht es keinen großen Aufwand, um gemeinsam mit einer Hilfsklasse eine Monatswanderung zu unternehmen. Der Anstoß dazu sollte wohl eher vom Normalklassenlehrer her kommen, der auch mit seiner Klasse über das Ziel der Unternehmung reden sollte. Auch die Schulreise gemeinsam zu planen und zu unternehmen, sollte keine großen organisatorischen Probleme bieten. Vielleicht entstehen bei solchen gemeinsamen Unternehmungen Spontanbeziehungen zwischen Hilfsschülern und Normalschülern, die über den Schulbereich hinausreichen. Diese dienen sicher der Integration von in irgendwelcher Form behinderten jungen Menschen.

Gemeinsamer Unterricht
Warum sollten Sonderlehrer und Normalklassenlehrer nicht einmal gemeinsam ein Projekt für den Deutsch- oder den Sachunterricht vorbereiten? Die Resultate und gefundenen Ergebnisse, also alle schriftlichen Arbeiten oder Vorträge, könnten in den beiden Klassen ausgetauscht werden. Daß es möglich ist, Lernbehinderte in den Kunstfächern (Zeichnen, Singen, Werken) und im Turnen in Normalgruppen zu integrieren, um ihnen ein breites Feld an sozialen Beziehungen anzubieten, deuten die Untersuchungsergebnisse an. Es wurden im Kanton Basel-Land verschiedene Bestrebungen in dieser Richtung unternommen. Eine Schülerin der vierten Realklasse findet dazu:
«Ich fände es gut, wenn es Klassen gäbe mit Hilfskläßlern und Realschülern, wenn auch nur in bestimmten Fächern wie Turnen, Singen und Werken.» (Mädchen, vierte Real., 15 J.)

Zu b): (S. 121)
Auch KLEIN (1985, 131) relativiert die nach seiner Meinung etwas überbewertete Stigmatisierungstheorie im Zusammenhang mit Sonderschuleparation, weist aber in seinen *freien Befragungen* von Sonderschülern *(Erlebnisaufsätze, Gespräche)* doch auch auf ihre Stimatisierungserlebnisse hin.

Daß Schüler der Schule für *Lernbehinderte* unter ihrem Status erheblich leiden, ist vor allem *in den höheren Klassen* zu beobachten. Folgende Texte, von Schülern einer neunten Klasse der Schule für Lernbehinderte geschrieben, belegen beispielhaft, wie einzelne Schüler die Stigmatisierung erleben.

«Spotten über die Sonderschüler»
Wenn ich an der Realschule immer nach der Schule vorbeifahre, dann tu ich immer meine Jacke vors Gesicht oder drücke mich. Wenn wir an den Hauptschülern vorbeifahren, zei-

gen sie auch immer auf uns. Gegenüber von unserer Bushaltestelle ist eine Haltestelle für den Linienbus. Da steigen auch immer Hauptschüler und Realschüler ein. Dann sagen sie oft: ‚Au, da drüben sind ja Sonderschüler.' Oder wenn ich bei meinem Freund bin, und seine Oma gerade sagt: ‚Morgen hast du Erdkunde', dann sagt er auch manchmal: ‚In welche Schule gehst du, Uwe?' Dann lenke ich ihn immer irgendwie ab. Z.B. sage ich: ‚Was machst du morgen?' Dann sagt er: ‚Bist du in einer Hauptschule?' Dann sage ich immer: „Ja, ja.' Und dabei werde ich immer ganz rot.

Oder, wenn mich mein Freund mal von der Bushaltestelle abholt, dann sag' ich auch immer: ‚Komm schnell!', weil bei unserer Bushaltestelle ist ein körperbehindertes Kind, und wenn er das Kind sehen würde, wie es aus dem Bus aussteigt, wo ich ausgestiegen bin, dann denkt er, daß ich auch ein Behinderter bin.»

«*Wie man über die Sonderschüler lästert*

Meine Verwandtschaft durfte nicht wissen, daß ich in die LB-Schule gehe, und wenn wir an der Schule vorbeigelaufen sind, dann hat meine Verwandtschaft gefragt: ‚Was für eine Schule ist das?' Ich weiß nicht, wer das meiner Verwandtschaft gesteckt hat. Ich wurde immr rot, wenn sie mich sahen, und ich hatte Angst, meine Mutter sagt es meiner Verwandtschaft.

Dann hat meine Mutter und meine Verwandtschaft geredet über die Sonderschule, und sie haben gut über die Schule gesprochen.»

Bei Gesprächen mit *ehemaligen Sonderschülern,* die in die Hauptschule *rückgeschult worden waren,* stellte Ulrike SAREMBA (1984, 30ff.) die Frage: «Wie erlebtest Du die Sonderschule?» In den Antworten dieser ehemaligen Sonderschüler erschien die Schule für Lernbehinderte in einem *wesentlich positiveren Licht.*

Einige Aussagen der Schüler:

«Ich habe wieder gern gelernt und bin gerne zur Schule gegangen... Die Zeit in der Sonderschule war meine schönste Schulzeit.»

«Die Sonderschule war für mich wichtig... Die Sonderschule hat Grundkenntnisse für die Hauptschule geschaffen. Aber mein Ziel war immer, da weg zu kommen. Mich hat nie jemand ausgelacht... Sie haben es jedenfalls nicht gezeigt.»

«Unter der Sonderschule habe ich nicht gelitten. Sie hat mir in meiner Entwicklung geholfen.»

«Zum Lernen bin ich gern hingegangen, von den Schülern her nicht so. Einige waren mir zu frech. Sie hatten ein blödes Verhalten untereinander.»

«Geschämt habe ich mich schon ein bißchen. Arg schlimm war es aber nicht.»

Zu c): (Grafik S. 121)

E. HÖHN (1967) hat mit der *Bildaufsatzmethode* (mit dem Einsatz der Bilder 1 und 3 des Thematic Apperception Tests von MURRAY) sogenannt *projektive Verfahren* zur Erschließung von Einstellungen von Regelklassenschülern zu schulschwachen Mitschülern eingesetzt. Der Einsatz der Bilder geschah mit der einschränkenden Anweisung (in Abweichung vom Originalverfahren nach MURRAY), dazu eine Geschichte über einen schlechten Schüler (eine schlechte Schülerin) zu schreiben.

Die Methoden *a bis c* (Grafik S. 121) bleiben eingeschränkt auf die Erfassung von *Zustandsbefunden.* Die Labelingtheorie zeigt Möglichkeiten auf, die *Prozesse* bzw. die Entwicklungsverläufe zu erfassen. Dazu ist die Integration verschiedenartiger Forschungsmethoden notwendig (s. 4.2).

Zu e): (Grafik S. 103)
Ein Beispiel des Einbezugs von *Einzelfallstudien* in sozialpsychologische Forschungsstrategien bei Lernbehinderten wird unter 4.3 dargestellt.

4.2 Das **Stigmatisierungs-Labeling-Approachmodell** (Grafik S. 133, c)

In diesem Modell wird die statusorientierte Vorurteilsforschung in die Prozeßforschung integriert. WEIGERTS (1987, S. 138) Modell stellt sieben Entwicklungsstufen und die zuzuordnenden Interventionen zur Durchbrechung des Ablaufs dar.

WEIGERT 1987: *Das Stigmatisierungs-Labeling approach-Modell*
Die Erklärungen WEIGERTS zu den sieben Stufen stehen in einem deutlichen Bezug zu soziokulturell bedingten Devianzen.

Zu (1): *Diskrimination von Schülern durch Normbezug*
Eine Vorbereitung der Stigmatisierung kann in einem ausschließlichen Bezug auf leistungsorientierte Mittelschichtverhaltensnormen gesehen werden:
- fleißiges, aufmerksames, ausdauerndes, allgemeininteressiertes Leistungsverhalten, das ab der Einschulung erwartet wird
- diszipliniertes diskretes, ruhiges, reflexives Sozialverhalten.

Die besondere Empfindlichkeit von Lehrern für aggressive und hypermotorische Auffälligkeiten einzelner Schüler könnte sich z.B. an der Zahl der Überweisungen an schulpsychologische Dienste ablesen lassen.

Zu (2): *Feststellen von Abweichungen*
Die Devianzregistrierung bezieht sich auf den Normbezug nach 1, und wird unterstützt durch die Feststellung weiterer Auffälligkeiten, wie etwa ungepflegte Kleidung, verminderte Körperpflege oder Unregelmäßigkeiten im Schulbesuch, welche den Zuschreibungs- und Etikettierungsprozeß vorbereiten.

Zu (3): *Zuschreibungs- bzw. Etikettierungsprozeß (Diskreditierung)*
In dieser Phase fixieren sich die stigmatisierenden Zuschreibungen zu Meinungen und Einstellungen in der Form von Pseudodiagnosen, die auf Alltags- und Klischeetheorien beruhen, aber auch auf psychologischen Begutachtungen ohne Darstellung von pädagogischen und sozialpsychologischen Veränderungsstrategien.

Zu (4): *Ausweitung-Generalisierung*
Das als Halo-Effekt (Hof-, Überstrahlungs-, Perseverationseffekt) bezeichnete Geschehen besteht darin, daß die Etikettierungen, bzw. Ein-

	STADIUM	INTERVENTIONEN	
1	NORMEN Verhaltens-, Sanktions- und Organisationsnormen	Normenkorrektur Abbau von Sachzwängen Soziale, kulturelle und sprachliche Toleranz Divergenztoleranz Lernmotivierung Soziabilitätsförderung	PRIMÄRE PRÄVENTION
2	ABWEICHUNG "Auffälligkeiten" Abweichung von schulischen Normen	Subsidiäre Hilfsangebote Ausgleichende Erziehung Tutorialprinzip Korrektur, Ergänzung von Lücken	
3	DISKREDITIERUNG (STIGMA/ETIKETT) "Leistungsversager" "Intelligenzgeminderter" "Verhaltensgestörter"	Fördererziehung Remediale Erziehung	SEKUNDÄRE PRÄVENTION
4	GENERALISIERUNG Halo-Effekt Stereotypisierungen Implizite Theorien Verzerrte Schülerbeurteilungen Benachteiligte Interaktion	Einstellungsänderungen Lehrertraining Organisatorische Maßnahmen	
5	STIGMA-DURCHSETZUNG (LABELING-APPROACH) "Sitzenbleiber" Intelligenztest, Sonderschul- aufnahme, "Sonderschüler"	Vorurteilsabbau Lernbehinderungen als Unterrichtsgegenstand Neue Lebensperspektiven	TERTIÄRE PRÄVENTION
6	STIGMA-AKZEPTIERUNG Rollenverlust Selbstbildwandel Neue beschädigte Identität	Interaktion Integration Stigma-Management	
7	SEKUNDÄRE DEVIANZ Analphabetismus Randgruppensituation Reproduktion der Ausgangslage	Alphabetisierung Arbeitsvermittlung Wohnraumbeschaffung Sozialmedizinische Prävention	

Abbildung 26: Verlaufsschema eines schulischen Stigmatisierungsprozesses

drucksschablonen der dritten Stufe auf neue Beurteilungen übertragen werden und zu ungerechtfertigten Aussagen und Pauschalurteilen führen.

Bekannt ist etwa die zu schlechte Beurteilung von Leseversagern in Rechenleistungen (GRISSEMANN 1974). Weitere Beispiele: Schüler, die aufgrund gewisser Vorkommnisse als aggressiv etikettiert wurden, werden in undurchsichtigen Fällen auch wieder als aggressiv beurteilt und als allgemein aggressiv gesehen. Bei ungepflegtem Äußern wird leicht erzieherische und innere Verwahrlosung angenommen.

Versäumte Aufgaben eines Kindes nach einem Familienstreit werden als Indiz einer broken-home-Situation verstanden und zur generalisierten Erklärung von Leistungsversagen verwendet. Auf dieser Prozeßstufe finden wir eine psychologische Bequemlichkeit mit Alltagstheorien als Grundlage der Generalisierung und die verzerrte Wahrnehmung mit negativen Erwartungshaltungen.

Zu (5): *Stigma-Durchsetzung*
Die Weiterentwicklung der Stigmatisierung wird in diesem Modell in der aktenmäßigen Registrierung in verschiedenartigen institutionellen Ritualen gesehen. Dies können sein:
- Remotionsbeschlüsse von Schulbehörden
- Verweise von Behörden an Schüler und Eltern
- schulpsychologische Begutachtung mit IQ-Akteneintragung und diagnostischen Kurzformeln, die nicht als Arbeitshypothesen und nicht als Impulse zur Interventionsplanung verstanden werden
- die Sonderklassenüberweisung als Separationsbeschluß mit der vielseitigen Attestierung der Sonderklassenbedürftigkeit
- der Abgang der neuen Sonderkläßler aus den Regelklassen unter ungünstigen Umständen unter dem Eindruck der Reaktionen der frustrierten und z.T. provozierten Schüler.

Zu (6): *Stigma-Akzeptierung*
Auf dieser Entwicklungsstufe beginnt sich das Selbstbild des Stigmatisierten und Etikettierten zu verändern:
- Er glaubt an die vorgehaltene/festgestellte/«diagnostizierte» Andersartigkeit.
- Die Selbstdefinition verändert sich aufgrund der suggerierten Fremddefinition.
- Die damit verbundene negative persönliche Erwartungshaltung ist Folge dieser beschädigten Identität.
- Es entwickeln sich immer auch Abwertungs- und Umwertungsstrategien und Kompensationen im Sinne von ADLER, je nach intakter psychischer Vitalität, die wieder zu neuen Konflikten, Stigmatisierungen, Stigmafixierungen und Stigmaakzeptierungen führen können.

Zu (7): *Sekundäre Devianz*
Auf dieser Stufe werden im Modell mögliche Spätentwicklungen nach Abschluß der Schulpflicht mit neuen Devianzfeststellungen, Stigmatisierungen und analogen Folgen wie während des Schulalters dargestellt.

Funktionaler Analphabetismus ist ein drastisches Beispiel für eine Variante schweren Schulversagens im Sinne von Schwerstlegasthenie, bei fehlender fachgerechter Förderung mit dem Ablauf der Stufen des Stigmatisierungsprozesses. Dazu kommt dann die soziale Ausgrenzung durch die schwere schriftsprachliche Kommunikationsstörung mit ihren Lebensgestaltungsbehinderungen. Die *Arbeitslosigkeit* als Stufe der sekundären Devianz nach Modell von WEIGERT, aufruhend auf vorurteilsbedingten Selektionsprozessen gefolgt von neuen Frustrationen, Verschlechterungen des Selbstbildes, Ressentiments und asozialen Abwehrmechanismen bedingt eine Randgruppensituation mit Kontakten zu verschiedensten Randexistenzen und der Gefahr der progredienten sozialen und existentiellen Ausgrenzung.

Das Modell, das in dieser Bedeutung nicht überinterpretiert werden darf und in den verschiedenen Stufen ständig pädagogisches Versagen einkalkuliert, ist neben seiner Funktion der Animation einer sonderpädagogischen Diagnostik, welche sich auch sozialpsychologisch orientieren sollte, besonders geeignet, zugeordnet zu den verschiedenen Stufen die *pädagogischen Präventions- und Interventionsmöglichkeiten* zu artikulieren. Dabei stehen Lehrertrainings zum Aufbau von Normtoleranz und zum Vorurteilsabbau im Vordergrund (s. S. 138, 139).

4.3 Eine kasuistische Betrachtung zum Stigmatisierungsproblem
(Grafik S. 133, e)

Wir stellen hier einen Fall zur Diskussion, der vielseitige Hinweise zur Stigmatisierungsproblematik gibt. In der schulpsychologisch-kinderpsychiatrischen Begutachtungspraxis würde hier mit der diagnostisch etikettierenden Beurteilung ein psychoorganisches Syndrom mit Teilleistungsstörungen und einer schriftsprachlichen Aneignungsschwäche sowie partieller infantiler Emotionalität festgestellt.

Aufgabe:

- Stellen Sie die Stigmatisierungsbedingungen und -situationen zusammen.
- Beachten Sie die Bedingungen, die durch die partielle emotionale Infantilität gesetzt sind.
- Was hat den Labeling approach nach WEIGERT blockiert?
- Welche Vermutungen lassen sich angesichts dieses Berichtes aufstellen über die didaktischen, bzw. pädagogisch-therapeutischen Maß-

nahmen in der Sonderschule bezüglich der ausgesprochenen Leseschwäche? Setzen Sie Monikas Aussage «Ich kenne die Buchstaben schon, aber wenn ich ein Wort lese, klebe ich richtig fest» in Beziehung zu Lesemodellen und den daraus ableitbaren Förderkonsequenzen (s. z.B. GRISSEMANN 1986b, 48/49, 54, 164f.).
- Nehmen Sie Stellung zu den Bemühungen zur Erreichung des Hauptschulabschlusses (der anscheinend dominanten Integrationsvariante in Deutschland).

Der Fall Monika zum Stigmatisierungsproblem (KLEIN 1985, 110f.)

Die zum Zeitpunkt der Berichterstattung 15jährige Monika besuchte im neunten Schuljahr die Sonderschule für Lernbehinderte. Ihre um drei Jahre ältere Schwester absolviert zu diesem Zeitpunkt eine kaufmännische Lehre. Die Familie besitzt ein Eigenheim, das zu einem großen Teil mit Eigenarbeit erbaut worden war. Der Vater ist Maschinenschlosser; die Mutter ist als Hausfrau tätig und bemüht sich intensiv und konsequent um das lernbehinderte Mädchen. Die schulische Entwicklung ist gekennzeichnet durch die Sensibilität der Mutter für die psychische Stigmatisierung des Mädchens und die davon vermutlich stark beeinflußte Sensibilität des Mädchens in diesem Bereich. Im Zusammenhang mit dieser Stigmatisierung ist die starke Zuwendung der Mutter zu den Leistungen des Mädchens in intensiven häuslichen Nachhilfebemühungen zu beachten. Integration in die Regelschule, Schaffen des Hauptschulabschlusses sind die Zielsetzungen der Mutter, in die sich das willige Kind einbeziehen läßt.

Nach einer zuerst unauffälligen Frühentwicklung zeigten sich mit vier Jahren epileptische Anfälle, die zur medizinischen Erfassung und medikamentösen Behandlung führten. Schon in den ersten Einschulungswochen hatte das Mädchen in allen Fächern Lernschwierigkeiten. Nach einer Hirnhautreizung mit sieben Jahren wurden im Lesen besondere Lernschwierigkeiten beobachtet und im Zusammenhang mit den festgestellten Verwechslungsfehlern als Legasthenie gedeutet.

Wir entnehmen nun KLEINS Darstellung einen Auszug aus den Aussagen der Mutter, einen Teil des Gesprächs mit Monika und Aussagen des Lehrers.

Aus dem Gespräch mit der Mutter:

Nachdem Monika die erste Klasse wiederholt hatte, machten ihr *ständige Hänseleien* zu schaffen, sowohl in der Klasse als auch aus der Nachbarschaft. Besonders *verbittert ist die Mutter auch gegen die Grundschullehrerin,* die anscheinend kein Verständnis für Monikas Krankheit zeigte, sondern ihre schlechten Diktate immer mit roter Farbe durchstrich. Diese ständigen Entmutigungen seien für das sensible Kind nicht gut gewesen, und sie sei immer ängstlicher geworden und nur noch ungern zur Schule gegangen.

Ende der zweiten Klasse wurde auch auf Initiative der Mutter die Überprüfung auf Sonderschulbedürftigkeit durchgeführt. Die Mutter hatte erkannt, daß der Abstand zu den Leistungen der Mitschüler immer größer wurde und Monika in den zwei Jahren Grundschule eigentlich nichts gelernt hatte. Monika habe sich geweigert, in die Sonderschule zu gehen, weil sie sich vor den anderen Kindern schämte. Sie, Frau A., hätte ihr erst gut zureden müssen.

Einstellung zur Sonderschule: «Eigentlich habe ich nichts gegen die Sonderschule. Aber man bekommt dort sofort den Behindertenstempel aufgedrückt.» Diese Äußerung machte Frau A. während des Gesprächs mehrere Male. Sie habe ihre Tochter immer vor den Hänseleien der Leute schützen wollen, habe dies aber nicht geschafft. *Keines der Nachbarskinder hätte nach der Umschulung mehr mit Monika gespielt.* Im Schulbus hätte sich auch kein Grundschüler neben sie gesetzt.

Frau A. möchte, daß Monika den Hauptschulabschluß schafft. Sie will jeden Nachmittag mit Monika lernen. «Jetzt haben wir das neun Jahre geschafft, jetzt schaffen wir auch noch den Schluß.» Aus all diesen Äußerungen läßt sich schließen, daß Frau A. die ganze Zeit *hart mit dem Mädchen gearbeitet* hat. Immer wieder kommt auch die Verbitterung durch, die sie für ihre Umwelt empfindet. «Sie haben es uns so schwer gemacht!» (Nachbarn, Mitschüler...) Sie gibt aber auch zu, daß sie inzwischen *überempfindlich auf Hänseleien reagiert.*

Aus dem Gespräch mit Monika:

Zeit der Einschulung: Monika fühlte sich *von Anfang an sehr unwohl in der Klasse.* Sie merkte, daß sie langsamer war und schlechter begriff wie die anderen Kinder. Manchmal kam sie weinend von der Schule, weil andere Kinder sie *gehänselt* hatten, und die Mutter tröstete sie dann. Auch ihre früheren Spielkameraden aus der Nachbarschaft *lachten sie aus,* als sie die erste Klasse wiederholen mußte. Nachdem sich ihre Leistungen in der zweiten Klasse nicht besserten, wurden verschiedene *Tests* gemacht. Dazu wurde Monika mehrere Male aus dem Unterricht herausgeholt. «Ich *schämte mich.* Die anderen Kinder wußten, was mit mir gemacht wurde. Sie haben mich gefragt, wann ich in die Hilfsschule kommen würde. Weil ich mich so geschämt habe, habe ich sie belogen. Wartet nur, ich komme wieder. Doch nach einer Woche wußten es alle.» An den Test selber erinnert sie sich nur wenig, außer daß sie sehr nervös war und Angst hatte, etwas falsch zu machen.

Als Monika wieder weinend nach Hause kam, nahm sie die Mutter in den Arm und tröstete sie: «Jetzt wird es bald besser, wenn Du in eine andere Schule kommst.»

Nach ihrer Umschulung in die dritte Klasse der Schule für Lernbehinderte: «Da hat mir die Schule *zum ersten Mal richtig Spaß* gemacht. Die Lehrerin, Frau L., hat nie geschimpft und oft Belohnungen verteilt.»

Schule, Lernen: «Ich lerne auf jede Arbeit. Habe noch nie eine vergessen. Am liebsten ist es mir, wenn ich alles auswendig lernen kann. Wenn ich etwas nicht kann, bin ich aufgeregt und habe Angst. Dann stehe ich nachts auf und schaue mir die Aufgaben an.» Deutsch empfindet sie noch immer als das schlimmste Fach. Sogar Mathematik macht sie lieber. *Lesen ist ihr ein Greuel,* wie sie sagt. Sie liest nie freiwillig. «Ich lese nur das Nötigste. *Ich kenne die Buchstaben schon. Aber wenn ich ein Wort lese, klebe ich richtig fest. Ich lese es immer wieder von vorne,* komme nicht weiter.» Auch bei Lückentexten im Sachunterricht hat sie Schwierigkeiten, weil sie so langsam liest. «Vorlesen ist mir das Schlimmste, da kriege ich nasse Hände.» In Mathematik machen ihr Rechnungen, bei denen sie das Schema, die Formel, kennt, keine Schwierigkeiten. Umrechnungen und Textaufgaben kann sie nicht gut. «Ich weiß nie, was gefragt ist.» Ihre Lieblingsfächer sind Handarbeit und Werken. Sie strickt auch sehr gut.

Aus dem Gespräch mit Monikas Lehrer:

Herr L. beschreibt Monika als unauffällige Schülerin. Sie wirkt für ihre 15 Jahre *noch sehr kindlich*. Ihre langen Zöpfe läßt sie sich jeden Morgen von ihrer Mutter flechten. Überhaupt scheint die Mutter noch die engste Bezugsperson zu sein. Die Meinung ihrer Eltern befolgt sie ohne Widerspruch. Die anderen Mädchen ihrer Klasse zeigen momentan reges Interesse am anderen Geschlecht. Auch ihre Aufmachung (enge Jeans, Schminke, Stöckelschuhe) wirkt recht provozierend. Monika scheint daran noch nicht interessiert. Sie *belächelt ihre Mitschülerinnen* und *macht sich dadurch zum Außenseiter.*
Zu ihren schulischen Leistungen: Monika ist eine sehr ordentliche Schülerin. Sie versucht ihre Aufgaben immer richtig zu machen. Fleißig lernt sie sogar in der Pause. Die Eltern sind an ihrem schulischen Weiterkommen sehr interessiert.

Die Mutter setzt sich jeden Nachmittag zu Monika, um mit ihr zu üben. Nach wie vor hat sie jedoch große Schwierigkeiten in den Fächern Mathematik und Deutsch. Im Fach Mathematik kann sie Aufgaben, die nach einem Schema gelöst werden, sehr schnell rechnen. Sobald dieses Schema etwas verändert wird, etwa eine Textaufgabe anders formuliert wird und sich das mechanische Rechnen nicht mehr anwenden läßt, kann sie die Aufgaben nicht mehr lösen. Eine große Schwäche ist auch das Lesen. Sie liest sehr langsam und unsicher. Zu allen Tätigkeiten wie Schreiben, Lückentexte füllen oder ähnliches benötigt sie sehr viel Zeit. Wenn sie diese zusätzliche Zeit nicht bekommt, reagiert sie mißmutig und leicht deprimiert. Ihre Schwächen versucht sie durch angelerntes (auswendig) Wissen zu kompensieren.

4.4 Pädagogische Maßnahmen im Hinblick auf Stigmatisierung und Labeling approach

Wir versuchen hier, im Hinblick auf das Prozeßmodell von WEIGERT (s. S. 133) eine Übersicht über Maßnahmen darzustellen, die sich gliedern in schulische Interventionen in Regel- und Sonderklassen und Inhalte der Aus- und Fortbildung von Lehrern:

Stufen (nach dem Modell von WEIGERT)	Schulische Interventionen (s. auch S. 110-117)	Lehrerausbildung und -fortbildung
1 und 2: normative Diskrimination Registrieren von Abweichungen und Sequenzierung	vermehrte Berücksichtigung kriterien-, statt normorientierter (streuungsorientierter) Prüfverfahren Kreativitätsförderung bei Schülern aller IQ-Stufen Verstärkung im Bereiche spezifischer Begabungen Abbau des Gewichts der Rechtschreibung in der Deutschnote (höchstens 20%) Einrichtung von klasseninternen Förderstunden ohne Therapiecharakter: flexibel, kurzfristig, intensiv	Auseinandersetzung mit Kreativitätstheorien Realisieren von Individualisierung pragmalinguistische Deutschdidaktik förderungsorientierter Diagnostik bzw. Relativierung der objektivistischen Prüftheorie Fördermethoden und Fördermaterialien für den Regelklassenlehrer im Sinne der «Sonderpädagogik in der allgemeinen Schule» (s. S. 191-204)

Stufen (nach dem Modell von WEIGERT)	Schulische Interventionen (s. auch S. 110–117)	Lehrerausbildung und -fortbildung
3: Stigmatisierung Etikettierung	unterrichtliche Behandlung von Außenseiter-, Vorurteils- und Behinderungsproblemen insbesondere von Lernstörungen und Lernbehinderungen in Regelklassen im Deutsch-, Religions- und Sozialkundeunterricht	Auseinandersetzung mit: Alltagstheorien von Lehrern Veränderungstheorien zur Begabungsförderung Kooperationsstrategien zur Erarbeitung von Fördermaßnahmen mit Schulpsychologen und ambulanten Sonderpädagogen
4 und 5: Generalisierung Stigma-, Durchsetzung		Auseinandersetzung mit sozialpsychologischen Theorien: Selektion und Verzerrung der Wahrnehmung bei Beobachtungs- und Beschreibungsfehlern Erklärungs- und Beschreibungsfehler Konfliktlösungsstrategien Lehrertrainings: Verhalten in Konfliktsituationen Erarbeiten von Förderplänen im Teamwork
6: Stigma-, Durchsetzung	Animation der Identitätsbildung bei schulschwachen Schülern (s. S. 157, 158)	Auseinandersetzung mit sonderpädagogischen Integrationstheorien unter besonderer Berücksichtigung der Pseudointegration (s. S. 182–187)
7: sekundäre Devianz	Maßnahmen zur Rehabilitation von Schwerstlegasthenikern in Sonderklassen, zur Prävention von funktionalem Analphabetismus Organisation von Förderkursen in der Berufsbildung für (ehemals) schulschwache Schüler, insbesondere im Hinblick auf schriftsprachliche Aneignungsstörungen	

5. Wovon hängen die Berufschancen Lernbehinderter ab?

Die Berufschancendiskussion orientiert sich hier an folgenden Kriterien:
- berufliche Entwicklung von Hilfsschülern vor Einführung des Werkjahres zur Berufsvorbereitung
- Auswirkung des Werkjahres als neuntes oder zehntes Schuljahr
- Lebensgrundschulung als Beitrag zur Erhöhung der Berufschancen
- Maßnahmen in Abschlußklassen zur Optimierung der Berufsfindung

5.1 Statistische Angaben über die berufliche Entwicklung von Hilfsschulabsolventen

a) Die folgenden Angaben, die sich auf die Entlassungsjahrgänge 1955 und 1962 in Deutschland beziehen, verweisen auf den Hauptanteil der ungelernten Hilfsschüler in einer *ungelernten Berufstätigkeit.*

Tabelle 26: Situation *BRD 1955 und 1962* (In: KAISER 1967)

Nach einer sehr umfassenden Erhebung von Wilhelm SCHADE waren 1962 in der Bundesrepublik Deutschland die männlichen Absolventen einer Hilfsschule mit achtjähriger Schulpflicht wie folgt eingegliedert:

Entlassungsjahrgang 1955
im gelernten Beruf	264 = **19,6** %
im angelernten Beruf	91 = 6,8 %
im ungelernten Beruf	769 = 57,1 %
nicht berufsreif und nicht berufstätig sind	18 = 2 %
keine Unterlagen können beigebracht werden von	196 = 14,6 %
Mithilfe im häuslichen Betrieb	8 = 0,6 %
beschützende Werkstatt	1 = 0,06 %

Entlassungsjahrgang 1962
im gelernten Beruf	110 = **13,2** %
im angelernten Beruf	78 = 9,4 %
im ungelernten Beruf	508 = 61,1 %
nicht berufsreif und nicht berufstätig sind	17 = 2 %
keine Unterlagen können beigebracht werden von	114 = 13,7 %
Mithilfe im häuslichen Betrieb	3 = 0,6 %
beschützende Werkstatt	1 = 0,1 %

Bei den Mädchen zeigt sich folgendes Bild:

Entlassungsjahrgang 1955
im gelernten Beruf	18 = 2 %
im angelernten Beruf	66 = 7,2 %
im ungelernten Beruf	513 = 55,8 %

nicht berufsreif und nicht berufstätig sind	36 =	4 %
keine Unterlagen können beigebracht werden von	267 =	29 %
Mithilfe im häuslichen Betrieb	20 =	2,2 %

Entlassungsjahrgang 1962

im gelernten Beruf	7 =	1,2 %
im angelernten Beruf	20 =	3,5 %
im ungelernten Beruf	306 =	53,8 %
nicht berufsreif und nicht berufstätig sind	26 =	4,6 %
keine Unterlagen können beigebracht werden von	202 =	35,5 %
Mithilfe im häuslichen Betrieb	8 =	1,4 %

b) Exemplarisch für die *Entwicklungen nach Einführung des sogenannten Werkjahres* stehen hier Angaben aus der *Region Zürich*. Zum Verständnis dieser Entwicklung muß man die Ausführungen von KAISER (1967) zum Konzept des zürcherischen Werkjahres berücksichtigen. KAISER umschreibt den damaligen, von den Geschlechtsrollenklischees abhängigen Lehrplan folgendermaßen:

Der *Werkunterricht für die Knaben* umfaßt Arbeiten mit den Grundstoffen Holz und Metall sowie den Werkstoffen des Baugewerbes und des Malers. Die Schüler wechseln nach 10–12 Wochen den Werkstoff. Sie müssen mit mindestens zwei Werkstoffen gearbeitet haben, können sich aber noch in ein drittes Werkstoffgebiet einarbeiten. Im letzten Quartal arbeiten sie in dem Werkstoffgebiet, das ihren Neigungen und Eignungen am nächsten liegt.

Im *Mädchen-Werkjahr* wird mit Papier, Karton, Holz, Leder, Textilien, verschiedenen Kunststoffen und in allen dazu gehörenden Kulturtechniken wie Spinnen, Weben, Färben, Hand- und Industriemaschinennähen, Schneiden, Formen usw. gearbeitet. Dabei wird die Technik der Maschinenarbeit besonders gepflegt. Für Hauswirtschaft, Kochen und Gartenarbeit sowie für «pflegerische Arbeiten» ist fast ein Drittel der Unterrichtszeit reserviert.

Den Werkunterricht am Mädchen-Werkjahr erteilen Lehrkräfte der Volksschule mit fachlich und heilpädagogisch zusätzlicher Ausbildung, denjenigen am Knaben-Werkjahr charakterlich geeignete, erzieherisch begabte, beruflich tüchtige Fachkräfte der entsprechenden Branchen.

Die Knaben arbeiten 31 Stunden in den Werkstätten, drei Stunden üben sie sich in der Technik des linearen Zeichnens, und acht Stunden besuchen sie allgemein bildenden Unterricht, der von Lehrkräften der Volksschule mit zusätzlicher heilpädagogischer, Ober-, oder Realschullehrer-Ausbildung erteilt wird. Die Mädchen arbeiten je acht Stunden in der «Werkstatt für das Schöne» und im Nähatelier, acht Stunden sind für allgemeinen Unterricht und Rhythmik bestimmt und 14 Stunden für Hauswirtschaft, Kochen, Gartenarbeit und «Pflege-Arbeit».

Entwicklung Region Zürich ab 1950, Auswirkungen des Werkjahres als Abschlußschuljahr zur Berufsfindung und Berufsvorbereitung (in E. KAISER a.a.O.).

Tabelle 27: Die Statistik über den Berufserfolg von rund 400 ehemaligen Werkjahrschülern der Schuljahre *1950-1954* zeigt nachfolgendes Bild:

schulisches Herkommen	Berufslehre mit Abschluß	Anlehre	geregelte Hilfstätigkeit
Hilfsschule	45%	30%	25%
Doppelrepetenten	73%	15%	12%
einfache Repetenten	82%	10%	8%
normaler Schulabschluß	85%	8%	7%

(Über die berufliche Beurteilung der Absolventen und Absolventinnen des Werkjahres geben die statistischen Angaben, Seite 176ff. Auskunft.)

Tabelle 28: Statistische Angaben über die Schülerschaft des Werkjahres in den Schuljahren *1964-1966*

		Jahreskurs 1964/65					
KNABEN Übertritt ins Werkjahr aus:	Hilfs- und So.-Kl.	6. Ab- schl.- Klasse	I. und II. Kl. Ober- schule	I. und II. kl. Real- schule	I. und II. Kl. Sek.- schule	Total	%
Anfangsbestand nach der Probezeit	81	27	89	40	10	247	
vorzeitig ausgetreten	-	3	7	2	2	14	
Absolventen	81	24	82	38	8	233	
Beurteilung:							
empfohlen für eine Berufslehre	17	13	42	28	7	107	**46**
bedingt empfohlen für eine Berufslehre	40	10	33	10	1	94	40,3
empfohlen f. eine Anlehre od. Hilfs- tätigkeit	24	1	7	-	-	32	13,7
MÄDCHEN:							
Anfangsbestand nach der Probezeit	18	9	11	1	3	42	
vorzeitig ausgetr.	3	1	2	-	1	7	
Absolventinnen	15	8	9	1	2	35	
Beurteilung:							
empfohlen für eine Berufslehre	-	-	3	1	2	6	17,1
bedingt empfohlen für eine Berufslehre	7	6	3	-	-	16	45,7
empfohlen f. eine Anlehre od. Hilfs- tätigkeit	8	2	3	-	-	13	37,2

Wahl der Tätigkeit:							
Berufslehre	2	1	4	1	1	9	25,7
Anlehre od. Hilfstätigkeit	13	7	5	–	1	26	74,3
weiterer Schulbes.	–	–	–	–	–	–	–
keine berufliche Tätigkeit	–	–	–	–	–	–	–

Gewählte Berufslehren, Anlehren und Beschäftiugngen nach Abschluß des Jahreskurses 1964/65

KNABEN

Berufslehren
1 Ätzer
1 Augenoptiker
4 Automechaniker
1 Auto- und Wagenlackierer
1 Bäcker
21 Bauschlosser
2 Bauspengler
2 Bootbauer
1 Briefträger
1 Buchbinder
1 Dreher
7 Elektromonteure
2 Elektrowickler
1 Fasser
2 Feinmechaniker
1 Galvanoplastiker
1 Gärtner (Topfpfl. u. Schnittblumen)
2 Gärtner
1 Gürtler
2 Herrencoiffeure
1 Herrenschneider
4 Heizungsmonteure
2 Industriespengler
8 Installateure (Gas und Wasser)
3 Isoleure
1 Kaminfeger

2 Karosseriesattler
6 Karosseriespengler
3 Köche
1 Konditor-Confiseur
2 Konstruktionsschlosser
4 Landwirte
14 Maler
3 Maschinengraveure
9 Maschinenschlosser
1 Maschinenzeichner
2 Matrosen
16 Maurer
5 Mechaniker
1 Metzger
7 Möbelschreiner
1 Obstverwerter
4 Offsetdrucker
1 Plandrucker/Heliograph
1 Plattenleger
3 Rechenmaschinen-Reparateure
2 Sanitärzeichner
3 Schreiner
2 Schriftenmaler
1 Stereotypeur
5 Tapezierer/Dekorateure
5 Verkäufer
3 Zimmerleute

Anlehren
1 Wagenlackierergehilfe
1 Buchbindergehilfe
1 Bürogehilfe
1 Forstgehilfe
2 Gärtnergehilfen
1 Glasbläsergehilfe
1 Heliographiegehilfe

1 Installateurgehilfe
3 IV-Anlehren
1 Maschinengraveurgehilfe
6 Postgehilfen
5 Bahngehilfen
1 Schalttafelbauer
1 Transportarbeiter
1 Verdrahter

Hilfstätigkeit
1 Heimgehilfe
2 Hilfsarbeiter
3 Laufburschen

2 Welschlandaufenthalte
3 weitere Schulbesuche
14 noch keine ständige Berufstätigkeit

c) Die *neuesten Angaben* über die berufliche Entwicklung der Absolventen des *Zürcher Werkjahres* müssen im Zusammenhang mit der neuen Gesetzgebung zur *offiziellen Installation der Anlehre* gesehen werden.
Wir entnehmen der Publikation von BROCH/BERNATH (1984):
- Die *begriffliche Unterscheidung* der Anlehre gemäß dem Bundesgesetz über die Berufsbildung von 1980 (BBG) von der Berufslehre (S. 6–8)

Anlehren (gemäß BBG):
Bei der Anlehre handelt es sich um eine ein- bis zweijährige, vertraglich geregelte berufliche Ausbildung, die sowohl einen praktischen als auch einen theoretischen Teil umfaßt, sich nach den Bestimmungen des BBG richtet und nach einem Besuch im Betrieb, juristisch «Augenschein» genannt, mit einem staatlichen Ausweis abgeschlossen wird.

Berufslehre (gemäß BBG):
Die Berufslehre ist eine zwei- bis vierjährige, vertraglich geregelte berufliche Ausbildung, die sowohl einen praktischen als auch einen theoretischen Teil umfaßt, sich nach den Bestimmungen des BBG richtet und nach einer Prüfung in einem reglementierten Beruf mit einem staatlichen Ausweis (Fähigkeitszeugnis) abgeschlossen wird.

Tabelle 29: Überblick über Merkmale von Anlehre und Berufslehre

Merkmale	Formen der beruflichen Bildung Anlehre	Berufslehre
Dauer	1-2 Jahre	2-4 Jahre
öffentlich-rechtlicher Charakter	Schule Anlehrvertrag BBG u.a. Gesetze (z.B. OR)	Schule Lehrvertrag BBG u.A. Gesetze (z.B. OR)
behördliche Genehmigung	notwendig	notwendig
Berufsbezeichnung	individuell	reglementiert
Ausbildungsziel	individuell und arbeitsplatzbezogen	reglementiert
Mindestanforderung bei Eintritt	Alter 15 Jahre	Alter 15 Jahre
Ausbildungsreglement	individuelles Ausbildungsprogramm	geregelt
Ausbildungssystem	dual	mehrheitlich trial
Qualifiziertes Ausbildungspersonal	notwendig	notwendig
Abschlußprüfung	«Augenschein»	Lehrabschlußprüfung

Merkmale	Formen der beruflichen Bildung Anlehre	Berufslehre
Ausweis	amtlicher Ausweis	amtlicher Ausweis
Arbeit	Teilfunktionen, einzelne Arbeitsgänge	vollständiger Arbeitsprozeß
Fortbildungs-/Weiterbildungsmöglichkeiten	geringe	vielfältige

- Die *Voraussetzungen fur eine gesetzlich geregelte Anlehre* (S. 12/13).

Welche Voraussetzungen müssen gegeben sein, damit ein Anlehrverhältnis überhaupt dem BBG zu unterstellen ist? BBG Art. 20, Abs. 4 weist darauf hin, daß auch bei fehlendem Vertragsabschluß ein Anlehrverhältnis entstehen kann, welches den Vorschriften des Gesetzes unterliegt.

SCHÄR (1981, 21–25) nennt sechs begriffsnotwendige Merkmale:
1. (Minimale) Ausbildungsabsicht des Anlehrmeisters und Arbeit des Anlehrlings im Dienste des Anlehrmeisters, die mit der Ausbildung im Zusammenhang steht und nicht eine andere Gegenleistung erbringt (z.b. einen üblichen Hilfsarbeiterlohn).
2. Ausbildung im Hinblick auf einen bestimmten Beruf. Allerdings darf die Anlehre höchstens in praktische Teilbereiche eines reglementierten Berufes einführen, die aber eine angemessene Mannigfaltigkeit aufweisen müssen.
3. Dauer von mindestens einem Jahr.
4. Beschränkung auf Jugendliche im Alter von 15–20 Jahren.
5. Berufe der Industrie, des Handwerks, des Handels, des Bank-, Versicherungs-, Transport- und Gastgewerbes und anderer Dienstleistungsgewerbe sowie der Hauswirtschaft.
6. Befähigung zum Übertritt in einen anderen Betrieb gleicher Art.

Treffen alle diese Merkmale auf ein Arbeits- oder Ausbildungsverhältnis zu, so fällt es als Anlehrverhältnis unter das BBG. Entsprechend hat es die Vorschriften des Gesetzes zu erfüllen. Ist dies nicht der Fall, muß es angepaßt oder aufgelöst werden. Fehlt aber auch nur eines der Merkmale, so fällt es nicht in den Gültigkeitsbereich des BBG betreffend die Anlehre. Sogenannte «wilde Anlehren», d.h. nicht gemeldete Ausbildungsverhältnisse, die diese sechs Merkmale erfüllen, fallen somit ebenfalls in den Gültigkeitsbereich des BBG.

- Die *offenen curricularen Bedingungen zum obligatorischen Unterricht für Anlehrlinge* (S. 27–29).

Tabelle 30: Übersicht über Unterricht bei Anlehrlingen (DBK/SHG 1980, 7)

	1. Jahr	2. Jahr
Allgemeinbildung	160	160
Berufskunde	120	120
Turnen	40	40
	320	320
	1 Tag pro Woche	

Die Grundgedanken zur Lehrplangestaltung entnahm die Kommission dem Adult performance level (APL)-System (vgl. Kurzbeschreibung in WETTSTEIN/BROCH, 1979, 83-92). Danach wird der Unterricht nach Themenkreisen gegliedert. Diese Idee wird im folgenden am Beispiel der allgemein-bildenden Fächer erläutert.

«Hauptziel der Allgemeinbildung ist es, dem Anlehrling zu helfen, in Beruf und Privatleben sachgerecht und verantwortungsvoll zu handeln, um damit zu einer persönlich und sozial befriedigenden Daseinsbewältigung und Haltung zu gelangen» (DBK/SHG 1980, 11).

Tabelle 31: Beispiel Lehrplan Allgemeinbildender Unterricht

			Themenkreise					
			1. Arbeitswelt	2. Freizeit	3. Gemeinschaft	4. Konsumverhalten	5. Gesundheit	6. aktuelles Zeitgeschehen
Grundlegende Fähigkeiten	Werthaltungen bilden	1)						
	Lesen-Hören-Sehen-Bewerten	2)						
	Sprechen-Schreiben, Gestalten	3)						
	Rechnen	4)						
	Zwischenmenschliche Beziehungen	5)						
	Probleme lösen	6)						

Tabelle 32: Beispiel Lehrplan für den beruflichen Unterricht für Anlehrlinge im Fachgebiet METALL

		Themenkreise											
		Längenprüftechnik	Anreißen	Gewinde	spanende Formung	spanlose Formung	Verbindungen	Schweißen/Trennen	Wärmebehandlung	Korrosion	Oberflächenbehandlung	Maschinenelemente	Werkzeugmaschinen	Fertigen von Maschinen	Fördermittel	Elektrizität	Montage
	Rechnen/ Berechnen																
Grundlegende Fähigkeiten	Arbeitsverhalten Arbeitstechnik																
	Lesen Hören Sehen Verstehen																
	Sprechen Schreiben Zeichnen gestalten																
	Material-, Maschinen-, Werkzeug- kenntnisse																
	Probleme lösen																

1980 erfolgte die nachfolgend dargestellte *Neustrukturierung des Zürcher Werkjahres:*

Tabelle 33: Abteilungen des Zürcher Werkjahres ab 1980

Abteilung I (Knaben)	Abteilung II (Mädchen)	Abteilung III
Werkstätten für:	*Programm A*	*Büroklasse*
- Holzbearbeitung	- Kochen/Hauswirtschaftsunterricht	- Maschinenschreiben
- Metallbearbeitung	- Arbeit im Nähatelier	- Kopierverfahren
- Metallabteilung mit Fachrichtung Elektrizität/Elektronik	- Kunstgewerblicher Werkunterricht	- Formulare ausfüllen
- Baustoffe	- Werkunterricht mit Metall	- Kommunikationsmittel
- Farbe + Form		- Kassawesen/Buchführung
	Programm B	- Ordnungsprinzipien/Registraturarbeiten
	- Kochen/Hauswirtschaftsunterricht	- Einordnen/Ablegen
	- Arbeiten im Nähatelier	- Kontrolle/Planung
	- Kunstgewerblicher Werkunterricht	
	- Arbeiten im Dienstleistungssektor	
Jeder Schüler erhält semesterweise in zwei verschiedenen Fächern Unterricht	Die Schüler werden 10 Wochen in jedem Fach unterrichtet. Wahlweise Programm A oder B	Jahreskurs

Fächer für alle 3 Abteilungen:
- Berufsfindungsunterricht/Lebenskunde
- Berufsbesichtigungen
- Besprechen von aktuellen lebenskundlichen Fragen
- Nothelferkurs
- Klassenlager mit Projektunterricht

Allgemeinbildender Unterricht:
- Rechnen/Geometrie
- Sprache/praktische Übungen
- Bürgerkunde
- Maschinenschreiben
- Turnen und Sport

Fakultativer Unterricht:
- Französisch
- Englisch
- Algebra
- Kochen für Absolventen der Abteilung I+III
- Deutsch für Fremdsprachige
- Rettungsschwimmen Brevet I der SLRG
- Stützkurs für ehemalige Werkjahrschüler

Stellenplazierung von Absolventen des Zürcher Werkjahres nach gesetzlicher Regelung der Anlehre:

Werkjahr der Stadt Zürich 1984

Wie erfolgreich sind die Schüler/innen bei der Stellensuche? Eine kleine Statistik über die Erfolgschancen der Schüler/innen bei der Lehrstellen- und Stellensuche auf Frühjahr 1984.

Tabelle 34: Berufseinstiege von Absolventen des Zürcher Werkjahres 1984

	6. Kl.	SoB/E	Ober	Real	Sek	WJ/P	Total
Abt. I - Werkstattklassen							
Schülerzahl Ende Schuljahr	2	27	21	49	5	16	120
davon Berufslehre	1	7	17	43	2	6	76
davon Anlehre, Schule, geregelte Tätigkeit	1	18	3	5	2	8	37
noch nicht entschlossen		2	1	1	1	2	7
Abt. II - Individuelle Aufbauschule							
Schülerzahl Ende Schuljahr	3	20	15	12	9	6	65
davon Berufslehre		2	4	5	5	3	19
davon Anlehre, Schule, geregelte Tätigkeit	3	14	8	5	3	1	34
noch nicht entschlossen		4	3	2	1	2	12
Abt. III - Büroklassen							
Schülerzahl Ende Schuljahr	1	1	2	7	3	12	26
davon Berufslehre	1		2	5	3	6	17
davon Anlehre, Schule, geregelte Tätigkeit		1		2		3	6
noch nicht entschlossen						3	3

Gewählte Berufe

Lehren Abt. I: Autolackierer, Automechaniker, Autoservicemann, Autoersatzteilverkäufer, Bäcker, Karosseriespengler, Konditor, Elektromonteur, Geleisebaumonteur, Heizungsmonteur, Innendekorateur, Kellner, Konstruktionsschlosser, Landschaftsgärtner, Maschinenschlosser, Maschinenmonteur, Maschinenzeichner, Maler, Maurer, Metallbauschlosser, Metzger, Möbelschreiner, Papiertechnologe, Plattenleger, PTT-Betriebslehre, Sanitärinstallateur, Sanitärmonteur, Verkäufer, Werkzeugmaschinist, Zimmermann

Anlehren, geregelte Tätigkeit: Autoservicemann, Autospengler, Holzbearbeiter, Koch, Metallarbeiter, Radio- und Fernsehelektriker, Schreiner, Autolackierer, Automechaniker, Blattmacher, Geflügelzüchter, Hilfspfleger, Küchengehilfe, Maler, Pneumonteur, Schlosser, Metallarbeiter, Verdrahter, Verkäufer

Lehren Abt. II: Bürolehre, Coiffeuse, Damenschneider, Hotelfachassistentin, Köchin, Malerin, Papeteristin, Serviceangestellte, Verkäuferin, Zahnarztgehilfin

Anlehren, geregelte Tätigkeit: Bijouterie-Polisseuse, Büroanlehre, Coiffeuse, Haushaltlehrjahr, Krippenhilfe, Näherin, Photolaborhilfe, Schneiderin, Papeteristin, Spitalgehilfin, Verkäuferin, Welschland

Lehren Abt. III: Chem. Reiniger, Coiffeuse, Heizungsmonteur, Kaufm. Lehre, Kellner, Maschinenmonteur, Maurer, PTT-Lehre, Verkäufer, Zahnarztgehilfin

Anlehren, geregelte Tätigkeit: Bankanlehre, Handelsschule, Verkäufer

Aufgabe:

- Vergleichen Sie die beruflichen Ausrichtungen des Werkjahres in der Lehrplanbeschreibung von KAISER (1967) auf S. 141 mit den erreichten beruflichen Ausbildungen der drei Abteilungen Werkstattklassen für Knaben (I), Individuelle Aufbauschule für Mädchen (II) und die Büroklassen für Knaben und Mädchen (III).
- Erklären Sie die Veränderungen der Anteile Berufslehre/Anlehre von 1964 bis 1984.

d) Auch die interkantonale Übersicht (STURNY 1984, 70/71) über die *berufliche Entwicklung von Hilfsschulabsolventen in der Schweiz* zeigt die größeren Chancen von Absolventen des Werkjahres.

«Da keine gesamtschweizerische Studie zur Berufs- und Lebenserwartung ehemaliger Sonderklassenschüler vorliegt, müssen wir uns mit Einzelergebnissen begnügen.
SCHMID untersuchte in ihrer Diplomarbeit am Heilpädagogischen Seminar Zürich den Berufseinstieg von ehemaligen Hilfsschülerinnen (SCHMID/BLUM 1980). Schülerinnen, die aus der Oberstufe der Hilfsschule in den Beruf traten (1978 N = 59, 1979 N = 61), begannen 1978 zu 2% eine Vollehre (1979: 4%), zu 22% eine ‚geregelte' Anlehre (1979: 21%). Ganze 63% stiegen in eine ‚ungeregelte' Anlehre ein (SCHMID/BLUM 1980, 17). Bei den Absolventinnen des Werkjahres sehen die Ergebnisse günstiger aus: 1978 begann eine Schülerin auf 16 eine Vollehre. 14 absolvierten eine ‚geregelte' Anlehre. 1979 fanden zwei Schülerin-

nen von 12 eine Lehrstelle, neun eine Anlehrstelle. In beiden Jahren waren keine ‚ungeregelte' Anlehren zu beobachten (SCHMID/BLUM 1980, 24f.).

Seit 1971 existiert im Kanton Baselland ein Werkjahr. Die Verantwortlichen haben von Anfang an den Berufseinstieg ihrer ehemaligen Schüler verfolgt. Dabei zeigt sich, daß von zehn Schülerinnen, die eine Berufsausbildung aufnehmen, durchschnittlich neun eine Anlehre beginnen, die verbliebene eine Lehre. Bei den Knaben beträgt das Verhältnis 5,5:4,5 zugunsten der Anlehre. Bei den Mädchen ist aber auch die Auswahl von Anlehrberufen bescheidener, die meisten sind im Verkaufsbereich vorhanden. Schätzungsweise zwei Drittel der ehemaligen Werkjahrabsolventen beenden ihre Ausbildung (WERKJAHR BASELLAND 1981, 15ff.).

In einer Untersuchung aus dem Kanton Thurgau (LOBECK 1981) wurden die Lehrer der ehemaligen Sonderklassenabsolventen der Jahre 1971-1980 befragt. Über 499 der insgesamt 853 ausgetretenen Schüler, das sind 58%, erhielt LOBECK Informationen. Danach traten 51% der Schüler eine Anlehre an (damals noch nicht gesetzlich geregelt), 34% begannen eine Berufslehre, 13% wurden Hilfsarbeiter, 2% kamen in eine von der IV mitfinanzierte ‚geschützte Werkstatt'. Die Hälfte der Anlehrlinge und zwei Drittel der Lehrlinge beendeten ihre Ausbildung.

Eine Genfer Studie (ROTH 1983) verglich den Berufseinstieg von ehemaligen, aber vor Ende ihrer Schulpflicht wieder ins Regelschulsystem eingegliederten Sonderklassenschülern mit ehemaligen Sonderklassenschülern, die von der Sonderklasse direkt ins Berufsleben eingestiegen waren. ROTH untersuchte einen einzigen Schülerjahrgang. Von den 1961-1962 geborenen Kindern machten 219 (5%) während ihrer Schulkarriere mit dem Sonderschulsystem Bekanntschaft. Davon verblieben 43% in den Sonderklassen, 11% besuchten andere Einrichtungen der Sonderschulung (IV-Sonderschulen, Heime usw.). Von zehn in die Regelschule eingegliederten Schülern nahmen sieben eine Berufslehre auf; nicht ans Ziel kam jeder vierte. Zwei Schüler von zehn wechselten in die Mittelschule, die aber nur einer erfolgreich abschloß. Ein Schüler von zehn lernte keinen Beruf. Die ehemaligen Sonderklassenschüler stiegen etwa gleich häufig in Berufslehren ein (7 von 10), aber nur jeder zweite beendete sie erfolgreich. Beinahe 30% blieben hingegen ohne Berufsausbildung gegenüber 10% der Regelschulabsolventen (ROTH 1983, 7ff.).

Die Werkschullehrer der sechs Zentralschweizer Kantone (Uri, Schwyz, Ob- und Nidwalden, Luzern und Zug) wurden von der Innerschweizerischen Heilpädagogischen Gesellschaft (IHG) im Frühjahr 1983 gefragt, welche Berufe ihre Schüler nach Schulabschluß wählen (BETSCHART 1984). Es wurden 1308 Werkschüler erfaßt (die Gesamtzahl aller austretenden Werkschüler ist nicht bekannt, da die Umfrage auf freiwilliger Basis erfolgte), die seit 1970 die Werkschule verließen (sofern dieser Klassentyp schon existierte).

Am häufigsten traten die jungen Leute Berufslehren an (481 Schüler = 36,5%), in Anlehren stiegen gut 30% (397 Schüler = 30,5%), während das verbliebene Drittel ungelernt blieb (430 Schüler = 33%). Die einzelnen Zahlen schwanken in den verschiedenen Kantonen stark. Am meisten Lehren sind in Obwalden zu verzeichnen (fast 50%), wo auch am wenigsten Ungelernte zu finden sind (knapp 20%). Am wenigsten Lehren wurden in Nidwalden gemacht (22%), was mit der höchsten Anlehrquote ‚wettgemacht' wurde (52%).

Zuletzt ein Beispiel, wie wichtig die Kenntnis der kantonalen Strukturen für die Interpretation der Ergebnisse ist: Schwyz weist den höchsten Anteil an Ungelernten auf (52% der erfaßten ehemaligen Werkschüler), weil viele Schüler die Schule nach dem achten Schuljahr verlassen und z.B. direkt im elterlichen Betrieb arbeiten. Das freiwillige neunte Schuljahr mit der anschließend größeren Chance in einen Lehrberuf einzusteigen, wird gar nicht erst absolviert. Mit der gesetzlichen Regelung der Anlehre sollte sich nach Ansicht der Verantwortlichen diese ungünstige Situation verbessern.

Insgesamt waren die ehemaligen Werkschüler der Innerschweiz in mehr als 70 Berufen tätig, wobei die Mädchen bedeutend geringere Auswahlmöglichkeiten hatten als die Knaben. Erfolgsquoten sind einzig aus dem Kanton Schwyz bekannt: zwischen 1975 und 1983 begannen 93 Burschen und Mädchen eine Lehre. 48 beendeten sie erfolgreich, 37 stecken noch drin und nur acht stiegen aus.

Am Institut für spezielle Pädagogik und Psychologie in Basel wird der Themenbereich ‚Beruf' im Zusammenhang mit ehemaligen Hilfsschulabsolventen regelmäßig in Diplomarbeiten aufgegriffen. Die uns bekannten Arbeiten (WALTER 1973; HAECHLER 1973; LERCH/ZUMBRUNN 1976; PROCHAZKA 1979) liefern keine deskriptiven Statistiken, sondern greifen das Thema mittels ausgewählter Fallbeispiele auf.»

5.2 Jobsicherung und Leistungsorientierung versus Lebensgrundschulung

Als Maßnahmen, die auf die Erhöhung der Berufschancen und der Berufstüchtigkeit Lernbehinderter ausgerichtet sind, kennen wir

a. Schulische Integrationsmaßnahmen als Bemühung zur Entstigmatisierung
- Der Überstieg in die Abschlußklasse der Hauptschule zur Erreichung des Hauptschulabschlusses in Deutschland
- Der Übertritt von der Sonderklasse nach dem fünften oder sechsten Schuljahr zur Ableistung der restlichen Schulpflicht im untersten Schultyp, der neben dem Gymnasium meist dreigliedrigen Oberstufe der Regelschule in der Schweiz
- Die verschiedenen schulischen Integrationsmaßnahmen für schulschwache Schüler ab Einschulungsphase mit verschiedenen Stütz- und Förderinterventionen.

b. Besondere berufliche Integrationsmaßnahmen
- Die Maßnahmen zur Optimierung der Berufsfindung
- Stütz- und Fördermaßnahmen in den Berufsschulen.

Bei allen Integrationsvarianten müßte das Dilemma bedacht werden, auf welches KLEIN (1985, 142/143) hingewiesen hatte: Leistungsorientierung versus Lebensgrundschulung. Letztere muß als weiterer bedeutsamer Beitrag zur Optimierung der Berufslaufbahn schulschwacher Schüler verstanden werden. Ehemalige Hilfsschüler wie auch vor der Separation bewahrte schulschwache Schüler dürften bessere Berufschancen haben, wenn sie in ihrer Berufsarbeit nicht übermäßig belastet sind durch schwer lösbare Probleme der außerberuflichen Lebensgestaltung.

Besonders auch im Hinblick auf die Tatsache, daß die Arbeitsangebote für Lernbehinderte häufig auf Jobs eingeschränkt sind, die wenig

zur «Lebenserfüllung» (MOOR) beitragen können, müßten Gestaltungsbereitschaften und -kompetenzen außerhalb der beruflichen Lebensbereiche abgesichert werden. Dabei geht es um
- Freizeitgestaltung
- Lebensgestaltung in den Bereichen Ernährung, Wohngestaltung, Körperpflege, Wohnungsgestaltung, Feriengestaltung und -planung
- Kindererziehung
- Partnerbeziehungen, Sexualverhalten, Familienplanung

Dazu kommen die Ansprüche der Lebensgrundbildung zur existentiellen Grundsicherung wie
- Strategien der monetären Planung
- Strategien des Einkaufens und der Vorratshaltung.

Über die Bemühungen zur Verbesserung der Berufsfindung orientiert eine Zusammenfassung von BAUMBERGER, dem Leiter eines Zürcher Versuchs (1979, 1986).

5.3 Maßnahmen zur Verbesserung der Berufswahlchancen bei Lernbehinderten (Originalbeitrag, W. BAUMBERGER)

a) Vorgeschichte des Versuchs

1979 wurden in einer Untersuchung bei Abschlußklassenschülern der Sonderklasse B in der Stadt Zürich im Vergleich mit Abschlußklassenschülern der Oberschule (unterster Typus der Regelklassen auf der Oberstufe) erhebliche Defizite berufsbezogener Informiertheit, sowie ein schlechteres Niveau des Wissensstandes über die Sequenz der Aktivitäten bei der Berufswahl festgestellt (empirische Studie mit 381 Oberstufenschülern, BAUMBERGER 1979). Dies führte zu einem Schulversuch mit Schülern der Sonderklassen B, in welchem angemessene Interventionsstrategien evaluiert werden sollten.

b) Das Erfassungsmodell im Berufsfindungsprozeß

Die Erfassung der Berufsorientierungssituation erfolgte zu drei Terminen: In der Startphase, nach einem Jahr und am Ende der vierjährigen Versuchszeit. Die Erfassung geschah nach folgendem Modell, das in B und D auch die Interventionsbereiche angibt.

A. Demographischer Hintergrund
   (I) sozialstatistische Fakten
   (II) Schulbereich
   (III) Herkunftsmilieu

B. *Individuelle Berufsorientierung*
   (I) Einstellung
       (Problembewußtsein, Interessen, Entscheidung)
   (II) Informiertheit
       (Kenntnisse, Informationsbeschaffung)
   (III) situative Befindlichkeit
       (Problembelastung, emotionale Lage, Zukunftsperspektive)

C. *Individueller Leistungsbereich*
   (I) kognitive Fähigkeiten

D. *Situationseinschätzung durch direkt involvierte Bezugspersonen*
   (I) Klassenlehrer
       (Schulleistung, Lernvermögen, Sozialverhalten)
   (II) Elternhaus
       (Berufsfindungsprobleme, Berufsmöglichkeiten)

(BAUMBERGER 1986, 49-63)

c) Die Interventionen im Schulversuch

Sie lassen sich zwei Handlungsebenen zuordnen: Der Ebene Versuchsteam und der Ebene Versuchsklassen.

Ebene Versuchsteam: *Vorbereitung der Versuchsklassenlehrer*
Leiter und Klassenlehrer des Schulversuchs trafen sich mit Berufsberatern und Behördevertretern in einer Vorbereitungsphase und während der gesamten Versuchsdauer in der Regel wöchentlich, wobei folgende *Aufgaben und Themen* zur Diskussion standen:
- Planungsarbeiten hinsichtlich der Aktivitäten für Team und Klassen
- Strukturierung des Informationsflusses
- Evaluation von Strategien der Berufswahlorientierung entlang aktueller Bedürfnisse der Schüler
- Feedback zu durchgeführten Aktionen
- Erhöhung der Fachkompetenz (Fachkenntnisse, didaktische Kompetenz, Handlungskompetenz im Bereich Berufswahlvorbereitung)
- Direkte Orientierung in der Arbeitswelt (Besichtigungen, Gespräche, Kontakte)
- Auseinandersetzung mit gesetzlichen Grundlagen und Reglementen der Berufsausbildung, insbesondere der neu geregelten Form der Anlehre (s. S. 144, 145).

Dabei wurden u.a. folgende *Informationsmaterialien* herangezogen:
- Berufslexikon für Knaben, LIGGENSTORFER, Hallwag Taschenbuch
- Berufsorientierende Beratung von Mädchen, FAULSTICH-WIELAND 1981
- Lebensziel Beruf, BRUCKER 1980
- Modellanalyse Berufswahl, Stiftung Dialog, 1979
- Verzeichnis der Institutionen im Kanton Zürich, die für behinderte und betreuungsbedürftige Personen Stellen suchen, die in geschützten

Werkstätten Arbeitsmöglichkeiten anbieten, herausgegeben von der Volkswirtschaftsdirektion des Kantons Zürich
- Information über Berufschulen der Stadt Zürich
- Berufswahlvorbereitung, Lehrmittel für Abschlußklassenschüler, EGLOFF (1980).

Die *methodisch-didaktische Beeinflussung* der Versuchsklassenlehrer bezog sich u.a. auf folgende Bereiche:
- Demonstrationslektionen zum berufsorientierenden Unterricht
- Erstellen und Vergleichen von Lektionsskizzen
- Erarbeitung von Quartalsplänen
- Projektarbeit zur Entwicklung einer Tonbildschau für Berufsberater «Was ist die Sonderklasse B»
- Visionierung von Filmen und Tonbildschauen aus dem Angebot der Institutionen zur Berufsberatung
- Erarbeitung eines didaktischen Rasters für Betriebserkundungen mit Sonderklassenschülern.

Das Versuchsteam verschaffte sich verschiedene *Einblicke in Arbeitswelt und Ausbildungsinstitutionen:*
- Betriebsbesichtigung, z.B. Elektro-Installationsbetrieb, Großbäckerei, Großverteiler, Maschinenfabriken
- Besuche in Ausbildungsstätten, z.B. Werkjahr der Stadt Zürich, Zürcher Anlehrwerkstätten, Anlehrklassen der Berufsschulen der Stadt Zürich
- Gespräche mit Lehrlings- und Ausbildungschefs verschiedener Großbetriebe und Fachkräften aus verschiedenen Beratungsstellen für Behinderte, Dialog mit der städtischen Berufsberatung.

Ebene Versuchsklassen: *Berufswahlorientierter Unterricht*
- Unterrichtliche Inhalte zum Problemkreis Ich-Findung, u.a.: Ich begegne mir selbst. Was braucht es zum Glücklichsein? Was ist Arbeit Wo brauche ich Hilfe? Wie ich mir meinen Beruf vorstelle. Mein Leben als Erwachsener.
- Berufsorientierung: Einführung in Berufsbilder. Erarbeitung des Unterschieds zwischen Berufslehre und Anlehre. Betriebserkundungen. Schnupperlehren. Konzentrationswoche mit berufsbezogenen Exkursionen. Gespräche mit ehemaligen Schülern über die berufliche Entwicklung. Gespräche mit Berufsberatern in den Klassen.
- Bearbeitung von Problemen des Berufswahlprozesses: Beantwortung von Inseraten. Verhaltenstraining für den Erstkontakt mit Lehrmeister/Arbeitgeber. Vergleich der Zwischenstände des Berufswahlprozesses in der Klasse. Elterntagung mit Einbezug der Schüler.

d) Ergebnisse des Schulversuchs

Die Motive für eine Berufswahl werden differenzierter und konkreter. Aussagen wie «gute Kollegen am Arbeitsplatz», «Sicherheit des Arbeitsplatzes», «guter Lohn und interessante Ausbildung» nehmen gegenüber unsachlichen und undifferenzierten Äußerungen wie etwa «was gefällt» oder «was Spaß macht» zu.

Knapp die Hälfte (44%) gelangt zu einer realistischen Wahlchance zwischen mindestens zwei Möglichkeiten im Gegensatz zu einer Quote unter 15% in früheren Untersuchungen (BAUMBERGER 1979, 179). Zur wichtigsten Informationsquelle wurde im Verlaufe des Versuchs die Berufswelt. Die Funktion der Anleitung zur Informationsbeschaffung und der Informationsverarbeitung kam dabei der Schule zu.

Als Folge der persönlich erlebten Nöte in der Berufsfindung stieg das Problembewußtsein der Schüler gegen Ende des Versuchs deutlich an. Es wurden dabei die ungünstigen Voraussetzungen Lernbehinderter für gewisse berufliche Qualifikationen und schwer überwindbare Sachzwänge bewußt. Diese teilweise auch schmerzliche Entwicklung wird als Grundlage autonomer Entscheidungen und der Artikulation von Hilfebedürfnissen verstanden. Das Berufswahl-Problembewußtsein der Schüler korrelierte positiv mit dem Maß der Zuwendung der Eltern. Die Zuwendung zeigte sich in der Kritik am relativ frühen Zeitpunkt, in welchem sich für lernbehinderte Jugendliche das Berufswahlproblem stellt und in der Akzeptation der Beratung und der Mithilfe von Fachkräften aus der Berufs- und Ausbildungswelt.

5.4 Die Berufschancen Lernbehinderter in der Schweiz

Die Statistiken über die Plazierung Lernbehinderter in Berufslehren und Anlehren in der Schweiz stellen sich günstig dar. Statistiken über die Arbeitslosigkeit existieren nicht, wahrscheinlich wegen des Fehlens eines entsprechenden Problemdrucks. Die allgemeine Arbeitslosenquote lag in der Schweiz im August 1987 bei 0,7%.

Die guten Berufschancen für Lernbehinderte müssen sicher im Zusammenhang mit der wirtschaftlichen Prosperität gesehen werden. Es ist aber zu bedenken, daß die berufliche Konsolidierung von Lernbehinderten begünstigt wird
- durch die intensiven Bemühungen zur Animation der Berufsfindung in den Abschlußklassen der Sonderklassen
- durch die Einrichtung des Werkjahrs zur Berufsfindung und -vorbereitung
- durch die gesetzliche Einführung und Reglementierung der Anlehre, die an die Situation Lernbehinderter flexibel angepaßt werden kann.

Besonders diese letzte Innovation hat zu einer bedeutsamen Erhöhung der Berufschancen Lernbehinderter in der Schweiz geführt und kommt mit dem allgemeinbildenden Unterricht des obligatorischen Unterrichts für Anlehrlinge (s. S. 146) auch den Ansprüchen einer Lebensgrundschulung entgegen (s. S. 152).

5.5 Maßnahmen zur Identitätsfindung bei jugendlichen Lernbehinderten

Die Maßnahmen zur Berufsfindung sind einzuordnen als Beitrag zum Aufbau der Rollenidentität im Rahmen der möglichen Entwicklungen zum Aufbau der Ich-Identität. Bei der Grundlegung des sozialpsychologischen Identitätsbegriffs nach ERIKSON (1966) lassen sich folgende Identitätsbereiche unterscheiden:

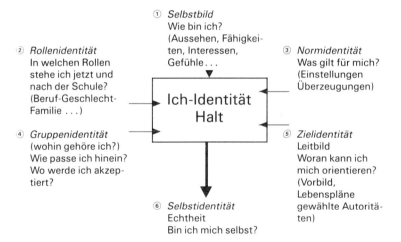

In allen unterschiedenen Identitätsdimensionen kann die Entwicklung durch die systematische Bearbeitung der belastenden Versagenserlebnisse bezüglich Schullaufbahn, Stigmatisierung und Außenseiterposition positiv beeinflußt werden. Dies kann geschehen
- durch eine reflexive Bearbeitung der erlebten Erziehungssituation, der psychosozialen und der soziokulturellen Entwicklungsbedingungen
- durch eine Erarbeitung von Kenntnissen über Einschränkungen und über mögliche Entwicklungschancen im Sinne eines realistischen Selbstbildes.

In diesem Zusammenhang drängen sich die unterrichtlichen bzw. pädagogisch-therapeutischen Vorschläge von BAIER (1980) auf, die außerhalb des Unterrichts in den traditionellen Schulfächern liegen.

BAIER macht differenzierte und anregende Vorschläge zur *Bearbeitung des Gegenstandes «Lernbehinderung»* in Sonderklassen (BAIER, 175-179). Diese wird wohl dann am erfolgreichsten sein, wenn sie direkt und aktuell an die Erfahrungen der Schüler anschließt und nicht als curricular systematische Lernbehindertenkunde verstanden wird. BAIER sieht diese pädagogisch-therapeutische Arbeit auf drei Ebenen:
- *Ausdruck der erlittenen Frustrationen* in mündlichen Berichten (Gesprächen, in bildhaften Gestaltungen (Zeichnungen und Collagen) und in schriftlichen Produktionen (Aufsätze). Dabei können dargestellt werden: Drohungen des Regelklassenlehrers, Verspotten und Bloßstellen durch den Regelklassenlehrer, Spott und Tätlichkeiten der Klassenkameraden, Drohungen und Strafen der Eltern, Ablehnung durch nichtbehinderte Geschwister, Distanzierung der Nachbarschaft und der Verwandten usw. Dadurch wird eine affektive Entladung erhofft.
- *Kognitive Auseinandersetzung mit dem Gegenstand Lernbehinderung* zur Stützung der emotionalen Stabilisierung. Dabei können behandelt werden: die vielschichtigen Bedingungen von Lernversagen mit der Abweisung simpler Dummheitserklärungen, Einsicht in die Mechanismen und Auswirkungen von Vorurteilen, Einblick in die Entstehung von Konflikten, in welche Lernbehinderte einbezogen sind, sind u.a.
- *Informationen und Hilfestellungen zur nachschulischen Lebensbewältigung.* Dazu gehören die Maßnahmen zur Berufsfindung wie bei BAUMBERGER (s. S. 153), Informationen über Freizeitorganisationen für Jugendliche und Jungerwachsene, Hinweise auf den Verkehr mit Ämtern und Dienststellen und mit Hilfsorganisationen, welche bei Lebensschwierigkeiten zur Verfügung stehen.

In einer engen Beziehung zur pädagogisch-therapeutischen Auseinandersetzung mit dem Sachverhalt Lernbehinderung stehen die von BAIER vorgeschlagenen Unterrichtsmaßnahmen zur *Erziehungskunde für Lernbehinderte* (BAIER 168-175). Die Auseinandersetzung mit den erfahrenen Erziehungsleitbildern und Wertorientierungen, mit den erlebten Erziehungspraktiken soll die Identitätsbildung beeinflussen und auch das zukünftige Verhalten als Eltern vorbereiten helfen.

In den beiden von BAIER nahegelegten Maßnahmen spielen motivierende didaktische Maßnahmen wie Beizug von Texten aus Zeitungen, aus der Jugendliteratur, Filmanalysen, Besichtigungen von Institutionen, soziale Rollenspiele u.a. neben der Abstützung auf Eigenerfahrungen eine wesentliche Rolle.

6. Die Integrations-Separations-Diskussion in der Lernbehindertenpädagogik – orientiert an fünf Fragestellungen (1 Auslesegerechtigkeit, 2 Probleme der soziokulturellen Deprivation, 3 Leistungsstand in Sonderklassen, 4 Probleme der sozialen Stigmatisierung, 5 Berufschancen Lernbehinderter)

Die aktualisierte Auseinandersetzung, mit denen sich BLEIDICK (1973) unter etwas anderen Voraussetzungen befaßte, führt in jeder einzelnen Fragestellung zur Einsicht in komplexe Bedingungsgefüge, welche Zustimmung oder Ablehnung der in den einzelnen Fragen enthaltenen kritischen Vorbehalten an den Sonderklassen, wie auch pauschale Aussagen pro oder contra schulische Integration schulschwacher Schüler verbieten. Es scheint, daß die pädagogischen Möglichkeiten der Sonderklassen längst noch nicht ausgeschöpft und in der Didaktik des Sonderklassenunterrichts und in der Sonderklassenlehrerausbildung abgesichert sind. Es muß aber auch gesehen werden, daß durch die schulische Integration vieler schulschwacher Schüler in Regelklassen positive Entwicklungen angestoßen werden, und daß die Kooperation zwischen Regelklassenlehrern und Sonderpädagogen sich nicht nur auf Problemschüler positiv auswirken könnte.

Es spricht vieles dafür, daß sich die Innovationsbemühungen der Sonderpädagogik sich sowohl auf die Separations- wie auch auf die Integrationsmuster beziehen sollten. Die folgende Betrachtung gilt vor allem der Absicherung von Grundbedürfnissen Lernbehinderter im Rahmen von Integrationslösungen.

6.1 Modelle zur Förderung schulschwacher Schüler unter dem Integrationsaspekt

In der hierarchischen Darstellung von WEIGERT (1987, 191) sind die schweizerischen Lösungsmuster (Modelle) hervorgehoben.
Erklärung der Zeichen:
* * die traditionelle Lösung in Deutschland: *Sonderschule für Lernbehinderte* mit Volksschulentlaß der Sonderschüler
* ** die traditionelle Lösung in der Schweiz: *Sonderklassen für Lernbehinderte,* eingegliedert in die allgemeine Volksschule, in vier auch zusammengefaßt mit einer als *Kleinklasse* bezeichneten Variante mit Zielsetzung der Rückgliederung in Regelklassen (Beispiel Basler Kleinklassen nach MATTMÜLLER 1975). Als Kleinklasse

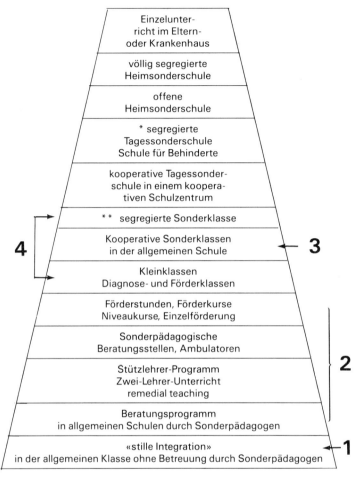

Abbildung 27: Hierarchie schulorganisatorischer Interventionsmodelle

      wird auch die Variante verstanden, in welcher bei einem Klassenbestand von rund 12 Schülern drei bis vier behinderte Schüler voll integriert sind (Mischkleinklassen)
1–3 aktuelle innovative Lösungen in der Schweiz
1   sonderpädagogische Förderung durch den Primarlehrer (Regelklassenlehrer) im individualisierenden Unterricht und in besonderen Förderstunden innerhalb oder außerhalb seines Pflichtpensums, unter der Voraussetzung der Einführung der Lehrkräfte in eine «Problemschülerpädagogik» im Rahmen der Grundausbil-

dung und in der Lehrerfortbildung im Sinne einer *Sonderpädagogik in der allgemeinen Schule.*

2 Integration verschiedener Modellvarianten zu einer *komplexen und flexiblen Variante,* welche in der Schweiz neuerdings als «Heil-(sonder)pädagogische Schülerhilfe» oder als «pädagogisch-therapeutische Schülerhilfe» bezeichnet wird (s. S. 164f.)

3 das in den Zürcher Schulversuchen als *Integrationsklassen* bezeichnete Lösungsmuster mit Teilintegration von Sonderklassenschülern in Regelklassen mit verschiedenem Ausmaß und in verschiedenartigen Fächerkonstellationen (s. S. 175f.)

6.2 Schweizerische Entwicklungen zur Integration schulschwacher Schüler

a) Übersicht über die in der Schweiz feststellbaren Organisationsformen zur Unterrichtung und zur pädagogisch-therapeutischen Betreuung schulschwacher Schüler.

In der Übersicht von STURNY (1984, 92f.), die hier wiedergegeben wird, fehlt noch die gegenwärtig vermehrt in Erscheinung tretende Komplexvariante (s. obige Grafik, 160, 2)

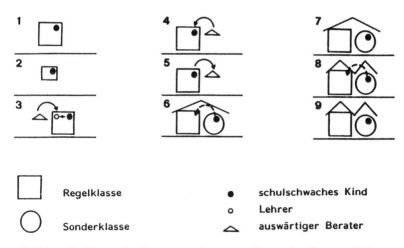

Abbildung 28: Schema der Organisationsformen von Integration (STURNY 1984)

In den fünf ersten Formen wird der Lernbehinderte in der Regelklasse unterrichtet, in den vier letzten in der Sonderklasse. Im einzelnen bedeuten die Formen

1. Der Lernbehinderte wird in einer Regeklasse geschult, ohne spezielle Hilfestellungen.
2. Der Lernbehinderte wird in einer Kleinklasse von 10-15 Schülern geschult.
3. Der Lernbehinderte wird in der Regelklasse geschult, wobei der Lehrer von einem auswärtigen Fachmann beraten wird.
4. Der Lernbehinderte wird hauptsächlich in der Regelklasse geschult, in bestimmten Fächern wird er von einem auswärtigen Fachmann unterstützt (Stützunterricht).
5. Der Lernbehinderte wird hauptsächlich in der Regelklasse geschult, für bestimmte Therapien, Hilfestellungen begibt er sich zusätzlich zu einem Fachmann.
6. Der Lernbehinderte wird grundsätzlich in einer Sonderklasse geschult, welche sich unter einem Dach mit der Regelschule befindet. Bestimmte Fächer (Turnen, Singen, Realien) werden zusammen mit Regelschülern besucht (typenübergreifender Unterricht).
7. Der Lernbehinderte wird grundsätzlich in einer Sonderklasse geschult, welche sich unter einem Dach mit der Regelschule befindet. Es findet *kein* typenübergreifender Unterricht statt.
8. Der Lernbehinderte wird grundsätzlich in einer Sonderklasse geschult, welche sich aber nicht im gleichen Schulhaus wie die Regelschule befindet. Trotzdem wird typenübergreifender Unterricht durchgeführt.
9. Der Lernbehinderte wird grundsätzlich in einer Sonderklasse geschult, welche sich nicht im gleichen Schulhaus wie die Regelschule befindet. Es findet *kein* typenübergreifender Unterricht statt.

Wie sieht es in den Kantonen damit aus? In der *Westschweiz* werden lernbehinderte Kinder am ehesten in Sonderklassen unterrichtet, die in Regelschulhäusern untergebracht sind (Formen 6 und 7). Typenübergreifender Unterricht findet recht häufig statt. Meistens entsteht diese Unterrichtsform eher zufällig. Ihr Funktionieren ist in jedem Fall stark von den betroffenen Lehrpersonen, Regel- und Sonderklassenlehrern, abhängig.

Im Kanton Tessin ist die Schulung Lernbehinderter anders organisiert. Für schwache Schüler wird grundsätzlich in der Regelklasse gesorgt. Das geschieht vor allem durch Stützunterricht (Formen 3 und 4).

Neben diesen Hauptformen stehen *Nebenformen,* d.h. weniger verbreitete Schulungsformen, die in den Kantonen zwar nicht generalisiert, aber dennoch über das Stadium der zufälligen Anwendung hinaus sind.

Neben der konventionellen Schulung Lernbehinderter in Sonderklassen werden in den Westschweizer Kantonen vor allem Erfahrungen mit diversen Stützangeboten für schwache Schüler in Regelklassen (Formen 3-5) gesammelt.

In der *Nordwestschweiz* sieht das Bild ähnlich wie in der Westschweiz aus. Lernbehinderte werden in eigenen Klassen unterrichtet, auf typenübergreifenden Unterricht mit Regelklassen wird offenbar besonders geachtet (Form 6). Nebenformen sind weniger verbreitet als in welschen Kantonen. Aber auch hier arbeitet man teilweise mit Stützunterricht für lernbehinderte Schüler in Regelklassen (Formen 3-5).

Die *Zentralschweiz* kennt vorwiegend die Sonderschulform der Hilfsklasse, die mit der Regelklasse keinen Unterrichtskontakt hat, sich aber unter dem gleichen Dach wie diese befindet (Form 7). Auch andere Schulformen haben sich nicht entscheidend durchgesetzt. Gefördert wird der schultypenübergreifende Unterricht vor allem auf der Oberstufe zwischen der Hilfsschule und der Realschule.

Neben dem bereits Gesagten kommt in der *Ostschweiz* erstmals auch die letzte Form stärker zum Ausdruck, d.h. die in eigenen Schulhäusern untergebrachten Sonderklassen. Eine räumliche Trennung von Sonder- und Regelklasse wird heute nicht aus pädagogischen Einsichten beibehalten. Oftmals muß eine von früher herrührende Infrastruktur übernommen werden, die aus finanziellen Gründen nicht ohne weiteres umgestaltet werden kann.

Zusammenfassend können wir sagen: Das institutionelle Angebot zur Schulung Lernbehinderter sieht in allen Kantonen, mit Ausnahme des Tessins, sehr ähnlich aus. Lernbehinderte Schüler werden normalerweise in Sonderklassen unterrichtet, die sich größtenteils in Regelschulhäusern befinden. In der West- und in der Nordwestschweiz wird jedoch die sich aus dieser räumlichen Nähe ergebende Möglichkeit zur Annäherung von Sonderklassen- und Regelklassenschulern im Unterrichtsbereich (typenübergreifender Unterricht) viel eher wahrgenommen als in der Ost- und besonders in der Zentralschweiz.

Damit ist aber nur die halbe Wahrheit gesagt. Denn: das ähnliche Angebot wird in den einzelnen Kantonen sehr unterschiedlich genutzt. So ist der Prozentsatz von Schülern in Klassen für Lernbehinderte in der Westschweiz bedeutend geringer als in der Deutschschweiz. Die welschen Schüler sind nicht «gescheiter» als ihre Kameraden in den anderen Landesteilen; die Unterschiede dokumentieren vielmehr den andersartigen Zugang der französischsprachigen (und der italienischsprachigen) Schweiz zum Phänomen «Schulschwierigkeiten». Schulische Probleme werden dort eher auf der Regelschulebene aufgefangen. Das Hilfsangebot des Stützunterrichts, das sich im Tessin seit zehn Jahren entwickelt hat und dort einen nicht mehr wegzudenkenden Bestandteil der Schulwirklichkeit darstellt, wird auch im westlichen Landesteil zunehmend populär. In der deutschen Schweiz laufen vereinzelt Versuche in diese Richtung.

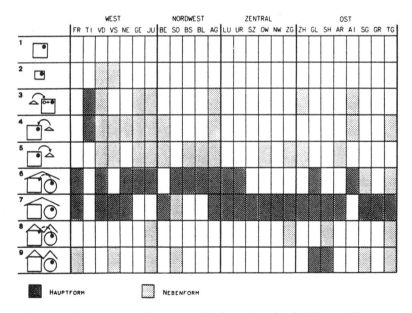

Abbildung 29: Organisationsformen der Schulung schwacher Schüler nach Kantonen

b) Das komplexe Integrationsmodell

Es vereinigt folgende Funktionen zur Organisation flexibler Interventionsvarianten:
- Zusammenarbeit von Sonderpädagogen ohne Sonderklassen mit Regelklassenlehrern
- Beratung von Regelklassenlehrern
- flexible Intensivbetreuung einzelner Schüler
- Therapien im traditionellen Sinn (Legasthenie-, Dyskalkulietherapie, psychomotorische Trainings, verhaltenstherapeutische Interventionen) für einzelne Schüler
- Elternarbeit

Als Innovationsimpuls mag der Beitrag in der Schweiz. Heilpädagogischen Rundschau (GRISSEMANN 1981, 221-224) gewirkt haben, der sich stark auf das Münchner Modell (SPECK et al. 1978) abstützte. Wir entnehmen daraus die Ausführungen über die Aktionsformen und eine Organisationsskizze.

Aktionsformen des Sonderpädagogen in der pädagogisch-therapeutischen Schülerhilfe

Es werden hier Aktionsformen von Sonderpädagogen ohne Sonderklassen dargestellt, die auf vielfältige Art mit den Normalklassenlehrern, mit Schulpsychologen und Eltern zusammenarbeiten.

Zusammenarbeit Sonderpädagoge–Regelklassenlehrer

a) Die Arbeit in der *Wochenplankonferenz*
Diese Konferenzen sind mit zwei Wochenstunden in das Pensum der Lehrer zu integrieren. Sie finden als Jahrgangsstufenkonferenz statt und gelten folgenden möglichen Inhalten:
- Aussprache über Lernziele/Lernkontrollen
- Hinweise auf didaktische Klippen
- Bereitstellen von Hilfen für Problemschüler
- Bereitstellung besonderer Fördermaterialien
- Absprache über die Mitarbeit des Sonderpädagogen in der bevorstehenden Woche
- Klassenzimmerhilfe, individualisierender Unterricht in Zusammenarbeit mit dem Klassenlehrer (s. nachher)
- flexible Stütz- und Fördermaßnahmen außerhalb des Klassenunterrichts (s. nachher).

Aufstellen des Einsatzplanes des Sonderpädagogen in diesen beiden Bereichen.

b) Die individuelle *Klassenzimmerhilfe* (innere Differenzierung) des Klassenunterrichts.
Diese Aktionsform gilt einzelnen Schülern wie auch kleinen Gruppen. Die Gruppierungen sind dabei wechselnd und ergeben sich aus den aktuellen Problemen. Wichtig ist bei dieser Differenzierung das Bestreben, einer Stigmatisierung der ad-hoc-Fördergrüppchen entgegenzuwirken. Dies kann dadurch geschehen, daß man diesen Schülern immer wieder Aufgaben stellt, die auch für die andern Schüler wichtig sind, Aufgaben, die zu Lernergebnissen führen, auf welche die andern Schüler angewiesen sind.
Dies ist beispielsweise möglich, wenn eine Gruppe von schwächeren Lesern einen Text erhält, der auf einer niederen Schwierigkeitsstufe verfaßt ist, der aber eine wichtige Sachinformation enthält, über welche die Gruppe der ganzen Klasse berichten muß.

c) *Die Stütz- und Fördermaßnahmen außerhalb des Klassenzimmers*
Es handelt sich hier um eine flexible und kurzfristige Differenzierung, also nicht um Sonderkurse.
Meistens werden die Stütz- und Fördermaßnahmen mit Kleingruppen für die Dauer von 15 bis 20 Minuten durchgeführt. Die Auslese erfolgt
- durch die Unterrichtsbeobachtung während der Klassenhilfe
- durch Lernzielkontrollen
- im Zusammenhang mit den Aussprachen an den Wochen- und Problemschülerkonferenzen.
Ausnahmsweise sind auch in einzelnen Fachbereichen Intensivkurse im Zeitraum von einer bis zwei Wochen denkbar. Ziel ist dabei aber immer, möglichst schnell den Anschluß an die Klasse zu schaffen.

d) Die pädagogisch-therapeutischen Kolloquien als *Problemschülerkonferenzen*
An diesen Fallbesprechungen für längere Aussprachen über einzelne Schüler nehmen teil
- der Klassenlehrer des entsprechenden Schülers
- der zugeteilte Sonderpädagoge
- der Schulpsychologe
Die übrigen Lehrer der Stufe sind eingeladen und werden zur Teilnahme animiert. Oft finden dann folgende Aktivitäten statt, die sich auch auf mehr als eine Sitzung erstrecken können:
- Problemdarstellung
- Problemanalyse
- Ableitung von Maßnahmen
- Koordination von Maßnahmen
- Überprüfung der Effektivität der Maßnahmen
- Modifikation der Maßnahmen

Die pädagogisch-therapeutischen Maßnahmen des Sonderpädagogen

Diese Maßnahmen unterscheiden sich von den Stütz- und Fördermaßnahmen in Zusammenarbeit mit dem Klassenunterricht durch die längere Dauer (Wochen/Monate) und durch die vermehrte Ausrichtung auf die *Teilbedingungen* des schulischen Lernens. Als Therapiebereiche kommen dabei in Frage:
- Funktionstrainings, z.b. sensomotorische Trainings, Beeinflussung des Kognitionsstils
- Komplexere Fördermaßnahmen, z.b. systematische Verhaltensmodifikation, kompensatorisches Sprachtraining, Intelligenztraining
- Therapie schulischer Teilleistungsschwächen (Legasthenie, Dyskalkulie)
- Verhaltenstherapeutische Maßnahmen.

Zusammenarbeit Sonderpädagoge–Schulpsychologe

Diese Zusammenarbeit bezieht sich auf den diagnostischen Bereich. Im diagnostischen Prozeß kann der Sonderpädagoge zwei Funktionen übernehmen:
- Er übernimmt gewisse Bereiche der Förderdiagnostik, d.h. er setzt diejenigen diagnostischen Verfahren an, welche ihm Hinweise geben zur Planung pädagogisch-therapeutischer Maßnahmen. Dies sind in der Regel Tests, die auch die Funktionsstruktur der entsprechenden Fördermaßnahmen abbilden, z.b.
- Frostig-Entwicklungstest zur Wahrnehmung
- Verlaufsanalyse des Zürcher Lesetests
- Psycholinguistischer Entwicklungstest
  Es ist auch möglich, daß der Schulpsychologe diese diagnostischen Verfahren durchführt und mit dem Sonderpädagogen bespricht.
- Dieser sammelt und ordnet die Erfahrungen im Bereiche von Klassenzimmerhilfe, Stütz- und Fördermaßnahmen, pädagogisch-therapeutische Maßnahmen im Sinne einer Prozeßdiagnostik im Hinblick auf allfällig notwendig werdende Entscheidungen über die Zuweisung zu Sonderklassen.

Mit dieser Erweiterung um die Prozeßdiagnostik sollte die Entscheidungsbasis für solche Schullaufbahnentscheidungen verbessert werden.
Ein weiteres Feld der Zusammenarbeit mit dem Schulpsychologen eröffnet sich dem Sonderpädagogen in der Elternarbeit.

Die Elternarbeit des Sonderpädagogen

Als Beispiel für eine die Eltern aktivierende Arbeit in diesem Bereiche sind anzusehen:
a) Das *Elternbriefprogramm* nach GOTTWALD (s. SPECK et al. 1978).

Es handelt sich dabei grundsätzlich um positive Meldungen von Lehrer/Sonderpädagoge an die Eltern im Sinne einer verhaltensmodifikatorischen Maßnahme. Diese Maßnahme setzt sich aus folgenden Elementen zusammen:
- den Elternbrief, einer auf einem Formular dargestellten positiven Leistungs- oder Verhaltensmeldung
- die von den Eltern vorgenommene Verstärkung des positiven Verhaltens, zu welchem diese durch den Lehrer bzw. Sonderpädagogen gebeten werden
- die Rückantwort der Eltern, in welcher sie die Verstärkung und ihre ersten Folgen beschreiben.

Der Einsatz von solchen Elternbriefen ist nur in einer Übereinkunft der Briefpartner und gegenseitiger Bereitschaft zur weiteren Problembearbeitung in mündlicher Kooperation denkbar.

b) Die *pädagogisch-psychologische Anleitung* von Eltern zur speziellen Förderung ihres Problemkindes.
Solche Maßnahmen sind abhängig von folgenden Bedingungen:
- Überprüfen der Indikation solcher Maßnahmen: Kann durch diese der Trainingseffekt erhöht werden? Ist eine Überlastung, Überforderung des Kindes ausschließbar? Kann allenfalls eine Förderung durch die Eltern pädagogisch-therapeutische Maßnahmen durch den Sonderpädagogen überflüssig machen?
- Erfassen der Bedingungen die erfüllt sein müssen von den Eltern: zeitliche, emotionale und intellektuelle Kapazität
- Herrichten von konkreten schriftlichen Anleitungen für die Eltern, evtl. auch Instruktionen durch Hospitationen von Fördermaßnahmen
- Bereitstellen von geeignetem Fördermaterial.

c) *Das Video-Interaktionstraining*
Dabei können gewisse Standard-Interaktionssituationen in das Training integriert werden; z.B. Mutter-Kind-Interaktion
- bei einem Spiel
- beim Hausaufgabenmachen
- Aufräumen.

Das Training beginnt mit je einer Video-Aufnahme. Die Modifikationen des elterlichen Verhaltens können durch verschiedene Maßnahmen gesteuert werden:
- Selbstbetrachtung der Szene durch die Mutter, oder durch Mutter und Kind
- Aussprache Mutter und Kind über die gemeinsam betrachtete Szene
- Mütter berichten einander über ihre Eindrücke bei der Betrachtung der Interaktionsszene
- Aussprache Trainer-Mutter

- Erarbeitung von Verhaltenshinweisen durch die Kursteilnehmer
- soziale Rollenspiele unter den Kursteilnehmern zu weiteren Interaktionssituationen
- Verhaltensbeurteilung nach einem Raster von Verhaltensdimensionen.

Nach solchen Trainings erfolgt eine zweite Video-Aufnahme zu den gleichen Interaktionssituationen. Daran können wiederum Bearbeitungsprozesse anschließen:
- Vergleich der ersten und der zweiten Interaktionsszene durch die Mutter
- Aussprache über die Erfahrungen in der Trainingsgruppe u.a.

In einer späteren Phase können die häuslichen Erfahrungen nach dem Interaktionstraining, die Auswirkungen auf den Erziehungsalltag in der Gruppe der Eltern und Trainer besprochen werden.

Insgesamt geht es hier darum, das Training für die Eltern zu einem positiven Erlebnis werden zu lassen, ihnen ihre Lernfortschritte sichtbar zu machen und ihr Selbstbewußtsein zu stärken. Die Münchner Versuche (SPECK et al. 1978) haben erwiesen, daß solche Trainings auch mit Eltern aus der unteren Unterschicht durchführbar sind.

d) *Weitere Verhaltenstrainings für Eltern*
Neben dem vorher skizzierten Video-Interaktionstraining kommen auch Trainingsseminare in Frage wie sie von M. PERREZ/B. MINSEL/ R. WIMMER konzipiert worden sind (Eltern-Verhaltenstraining, 1974). Der Ansatz der Autoren mit einer lernpsychologischen und konfliktpsychologischen Komponente läßt sich flexibel variieren und auch auf Spezialgruppen (z.B. Eltern von POS-Kindern, von Legasthenikern, von Kindern in Einschulungsklassen) ausrichten.

Der Sonderpädagoge als Koordinator und als Berater verschiedener pädagogischer Fachkräfte

In einer durchstrukturierten Institution pädagogisch-therapeutischer Schülerhilfe können die Einsätze verschiedener Fachkräfte koordiniert und sonderpädagogisch angeregt werden. Logopäden, Aufgabenhelfer bzw. -hortner, Legasthenietherapeuten, Fachkräfte für den Deutschunterricht fremdsprachiger Schüler können in flexiblen Konferenzen zu Fachkontakten, zur Kommunikation über die anstehenden Probleme, zur gemeinsamen Koordination und Problemlösung erfaßt werden.

Die Übersicht über die dargestellten Aktionsformen des Sonderpädagogen im sonderpädagogischen Ambulatorium bzw. in der pädagogisch-therapeutischen Schülerhilfe zeigt zwei Haupttendenzen:

1. Der Sonderpädagoge ist nicht primär Therapeut, sondern vielseitiger pädagogischer Mitarbeiter in der Schule, der vor allem darum bemüht ist, die Erziehungs- und Unterrichtsbedingungen der Kinder in der Schule und in der Familie günstig zu beeinflussen.

2. Daraus geht der ganzheitliche erzieherische Anspruch hervor, der falsch verstandenes therapeutisches Flickschustertum vermeiden will.

Eine Organisationsskizze

Gegebene Bedingungen

Die Organisationsskizze bezieht sich auf folgende Annahmen:
- Gemeinde mit rund 10 000 Einwohnern
- rund 1100 Schüler in der ersten bis sechsten Primarklasse
- 50 Lehrer an Regelklassen
- 2 Lehrer an Hilfsschulabteilungen
- Vermutete Problemschüler: 10%, rund 100

Einsatz von Sonderpädagogen

a) Es sind zwei Sonderpädagogen vorgesehen, die keine Klasse führen, je einer für die Unter- und Mittelstufe. Eventuell könnte einer der beiden Sonderklassenlehrer die neue Aufgabe übernehmen; es wäre dann nur eine neue Stelle erforderlich. Zur Sicherung der Arbeitsbedingungen an der Hilfsschule (Vermeiden einer ungegliederten Gesamtabteilung) werden Zusammenlegungen mit Nachbargemeinden notwendig. Solche Maßnahmen drängen sich angesichts der Schrumpfung der Hilfsschulbestände auch schon ohne die Schaffung von sonderpädagogischen Ambulatorien auf.
b) Beispiel eines Wochenpensums eines Sonderpädagogen

Teilnahme an Wochenplankonferenzen der Jahrgangsstufenlehrer (gestaffelt, drei Konferenzen zu zwei Stunden)	6 Std.
Pädagogisch-psychologische Kolloquien, Fallbesprechungen	1 Std.
Einsatz in der Klassenzimmerhilfe (nach Absprache in den Wochenkonferenzen, wechselnd in den verschiedenen Klassen)	10 Std.
Stütz- und Fördermaßnahmen außerhalb Klassenraum	8 Std.
Pädagogisch-therapeutische Maßnahmen	12 Std.
Koordinations- und Beratungskonferenz mit diversen Fachkräften	1 Std.
Sprechstunden	2 Std.
Elternkurse (durchschnittlich, Durchführung eher in Kompaktblöcken)	2 Std.
Wochenpensum	42 Std.

Die einzelnen Zahlen sind nur als Durchschnittsangaben zu verstehen. Im flexiblen situationsbezogenen Einsatz werden die Wochenpläne stark voneinander abweichen. Es ist denkbar, daß sich für gewisse Zeitabschnitte die Aktivitäten auf einen bis zwei Maßnahmenbereiche einschränken.

Die Arbeitskapazität dieser pädagogisch-therapeutischen Schülerhilfe
a) Von zwei Sonderpädagogen durch pädagogisch-therapeutische Maßnahmen erfaßte Schüler 24 Wochenstunden, Vierergruppen zu zwei Wochenstunden 48 Schüler
b) In der Klassenzimmerhilfe und in den flexiblen Stütz- und Fördermaßnahmen erfaßte Schüler
40 Wochenstunden, Gruppen von zwei bis sechs Schülern, unter der Annahme, daß die Sonderpädagogen diese Tätigkeit innerhalb von ganzen Klassenlektionen ansetzen
rund 150 Schüler

Dazu kommen die Auswirkungen der Tätigkeit des Sonderpädagogen in seiner Zusammenarbeit mit Lehrern und Eltern, die sich nicht mit Schülerzahlen angeben lassen.

In größeren Ortschaften, in Städten läßt sich dieses Organisationsmodell auf einzelne Quartiere übertragen. In kleineren Ortschaften müssen Lösungen gesucht werden, in denen die Sonderpädagogen mehrere Gemeinden betreuen.

Grundsätzlich sollten Lösungen gesucht werden, die Sonderpädagogen in die Lehrkörper zu integrieren. Außer den geplanten Aktivitäten sollten freie informelle Kontakte spielen. Der Sonderpädagoge in der pädagogisch-therapeutischen Schülerhilfe arbeitet weitgehend ohne Büro, Telefon, Wartelisten, Formulare und Gutachten.

Dem Bericht von WYRSCH (1987) zur *schweizerischen Implementation der heilpädagogischen bzw. pädagogisch-therapeutischen Schülerhilfe* entnehmen wir Darstellungen verschiedenartiger Realisierungsvarianten, die sich wohl am vorgestellten Grundmuster orientieren, aber regional-systemische, personelle und schulpolitische Bedingungen berücksichtigen. Erfahrungsberichte aufgrund empirischer Evaluationsuntersuchungen liegen nicht vor.

«Die vorliegende Schrift bietet Informationen zum Modell «Heilpädagogische Schülerhilfe». Im Modell «Heilpädagogische Schülerhilfe» bleibt der Schüler mit Lernstörungen und Lernbehinderungen in der Regelklasse und verläßt diese nur für einzelne Förderstunden, d.h. der Schüler bleibt in der Regelklasse integriert. So berücksichtigt dieses Modell neben dem Postulat der Förderung zusätzlich das Postulat der Integration. Dieses Modell wurde in einigen Gemeinden der Schweiz, z.T. als Ersatz für die Hilfsschule oder Kleinklasse, eingeführt. Das Modell stützt sich auf Publikationen von GRISSEMANN (1979, 1981) und auf den Handweiser zur Entwicklung des Hilfsschulwesens in der Zentralschweiz (1982).

Integration im Modell «Heilpädagogische Schülerhilfe»

Im Modell «Heilpädagogische Schülerhilfe» wird die Integration vorwiegend als Erziehungsmittel eingesetzt. Es wird ein möglichst hoher Grad an Integration angestrebt. Das

Schulmodell stellt an alle Beteiligten in zusätzlichem Maße spezifische Anforderungen. So müssen Lehrer und Schulischer Heilpädagoge eine hohe Akzeptanz für Lernbehinderte und Lerngestörte erbringen. Der betroffene Schüler kann für sich weniger Schonraum beanspruchen, sondern er muß sich mehr den Anforderungen der Klasse anpassen und sich darin behaupten. Die Klassenkameraden müssen Solidarität zu ihrem Mitschüler erbringen.

Die Lernbehinderungen und Lernstörungen müssen im Modell «Heilpädagogische Schülerhilfe» vom ganzen lokalen System Schule mitgetragen werden. Es ist noch zu zeigen, daß auch die Schulbehörden und Eltern vermehrt in die Problemlösung einzubeziehen sind. Die Abschiebung des Problems ins Klassenzimmer des Heilpädagogen ist nicht mehr möglich. Diese Tatsache ergibt eine beachtliche Mehrbeanspruchung für alle Beteiligten.

Die praktizierte Integration der Schüler mit Lernstörungen und Lernbehinderungen kann auf fast allen funktionalen Ebenen, wie sie vorhin aufgelistet wurden, erreicht werden. Allerdings ist der Lehrplan an die betroffenen Schüler anzupassen. Zudem hat der Schulische Heilpädagoge in Zusammenarbeit mit dem Klassenlehrer die spezifischen lernpsychologischen Probleme des betroffenen Kindes zu ergründen und angemessene Förderprogramme zu entwickeln. Der Klassenlehrer muß seinen Unterricht individualisieren (Binnendifferenzierung), um einerseits Anregungen aus dem Förderprogramm des Heilpädagogen aufnehmen zu können und anderseits Unterschiede in der Lehrplanerfüllung zuzulassen.

Da das Modell Heilpädagogische Schülerhilfe auch Schüler mit Teilleistungsschwächen fördert, gibt es einen Anstieg von Anmeldungen und damit eine hohe Auslastung des Pensums des Schulischen Heilpädagogen.

Die folgenden Angaben wurden durch die Arbeitsgruppe von Heilpädagogen, die im Modell Heilpädagogische Schülerhilfe arbeiten, erhoben. Die Werte geben z.T. Größenordnungen an. Sie beziehen sich auf das Jahr 1986. Die Angaben zeigen Größenverhältnisse auf und können Hinweise für die Wahl von Fördermodellen in andern Gemeinden liefern.

Name des Modells

Altendorf SZ	Heilpädagogische Schülerhilfe (HPSH)
Eschen FL	Ergänzungsunterricht (EGU)
Hergiswil NW	Schulischer Heilpädagoge (SHP)
Hergiswil LU	Heilpädagogischer Zusatzunterricht (HZU)
Leuk VS	
(Leuk-Stadt, Susten,	
Albinen, Leukerbad,	
Guttet)	Pädagogische Schülerhilfe
Steg VS	
(Turtmann, Niedergampel)	Pädagogische Schülerhilfe
Luterbach SO	Stützunterricht/Integrativer Unterricht von Hilfsschülern und Primarschülern in Luterbach
Steinen SZ	Heilpädagogische Schülerhilfe (HPSH)
Würenlos AG	SHP
Adelboden BE	Stützunterricht

Gesamtschülerzahl und Anzahl Förderschüler

	Gesamt-schülerzahl	Anzahl der betreuten Schüler
Altendorf	ca. 300	16
Eschen	121	18
Hergiswil NW	ca. 380	40
Hergiswil LU	ca. 150	7
Leuk	ca. 400	35
Steg VS	192	14
Luterbach	192	bis 16
Steinen	ca. 190	20
Würenlos	319	17
Adelboden	ca. 300	9

Die Zahlen bestätigen, daß der Schulische Heilpädagoge einen breiteren Schülerkreis, erfaßt als die Hilfsschule. Z.T. werden durch den Schulischen Heilpädagogen gegen 10% der Gesamtschülerzahl gefördert. Durch die Hilfsschule wurden gemäß Erhebung STURNY 1983/84 in den Kantonen der berücksichtigten Gemeinden 2,5 bis 5,7% der Schüler gefördert. Dieser Unterschied ergibt sich vor allem, weil die Hemmschwelle gegenüber dem Förderunterricht geringer ist als gegenüber der Hilfsschule und weil der Schulische Heilpädagoge auch Schüler mit Teilleistungsschwächen fördert, die aufgrund ihrer Leistungen nicht in die Hilfsschule eingewiesen würden.

Betreuung/Supervision

Außer in Adelboden und Luterbach werden alle im Modell tätigen Heilpädagogen neben den Inspektoraten durch eine zusätzliche Betreuung oder Supervision begleitet. Diese Betreuung umfaßt z.t. einen halben Tag monatlich bis zu zwei Lektionen pro Woche. Die Betreuung erstreckt sich auf Unterrichtsbeobachtung und -besprechung, Fallbesprechung, Besprechen der Kontakte zu den Lehrerkollegen, Eltern und Schulbehörden und Besprechung von Auswertungsfragen usw.

Die Betreuung der Heilpädagogen wird von Kollegen im Modell «Heilpädagogische Schülerhilfe», von Schulpsychologen oder andern Fachkräften geleistet.

Zusammenarbeit mit den Lehrern der Regelklassen

Die Zusammenarbeit mit den Lehrern erfolgt z.t. nach festgelegter Stundeneinteilung, vorwiegend aber informell. Zusätzlich wird z.T. Lehrern eine Begleitgruppe angeboten. Hier werden Probleme, die sich aus dem Schulmodell ergeben, z.b. Individualisieren, spezielle Förderprogramme etc. besprochen.

Erste Erfahrungen

Schulversuch «Ergänzungsunterricht» an der Primarschule Eschen (Peter MARXER)

Seit Frühjahr 1986 läuft an der Primarschule Eschen, Fürstentum Liechtenstein, ein auf drei Jahre befristeter Schulversuch, der sich Ergänzungsunterricht nennt. Die Grundlagen für diesen Versuch wurden in einer von der Regierung eingesetzten Kommission ausgearbeitet. Dabei ließen wir uns von folgenden Vorstellungen leiten:

- Kinder unterscheiden sich in ihren Fähigkeiten, Fertigkeiten, Interessen und in ihrem schulischen Leistungsstand.
- Diese Unterschiede sind unvermeidbar. Schulischer Unterricht kann sich nicht zum Ziel setzen, diese Unterschiede zu vermeiden. Ein Unterricht, der versucht, hier Homogenität zu erreichen, kann zu Lernproblemen führen.
- Das Bestreben des Unterrichtes muß es sein, den unterschiedlichen Fähigkeiten und Neigungen der Kinder gerecht zu werden. Unterschiedliche Interessen und Fertigkeiten müssen respektiert und gefördert werden.
- Den erwähnten Unterschieden zwischen den Kindern kann der Klassenunterricht nicht in allen Belangen und vollumfänglich gerecht werden.
- Der *Ergänzungsunterricht* (EGU) ist jener Unterricht, der den unterschiedlichen Interessen, Fertigkeiten und Fähigkeiten der Kinder in einem Maße entgegenkommt, das über die Möglichkeiten des Unterrichtes im Klassenzimmer hinausgeht.

Der Ergänzungsunterricht verfolgt vier Ziele

1) Sonderpädagogische Arbeit mit dem Schüler

Der Ergänzungslehrer betreut zur Zeit 16 Schüler im Einzelunterricht paarweise oder in Kleingruppen von der ersten bis zur fünften Klasse. Dieser Unterricht findet grundsätzlich nur während der regulären Unterrichtszeit statt. Der Schüler bekommt keine zusätzlichen Unterrichtsstunden aufgebürdet. Unterrichtet wird nur in den Hauptfächern Deutsch und Mathematik. Der Ergänzungsunterricht kommt für Schüler in Frage, welche
a) dauernd oder mittelfristig in Deutsch und/oder Mathematik Lernprobleme zeigen
b) erwartungswidrige Schulleistungen zeigen (z.B. gute Begabung – aber schlechte Leistungen in einem oder in beiden Hauptfächern, auffälliger Verhaltensstil, usw.)
c) fremdsprachig sind und vor allem ihre Deutschkenntnisse verbessern wollen

2) Zusammenarbeit zwischen Klassenlehrer und Ergänzungslehrer

In Eschen gibt es sieben Klassen. Es werden fünf Primarschuljahre geführt. Jeder Lehrer der Klassenstufen 1 bis 4 hat vier, die Klassenstufe 5 hat drei *Belegungsplätze* pro Woche im Ergänzungsunterricht zur Verfügung. Aus diesem Platzangebot lassen sich für jeden Lehrer drei (erste bis vierte Klasse) respektive zwei (fünfte Klasse) *Schülerstunden* belegen. Die restliche Stunde gilt als *Besprechungsstunde* zwischen Primar- und Ergänzungslehrer. Sie ist für beide verbindlich und im jeweiligen Stundenplan festgeschrieben. In dieser Besprechungsstunde wird beispielsweise das Wochenziel(e) festgelegt, das Stoffprogramm abgestimmt, die Differenzierung von Lernschritten besprochen, informelle Aufgabenreihen erstellt, der Einsatz speziell abgestimmter Lehrmittel geplant, Verhaltensbeobachtungen ausgewertet, Fallbesprechungen durchgeführt, Elternarbeit geplant, Schulberichte ausgefertigt, Fachleute konsultiert, usw. Als Aufnahmekriterien in den Ergänzungsunterricht gelten die unter Punkt 1 genannten Richtlinien. Die Entscheidung, welcher Schüler den Ergänzungsunterricht besuchen soll, liegt beim Primarlehrer. Er kann allerdings den Ergänzungslehrer und den Schulpsychologen zu Rate ziehen. Über Weiterführung oder Abbruch des Ergänzungsunterrichtes bei einem Schüler entscheiden Primarlehrer und Ergänzungslehrer gemeinsam. Bei Unklarheiten können sie den Schulpsychologen miteinbeziehen.

3) Miteinbezug der Eltern in die Arbeit des Ergänzungslehrers

Der Stundenplan des Ergänzungslehrers ist so gestaltet, daß ungefähr zwei Drittel seiner Arbeitszeit für die Arbeit mit den Schülern im Ergänzungsunterricht anfällt. Für Elternkontakte stehen pro Woche zwei bis vier Stunden zur Verfügung. Diese finden etwa zu einem Drittel außerhalb der im Stundenplan festgelegten Zeiten statt. Durch den regelmäßigen Miteinbezug der Eltern in die sonderpädagogische Arbeit bekommt der Ergänzungslehrer eine neue Sichtweise vom Lernproblem des Schülers. Da von Lern- und Verhaltensproblemen nicht nur die Schule, sondern auch das Elternhaus betroffen ist, ergeben sich zahlreiche Berührungspunkte, welche sich in der Elternarbeit niederschlagen, die auf der systemsichen Betrachtungsweise beruht, stellt neue Kompetenzforderungen an uns Heilpädagogen, vorallem als Berater.

4) Miteinbezug von Fachleuten in den Ergänzungsunterricht

Der Ergänzungsunterricht ist ein integrierender Bestandteil im System «Schule» und «Familie». Beim Ergänzungslehrer gehen verschiedene «Kunden» ein und aus: der Schüler, der Primarlehrer, die Eltern, der Schulpsychologe, der Logopäde usw. Für ihn ist eine gründliche Auswertung der Elternarbeit, der Besprechungsstunden mit dem Primarlehrer und der Arbeit mit den Schülern von zentraler Bedeutung. Für diese Sitzungen mit dem Schulpsychologen werden z.z. zwei Stunden pro Woche eingeräumt. Diese Supervision bringt eine Verbesserung der persönlichen und fachlichen Kompetenz, was sich wiederum in den verschiedensten Bereichen des Ergänzungsunterrichts niederschlägt. Ich möchte deshalb auf diese Auswertungsart nicht mehr verzichten.

Der Besuch des Ergänzungsunterrichts für Schüler und die Mitarbeit der Eltern sind nur auf freiwilliger Basis möglich. Der Primarlehrer kann den Eltern und dem Schüler den Besuch des Ergänzungsunterrichts empfehlen oder nahelegen.

Mit der Einführung des Ergänzungsunterrichts wurde ein Angebot geschaffen, welches Lern- und/oder Verhaltensprobleme beim Schüler zu erfassen und Lösungen zu deren Behebung oder Verminderung sucht. Dabei werden der Schüler, die Eltern und der Primarlehrer im Ergänzungsunterricht angesprochen. Dieser Unterricht kann nur dann optimal gelingen, wenn ein hohes Maß an gegenseitigem Vertrauen und Kooperationsbereitschaft von allen Seiten vorhanden ist.

Die ersten Erfahrungen, die wir mit diesen breit angelegten Hilfen machen konnten, sind für Schüler, Eltern und Lehrerteam durchwegs positiv. Wir dürfen mit Recht behaupten, daß durch diese breit angesetzten pädagogischen Maßnahmen ein Gewinner jetzt schon feststeht: Der Schüler!

Startphase des heilpädagogischen Zusatzunterrichts in Hergiswil, LU (Josef KELLER)

In Hergiswil (LU) läuft sein Beginn des Schuljahres 1986/87 der Versuch mit dem Heilpädagogischen Zusatzunterricht (HZU). Hergiswil, eine Gemeinde im Luzerner Hinterland, zählt ungefähr 1700 Einwohner mit etwa 250 schulpflichtigen Kindern. 70 Kinder gehen in der Außenschule Hübeli und ungefähr 150 im Schulhaus Dorf zur Schule. Etwa 30 Kinder besuchen den Unterricht in Willisau.

Die Schulpflege von Hergiswil hat nach der Sistierung der Kleinklassen B-Stelle nach einer Lösung gesucht, um für die lernbehinderten Kinder aus ihrer Schulgemeinde eine angemessene Fördermöglichkeit vorzuschlagen. Der Besuch der Kleinklassen B in Willisau konnte einem Großteil der Kinder wegen der langen Schulwege nicht zugemutet werden. In Zusammenarbeit mit dem Schulpsychologischen Dienst entschied sich die Schulpflege zuerst gegen den Willen der Gemeindebehörde für den heilpädagogischen Zusatzunterricht.

Zu Beginn arbeitete ich mit sechs Kindern, fünf von der Außenschule, einem aus dem Dorfschulhaus. Inzwischen ist bereits ein siebentes Kind in den Heilpädagogischen Zusatzunterricht aufgenommen worde. Die Zuweisungen zum Zusatzunterricht kommen auf Anregung der Lehrer, aufgrund von Testergebnissen des Schulpsychologischen Dienstes Willisau und mit dem Einverständnis der Eltern zustande.

Während der ersten paar Arbeitswochen stand ein gegenseitiges Sich-Kennenlernen, ein gegenseitiges Sich-Erleben im Vordergrund. Dies war für mich eine sehr wichtige und vieles vorentscheidende Phase. Ich bin froh darüber, mir für diesen Prozeß genügend Freiraum geschaffen zu haben. Auch für die Kinder aus der ländlichen Gegend um Hergiswil ist die Begegnung mit einem neuen oder zusätzlichen «Lehrer» mit der Überwindung einiger Hemmschwellen verbunden. Die Lehrer in den beiden Schulhäusern reagierten auf diesen Einstieg positiv.

Nachdem die Lehrer und auch ich die Kinder etwas länger erlebt haben, kommen nun individuelle Bedürfnisse in den Vordergrund. Bei der Festlegung der einzelnen Förderprogramme des Zusatzunterrichts taucht öfter die Frage auf, wie und wie weit der Heilpädagogische Zusatzunterricht eine Ergänzung zum laufenden Schulstoffprogramm oder aber wie weit er mehr oder weniger vom Stoff losgelöste erzieherische Interventionen beinhalten soll. Diesen Fragekreis gilt es immer wieder in Zusammenarbeit mit den betroffenen Lehrern und dem Schulpsychologen neu zu überdenken.

Die gute Zusammenarbeit mit den verschiedenen Lehrern und auch die fachliche Beratung durch den Schulpsychologischen Dienst erleichtern mir die Arbeit als Schulischer Heilpädagoge wesentlich. Ich schätze engagierte Runden des Gedankenaustausches sehr, bringen sie doch deutlich mehr Klarheit in unsere gemeinsamen Bemühungen um das Kind. Nicht nur direkt «betroffene» Lehrer, sondern das gesamte Lehrerteam der Schulgemeinde befaßt sich intensiv mit dem laufenden Versuch des Heilpädagogischen Zusatzunterrichts. Der Erziehungsrat setzte auch eine Fachgruppe für die Begleitung des Schulversuchs ein. Ich erlebe die Bemühungen dieser Gruppe als wesentliche Entlastung vor allem im organisatorischen und konzeptionellen Fragenbereich. Durch die Arbeit dieser Gruppe fließen auch Erfahrungen aus anderen Versuchen mit ähnlichen Bedingungen in unseren ersten «Luzerner Heilpädagogischen Zusatzunterricht».

Die Bevölkerung betrachtet z.T. den Heilpädagogischen Zusatzunterricht als Ersatz für die Kleinklasse B. Das steht teils im Zusammenhang mit der Entstehungsgeschichte dieses Schulversuchs für die Gemeinde Hergiswil. Den Gedanken vom Ersatz stellte ich vor allem bei den ersten Elternkontakten fest. Zwar waren gerade diese Eltern rechtzeitig durch den Bezirksinspektor und den Schulpsychologischen Dienst über die Möglichkeiten des Zusatzunterrichts informiert worden. Hier braucht es noch vermehrte Information.

Die Elternarbeit, eine mir wichtige Komponente in der Arbeit als Schulischer Heilpädagoge, ist auch erst recht in den Startphasen. Die ersten Kontakte kamen im Rahmen der üblichen Klassenelternabende zustande. Es war für alle Beteiligten eine gute Möglichkeit der Kontaktnahme, vor allem, weil die Eltern der Kinder mit Zusatzunterricht nicht besonders exponiert oder direkt mit speziellen Lernproblemen konfrontiert waren.

Gesamthaft erlebte ich die vergangenen drei Monate der Einführungsphase als positiv. Mit vielen offenen Türen und der großen Empfänglichkeit des Umfeldes für Themen und Fragen um den Heilpädagogischen Zusatzunterricht schaue ich der kommenden Zeit zuversichtlich entgegen.

c) Sonderklassen mit Teilintegration

Die Entwicklung und Implementation des komplexen Integrationsmodells (b) ist bedingt durch die kritische Auseinandersetzung mit dem Separationskonzept und durch eine Veränderung des Verständnisses von

Lernbehinderung in Arbeitsgruppen von Lehrern an Regel- und Sonderklassen. Im Vordergrund scheint die *pädagogische Einstellungsänderung* zu stehen.

Die Entwicklung von Strategien der Teilintegration von lernbehinderten Schülern in Regelklassen verweist eher auf *organisatorische Notmaßnahmen* im Zusammenhang mit der Schrumpfung der Sonderklassenbestände und der Gefahr, außerhalb städtischer Agglomerationen das Sonderklassenangebot – insbesondere im Sinne der differenzierten zürcherischen Sonderklassentypen – nicht mehr aufrechterhalten zu können. Dieser Bedingungsfaktor mag auch, aber eher in geringerem Ausmaß, bei der Implementation des komplexen Integrationsmodells mitbestimmend gewesen sein.

Die Zürcher Versuchsmodelle müssen im Rahmen der zürcherischen Sonderklassentypologie gesehen werden: Typus A – Sonderklassen zur Einschulung für die beiden ersten Schuljahre zur Erarbeitung des Pensums für die erste Klassenstufe; Typus B – Sonderklassen für Lernbehinderte; Typus C – Sonderklassen für Sinnesgeschädigte, Typus D – Sonderklassen für Schüler mit Verhaltensauffälligkeiten und Lernstörungen; Typus E – Eingliederungsklassen für fremdsprachige Schüler.

Das erste, kaum praktizierte Versuchsmodell beinhaltet die Vollintegration einer kleinen Schülergruppe von Lernbehinderten, die aufgrund der kleinen Sonderklassenschülerbestände in kleineren Gemeinden nicht altershomogen sein kann und damit für die Eingliederung dieser Schüler in den einzelnen Fächern *einer* Normalklasse die Lehrkräfte vor schwer lösbare Probleme stellt. Lösungen werden gesucht in der Zusammenarbeit von zwei Lehrern.

Das zweite Versuchsmodell entspricht dem Konzept der gezielten Teilintegration von Schülern verschiedener Alters- und Fähigkeitsstufen in *verschiedene* Normalklassen.

Von BÄCHTOLD erhalten wir folgende Beschreibungen (vgl. BÄCHTOLD 1987)

Versuchsmodell 1: Gemeinsamer Unterricht von Schülern der Normal- und Sonderklassen

In diesem Versuchsmodell wird die bisherige Differenzierung in verschiedene Sonderklassentypen beibehalten, aber die zu kleine Sonderklasse (< sechs Schüler) wird mit einer Normalklasse zusammengelegt und diese neue Abteilung entsprechend der Schülerzahl mit eineindrittel bis eineinhalb Lehrstellen ausgestattet, wobei die beteiligten Lehrkräfte sich Schwerpunktmäßig in die anfallenden Aufgaben teilen müssen. Dieses Versuchsmodell eignet sich vor allem in Gemeinden mit einem differenzierten Sonderklassenangebot und kleinen Altersunterschieden der Kinder der Sonderklassen. Das Versuchsmodell 1 wird bisher nur von einer Gemeinde eingesetzt.

Die Schulpflegen reduzieren wohl mehrheitlich zuerst ihr differenziertes Sonderklassenangebot und entscheiden sich anschließend für das Versuchsmodell 2 für sehr gemischte Sonderklassen.

Versuchsmodell 2: Heterogene Sonderklasse mit Bezugsnormalklassen

Dieses Versuchsmodell sieht die Führung einer heterogenen Sonderklasse (Kerngruppe) durch einen Sonderklassenlehrer vor, der die Schüler mit besonderen Schwierigkeiten intensiv betreut und individuell fördert. Neu ist hier, daß diese Kinder (Schüler der Sonderklasse oder Kerngruppenschüler) zudem einer ihnen entsprechenden Normalklasse zugeteilt sind und dort je nach ihren Möglichkeiten einen Teil der wöchentlichen Unterrichtszeit verbringen. Damit soll erreicht werden, daß die Kinder vom Sonderklassenlehrer dort besonders gefördert und unterstützt werden, wo sie ihre schulischen und persönlichen Schwächen haben, andererseits sollen sie in den Fächern, wo es möglich und sinnvoll ist, den Anschluß an den Schulbetrieb bei einer Klasse gleichaltriger Schüler finden. In diesem Schulkonzept hat der Sonderklassenlehrer zudem die Möglichkeit, einzelnen Kindern aus den Normalklassen (Teilzeitschüler) mit weniger gravierenden Schulschwierigkeiten einen stundenweisen Förderunterricht anzubieten. Dieses Versuchsmodell ermöglicht größere Altersunterschiede innerhalb der Sonderklasse und ist damit vor allem für Gemeinden mit nur einer oder wenigen Sonderklassen geeignet. Das Versuchsmodell 2 wird in sieben Gemeinden des Kantons Zürich eingesetzt.

Zu diesen Versuchen liegen nach dem ersten Evaluationsjahr (1986/87) einige empirisch gewonnene Erkenntnisse vor. Schüler aus acht Sonderklassen für schulschwache Schüler (Typus B: 19, Typus D: 21) (N=40) nahmen in 15 Regelklassen in verschiedenem Ausmaß am Unterricht teil (Regelklassenschüler N=202). Das verschiedenartige Ausmaß der gemeinsamen Unterrichtung ist aus folgender Zusammenstellung ersichtlich:

gemeinsamer Unterricht zwischen 8–38%:	zwei Gemeinden mit vier Bezugsklassen	N=15
gemeinsamer Unterricht zwischen 42–60%:	zwei Gemeinden mit fünf Bezugsklassen	
gemeinsamer Unterricht zwischen 75–90%:	zwei Gemeinden mit vier Bezugsklassen	N=25
gemeinsamer Unterricht zwischen 12–64%:	eine Gemeinde mit zwei Bezugsklassen	

Die Untersuchung wurde nicht als Effizienzvergleich schulschwache Versuchsschüler/Schüler in traditionellen Sonderklassen durchgeführt, sondern der Erfassung der persönlichen und systemischen Veränderungen in der Untersuchungsgruppe unterstellt.

Dabei wurden folgende Hauptfragestellungen verfolgt:
- Wie wirken sich *unterschiedliche Unterrichtsbedingungen* in den Versuchsklassen auf die *Schüler* aus, und zwar bezüglich ihrer Leistungsfähigkeit, ihrer Persönlichkeitsentwicklung und ihrer sozialen Integration in den Klassenverband?
- Welches Ausmaß an *äußerer Differenzierung* (Ausmaß des gemeinsamen Unterrichts in der Bezugsklasse) und auch an *innerer Differenzierung* im Unterricht ist notwendig, nützlich und machbar?

- Wie wirkt sich die Arbeit in den *Versuchsmodellen* auf die beteiligten *Sonder- und Bezugsklassenlehrer* aus (Veränderungen in der Berufsrolle, Belastungen usw.)?
- Welche Formen der *Zusammenarbeit* zwischen den beteiligten *Lehrkräften*, den *Schulpsychologen* und der *Schulpflege* sind notwendig, nützlich und realisierbar? Welche Aufgabenteilung ist sinnvoll?
- Wie reagieren die *Eltern* auf die *neue Schulform* ihrer Kinder? Welche Formen des *Elternkontaktes* werden gewählt? Wie wirkt sich die neue Schulform auf die Freizeit des Schülers aus?
- Welche *lokalspezifischen Merkmale fördern* oder *hemmen* die Schulung im Versuchsmodell (Einstellung des Gesamtkollegiums zum Schulversuch, Klassengrößen, Mittel, materielle Schulumwelt usw.)?

Diese Fragestellungen indizieren eine Überwindung der üblichen individuumzentrierten Untersuchungen.

Als erstes Untersuchungsergebnis zeichnen sich deutliche Aussagen zur *sozialen Integration der teilintegrierten Sonderklassenschüler* in den Regelklassen ab. Die erste Erhebung erfolgte nach drei Monaten des Schuljahres 1986/87. Da aber ein Teil der Schüler schon im vorangegangenen Schuljahr in die Teilintegration einbezogen worden war, ergaben sich interessante Vergleiche zwischen den 3-Monate- und den 12-Monate-Integrierten.

Als *Kriterien des Integrationserfolgs* galten:
Die soziometrisch, aufgrund von Klassensoziogrammen ermittelten Werte in den Dimensionen Isolation, Einbezug in Gruppe und Bekanntheitsgrad. Aus den Dimensionswerten und den Differenzen der daraus abgeleiteten Statuswerte wurde ein Integrationsindex abgeleitet.

Alle Schüler der Integrationsklassen beantworteten auf einer Liste mit den Namen aller Schüler einer Klasse für jeden einzelnen Schüler mit ja/nein die drei Fragen «bekommt Hilfe von Mitschülern», «ist häufig mit andern zusammen», «ist oft allein».

Als *Bedingungen des Integrationserfolgs* konnten in der Untersuchung festgestellt werden: (BÄCHTOLD 1987, 612f.

«Das *Unterrichtsklima* erweist sich als die bedeutendste Bedingung für den Integrationserfolg: Wenn Kerngruppenschüler* ihren Bezugsklassenlehrer** als unterstützend und hilfsbereit erleben, dann ist die Wahrscheinlichkeit eines Integrationserfolges sehr hoch. Derselbe Zusammenhang gilt in etwas abgeschwächter Weise auch für die Wahrnehmung der Mitschüler. Anzumerken ist, daß dasselbe Unterrichtsgeschehen durch Kerngruppenschüler, ihre Mitschüler und den Lehrer in unterschiedlicher Weise wahrgenommen und erlebt werden kann.»

* Kerngruppenschüler: lernbehinderte Sonderklassenschüler mit Teilintegration in Regelklassen
** Bezugsklassenlehrer: Lehrer an Regelklassen mit teilintegrierten Sonderklassenschülern

Die Wahrnehmung des Unterrichtsklimas durch die Schüler wurde durch einen Fragebogen erfaßt, der eine Auswahl von Subskalen aus den Landauer Skalen zum Sozialklima in Schulklassen (LASSO) enthielt. (Verwendete Subskalen: Fürsorglichkeit des Klassenlehrers, Hilfsbereitschaft, Bevorzugung und Benachteiligung von Schülern, Diskriminierung von Mitschülern, Fähigkeit zur Vermittlung von Lerninhalten.)

«- Von großer Bedeutung für den Integrationserfolg sind des weiteren die *Art der äußeren Differenzierung* und die *Dauer des gemeinsamen Unterrichts:* Es zeigt sich, daß Kerngruppenschüler mit einem Anteil von mehr als 40% gemeinsamem Unterricht bedeutend häufiger sozial integriert sind und daß die soziale Integration weiter fortgeschritten ist, wenn die Kerngruppenschüler schon ein Jahr gemeinsamen Unterricht hinter sich haben. Zudem bleibt festzuhalten, daß die Wirkung der Unterrichtsorganisation durch den Zeitfaktor moderiert wird. Dies bedeutet, daß die Vorteile eines höheren Anteils an gemeinsamem Unterricht erst nach einem Schuljahr voll in Erscheinung treten. Die Vorteile des häufigeren Zusammenseins sind jedoch schon nach kurzer Zeit deutlich sichtbar. (...)

Zwischen den folgenden Bedingungsfaktoren und der sozialen Integration konnten *keine* statistisch gesicherten Zusammenhänge nachgewiesen werden:

- Individuelle Merkmale wie die Intelligenz, das Ausmaß von Lernstörungen, die erfaßten Persönlichkeitsmerkmale und die Schülerdiagnose (B oder D) sind nicht mit dem Integrationserfolg verbunden.
- Merkmale der Schulklassen wie Leistungsniveau, Klassenklima, Integrationsniveau, Klassengröße und Problemschüleranteil stehen ebenfalls nicht in einer nachweisbaren Relation zum Integrationserfolg.

Mit den letztgenannten Ergebnissen sind einige plausible Vermutungen nicht bestätigt worden. Die weiteren Erhebungen und Untersuchungen werden zeigen, ob diese Resultate Gültigkeit beanspruchen können.

Sucht man innerhalb der genannten Bedingungen für den Integrationserfolg nach dem einfachsten und prägnantesten *Prognosemodell,* so läßt sich die Wahrscheinlichkeit eines Integrationserfolges von Kerngruppenschülern am besten durch die *Kombination des Anteils an gemeinsamem Unterricht mit dem Erleben von Unterstützung und Hilfe durch den Bezugsklassenlehrer* vorhersagen. Dieses Prognosemodell führt zu folgenden Ergebnissen:

Konstellation I: mehr als 40% gemeinsamer Unterricht
und erlebte Unterstützung durch den Lehrer:
> > > > Integrationserfolg bei *85%* der Kerngruppenschüler
Konstellation II: entweder mehr als 40% gemeinsamer Unterricht
oder erlebte Unterstützung durch den Lehrer:
> > > > Integrationserfolg bei *65%* der Kerngruppenschüler
Konstellation III: weniger als 40% gemeinsamer Unterricht
und wenig erlebte Unterstützung durch den Lehrer:
> > > > Integrationserfolg bei *0%* der Kerngruppenschüler»

Hinweise auf die Bedingungen des Mißerfolgs bezüglich Integration ergab eine *Analyse der Verhaltensbeurteilung der teilintegrierten Sonderklassenschüler durch die Regelklassenlehrer.* Diese Beurteilungen müssen zur Wahrnehmung des Unterrichtsklimas in Beziehung gesetzt werden (BÄCHTOLD 1988). Sie stehen in einem Zusammenhang mit der Organisation der Teilintegration.

«Bei der Analyse der *Verhaltensbeurteilung* der Kerngruppenschüler durch ihre Bezugsklassenlehrer können *zwei Lehrergruppen* indentifiziert werden, welche sehr unterschiedliche Beurteilungstendenzen aufweisen (vgl. Abb. 7). Die Lehrergruppe ‚A' beurteilt die Kerngruppenschüler in ihrer Klasse als außerordentlich ‚unkooperativ' und ‚unselbständig'. Auch bezüglich ‚Schulverdruß' und ‚praktisch-motorischen Problemen' werden im Vergleich zur Lehrergruppe ‚B' bedeutend häufiger Verhaltensauffälligkeiten registriert. Umgekehrt beurteilt die Lehrergruppe ‚B' ihre Kerngruppenschüler als ‚ängstlicher'. *Im Unterschied zur Lehrergruppe ‚B' neigt die Lehrergruppe ‚A' in ihrem Beurteilungsstil also bedeutend mehr zur Generalisierung von Abweichungen und zur Feststellung stark ausgeprägter negativer Abweichungen.*

Vergleicht man die Kerngruppenschüler der Lehrergruppe ‚A' mit denjenigen der Lehrergruppe ‚B' bezüglich ihrem Leistungsprofil, ihrem Selbstkonzept und ihrem Sonderklassenstatus (B bzw. D), so ergeben sich keine signifikanten Unterschiede. Dies könnte ein Hinweis dafür sein, daß es sich um unterschiedliche Prozesse der Urteilsbildung bei den beiden Lehrergruppen handelt: Die Lehrergruppe ‚A' beurteilt Kerngruppenschüler prinzipiell negativer, wogegen die Lehrer der Gruppe ‚B' ihre Kerngruppenschüler generell als weniger verhaltensauffällig taxieren.»

In einem weiteren Schritt der Datenanalyse wurde untersucht, ob Zusammenhänge zwischen der Unterrichtsorganisation, der Unterrichtssituation und der Dauer des gemeinsa-

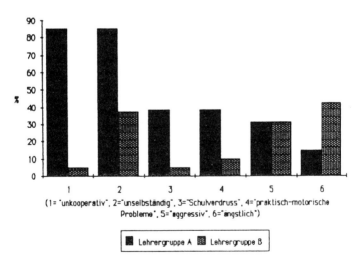

Abbildung 30: Unterschiede in der Verhaltensbeurteilung durch zwei Lehrergruppen (BÄCHTOLD 1988)

men Unterrichts mit den unterschiedlichen Mustern der Verhaltensbeurteilung bestehen. Dabei zeigt sich einmal mehr die Bedeutung der Unterrichtsorganisation, indem ein geringer Anteil an gemeinsamem Unterricht die Generalisierung negativer Verhaltenseinschätzungen über Kerngruppenschüler zu begünstigen scheint. Zudem werden Lehrer der Gruppe «A» von ihren Kerngruppenschülern als wenig unterstützend erlebt. Die Tendenz, Kerngruppenschüler negativ zu sehen, verschränkt sich also mit einer negativen Sichtweise des Bezugsklassenlehrers durch die Kerngruppenschüler. Dieser Sachverhalt könnte als Interaktionsstörung bezeichnet werden. Vor diesem Hintergrund erstaunt es wenig, daß die soziale Integration der Kerngruppenschüler in diesen Bezugsklassen mißlingt.

Ein um so positiveres Bild ergibt sich für die Bezugsklassen der Lehrergruppe «B», die im übrigen in der Mehrzahl vorzufinden sind. *Wenn die Kerngruppenschüler mehr im gemeinsamen Unterricht präsent sind, dann steigt die Chance, daß sie durch den Bezugsklassenlehrer differenzierter wahrgenommen und als bedeutend weniger verhaltensauffällig beurteilt werden. Diese positivere Beurteilung scheint sich auf die Interaktionsqualität besonders positiv auszuwirken, denn die Kerngruppenschüler erleben unter diesen Voraussetzungen ihren Bezugsklassenlehrer in der Regel als sehr unterstützend. Der positive Effekt dieser Konstellation läßt sich am sozialen Integrationserfolg der Kerngruppenschüler ablesen.*

Die Untersuchung von BÄCHTOLD ergab auch interessante Hinweise auf die *Abhängigkeit der Zuschreibungsprozesse der Lehrer von der Separation schulschwacher Schüler* in Sonderklassen. Es wurde festgestellt, daß sich unter den Regelklassenschülern 34% befinden, die die nach Intelligenz, Schulleistungen und Verhaltensmerkmalen («Problemprofil») der Untersuchungsgruppe (bestehend aus den Teilgruppen Sonderklassenschüler (Typus B und D, sowie Schüler mit partiellen Lernstörungen, die entweder gewisse Stunden beim Sonderklassenlehrer besuchten oder von besonderen Stütz- und Fördermaßnahmen außerhalb des Klassenunterrichts profitieren konnten) entsprachen, aber nicht diagnostisch erfaßt und in pädagogisch-therapeutischer Hinsicht nicht institutionell plaziert worden waren.

Diese *nicht erfaßten «Problemschüler»* unterschieden sich von den entsprechenden Teilgruppen *nicht* im Selbstkonzept, im sozialen Integrationsstatus, in der Wahrnehmung des Unterrichtsklimas, *wohl aber* in der Verhaltensbeurteilung durch ihre Regelklassenlehrer. Sie wurden bedeutend weniger als problematisch beurteilt. Bezüglich der Sonderklassenschüler ließ sich feststellen (BÄCHTOLD 1987, 617):

erfaßte B-Schüler werden im Vergleich mit nicht erfaßten B-Schülern bedeutend häufiger wie folgt beschrieben:	– *«unselbständig»* – *«unkooperativ im Unterricht»* – *«praktisch-motorische Probleme»*
erfaßte D-Schüler werden im Vergleich mit nicht erfaßten D-Schülern bedeutend häufiger wie folgt beschrieben:	– *«unselbständig»* – *«aggressiv»* – *«Schulverdruß»*

Ungeklärt blieb dabei die Art des Zusammenhangs zwischen der günstigeren Verhaltensbeurteilung und der Nichtergreifung diagnostischer und sonderpädagogischer Maßnahmen. Hat die Nichtseparierung zu positiverem Schülerverhalten beigetragen; oder haben besondere Verhaltensauffälligkeiten der Sonderklassenschüler zu sonderpädagogischen Überweisung beigetragen? Oder stimmen die Gruppen im Verhalten überein und unterscheiden sich nur aufgrund der vorurteilsbedingten Lehrerurteile bei Schülern mit dem Separationsstigma? Die *Auswirkungen der Teilintegration auf die Schulleistungen* sollen in einer geplanten Längsschnittuntersuchung erfaßt werden. Die erste Erhebung ergab aber schon überraschende Ergebnisse (BÄCHTOLD 1987, 615):

«Eine Fragestellung konnte jedoch schon im Rahmen der ersten Erhebung untersucht werden. Es wurde die Vermutung überprüft, ob ein sehr hoher Anteil gemeinsamen Unterrichts, der sich dann auch auf die Promotionsfächer erstreckt, der Leistungsfähigkeit abträglich sei. Dazu wurde ein Extremgruppenvergleich durchgeführt. Eine Gruppe von Kerngruppenschülern mit einem Anteil von mehr als 75 % gemeinsamen Unterrichts wurde mit einer Gruppe verglichen, welche weniger als 25 % am Unterricht in der Bezugsklasse teilnimmt.

Das *Ergebnis* ist überraschend: Die Gruppe mit einem sehr hohen Anteil an gemeinsamem Unterricht ist der anderen Gruppe in den sprachlichen Schulleistungen eindeutig und statistisch abgesichert überlegen. Keine Unterschiede zeigen sich in den rechnerischen Schulleistungen. Nun könnte man vermuten, daß die Gruppe mit den besseren sprachlichen Leistungen vielleicht einfach ein höheres Intelligenzniveau aufweise und sich dadurch der Leistungsunterschied erkläre. Dies ist jedoch nicht der Fall.»

6.3 Kritische Fragen zur Evaluation von Integrationsversuchen

Zur Elaboration und Differenzierung weiterer Evaluationen von schulischen Integrationskonzepten drängen sich Fragen auf, welche sich den fünf kritischen Grundfragen zuordnen lassen, welche zur Exposition anthropologisch-psychologischer Grundlagen der Lernbehindertenpädagogik diskutiert worden sind (Kapitel 1-5).

Es handelt sich um Fragestellungen, zu welchen im Evaluationsprozeß die Methoden und Instrumente (Beobachtung, Befragung, Tests) herangezogen oder noch entwickelt werden müßten.

Die Fragen beziehen sich auf pädagogische Zielsetzungen, welche sich in der Auseinandersetzung mit den fünf Fragen aufdrängen.

Zu (1): *Der Vorwurf der Ausleseungerechtigkeit in der Einweisungspraxis für Sonderklassen* (diagnostisches Kriterium)

- Kann das institutionelle Modell einen Beitrag zur diagnostischen Differenzierung leisten, etwa im Hinblick auf die Planung individualisie-

render pädagogisch-therapeutischer und unterrichtlicher Maßnahmen?
- Kann es zu einer Veränderung der Beurteilungsstrategien der Regelklassenlehrer beitragen, zu einem Verständnis von Lern- und Verhaltensstörungen, das sich auf schulschwache Schüler fruchtbar auswirken kann?
- Wie weit ist die Möglichkeit zur diagnostischen Zusammenarbeit zwischen Regelklassenlehrer, Schultherapeuten und Schulpsychologen gegeben?
- Bietet das Modell verbesserte Möglichkeiten der Evaluation sonderpädagogischer Maßnahmen in im Regel- und Sonderklassenunterricht und in den pädagogisch-therapeutischen Maßnahmen außerhalb des Klassenunterrichts an?

In Ergänzung zur traditionellen sonderpädagogischen Einweisungs- und Plazierungsdiagnostik kann in der Pädagogisch-therapeutischen Schülerhilfe eine primäre, schnell und flexibel organisierbare *Kooperationsdiagnostik* realisiert werden, welcher je nach Notwendigkeit auch eine spezielle *sonderpädagogische* Zusatzdiagnostik angeschlossen werden kann. Entscheidend ist in diesem Modell die Chance, die darin besteht, die prognostischen Hypothesen vorerst in der Realisierung der geplanten pädagogisch-therapeutischen Maßnahmen zu überprüfen und in der *Prozeßdiagnostik* eventuell auch die fundierten Entscheidungen zu einer allfälligen Sonderklasseneinweisung zu treffen.

Zu (2): *Sozialschichtzugehörigkeit als wichtige Determinante von Lernbehinderung*

- Wird durch das Modell eine Verbesserung des Verständnisses der Lehrer für die sprachlichen Leistungen der Unterschichtkinder und für die Möglichkeiten der komplexen Begabungsförderung im Zusammenhang mit einem dynamischen Begabungsbegriff angeregt?
- Welche Maßnahmen zur kompensatorischen bzw. komplementären Spracherziehung werden in diesem Modell realisiert?
- Wie wird versucht, den schulisch integrierten schulschwachen, soziokulturell deprivierten und psychosozial belasteten Kindern und ihren Eltern Lebenshilfe anzubieten, die sich auf die Alltagsprobleme und Daseinstechniken bezieht?

Siehe dazu:
- Komplementäre Spracherziehung nach GAHAGAN S. 45
- Emanzipatorische Begabungsförderung S. 52
- Meisterung der here-and-now-Problems soziokulturell deprivierter und psychosozial belasteter schulschwacher Schüler 62

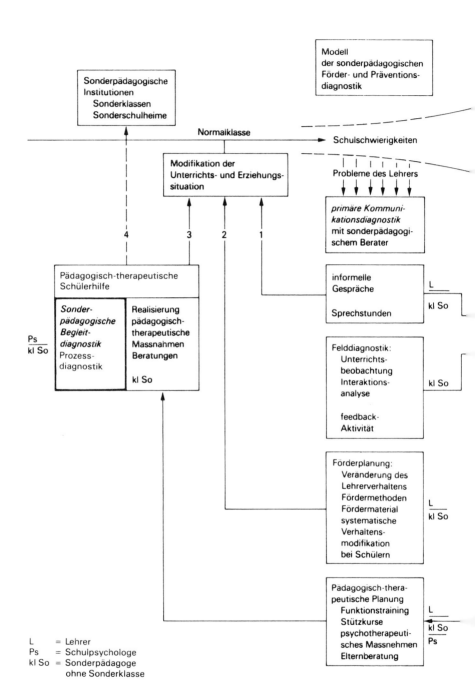

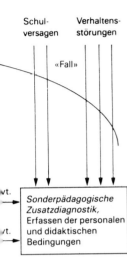
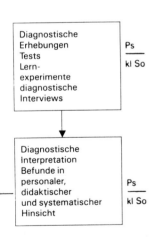

Abbildung 31: Förder- und Prozeßdiagnostik im Zusammenhang mit der Institution «Pädagogisch-therapeutische Schülerhilfe»

Zu (3): *Problematischer Leistungsstand in Sonderklassen im Zusammenhang mit restringierten ätiologischen Theorien*
- Können Zusammenhänge zwischen den institutionellen Ansätzen und dem emotionalen Lernklima angenommen werden?
- Sind Maßnahmen im emotional-sozialen Bereich im Hinblick auf die Wechselbeziehungen zwischen Lern- und Verhaltensstörungen vorgesehen?
- Ist eine Synthese von Normalisierungs- und Sondermaßnahmen vorgesehen?
- Wie wird die Binnendifferenzierung des Unterrichts ohne Separierungseffekt praktiziert?
- Ist die Koordination von pädagogisch-therapeutischen Maßnahmen außerhalb des Klassenunterrichts und unterrichtlichen Maßnahmen in der Klasse möglich bzw. vorgesehen?
- Welchen Einfluß hat der Schultherapeut bzw. der Sonderpädagoge ohne Sonderklasse auf den Klassenunterricht seiner Kollegen in Regel- und Sonderklassen?

Siehe dazu:
- Bedingungen der sozialen Integration, Zusammenhang mit emotionalem Lern- bzw. Klassenklima S. 179, 180
- Binnendifferenzierung ohne Separierungseffekt, SPECK et al. 1978, S. 175
- Didaktische Beratung von Sonderklassenlehrern (in Integrationsklassen) durch Sonderpädagogen ohne Sonderklassen S. 110–112
- Beratung des Regelklassenlehrers durch Sonderpädagogen ohne Sonderklassen im Sinne der Sonderpädagogik in der allgemeinen Schule S. 164, 165
- Pädagogisch-therapeutische Maßnahmen durch den Sonderpädagogen ohne Sonderklasse S. 166.

Zu (4): *Die soziale Diffamierung der Sonderklassenschüler*
- Was wird getan zur Vermeidung der sozialen Diffamierung schulisch integrierter schulschwacher Schüler?
- Welche Auswirkung kann das Modell zur Durchbrechung von Stigmatisierungs- und Labeling approach-Prozessen bei Sonderklassenschülern haben?

Siehe dazu:
- Auswirkungen von Lehrerkooperation und sozialpsychologisch orientiertem Projektunterricht an der Mittel- und Oberstufe der Regelschule S. 129, 130
- Maßnahmen im Hinblick auf die Stufen des Labeling approach S. 138, 139.

Zu (5): *Einschränkung der Berufschancen für Sonderklassenschüler*
– Wie wird der Gefahr der einseitigen Ausrichtung auf das Leistungsprinzip als Forcierung der schulischen Integration im Hinblick auf die Verbesserung der Berufschancen begegnet?
– Wie wird der Gefahr der Verabsolutierung restringierter Fertigkeitstrainings als «therapeutische Maßnahmen» begegnet?
– Wie wird die Förderung schulschwacher Schüler ganzheitlich verstanden, auch unter Einschluß einer sachlichen und identitätsbezogenen Berufsfindung?

Siehe dazu:
– Maßnahmen zur Berufsfindung bei Lernbehinderten: Besuch eines Werkjahrs S. 148, 149, konzertierte Maßnahmen S. 154, 155
– Lebensgrundschulung S. 152, 153.

Mit diesem Fragenkatalog werden Vorschläge gemacht, die eine weitere Differenzierung von Evaluationsprozessen bedingen, ein Übersteigen der traditionellen Erhebungen, die auf den Fertigkeitsstand und Neurotizismusvariablen eingeschränkt blieben, eine Differenzierung die schon von BÄCHTOLD/STRASSER mit ihrer systemischen Evaluationsperspektive begonnen wurde. Zudem müßten die empirischen Untersuchungsansätze ergänzt werden durch die biografische Forschungsmethode wie sie von KLEIN (1985) praktiziert worden ist.

Aufgabe:

Diskutieren Sie die fünf Fragenpakete an den beiden Innovationsmodellen
(a) am komplexen Innovationsmodell der pädagogisch-therapeutischen Schülerhilfe (S. 164f.)
(b) am Modell der Integrationsklassen (S. 175f.).

6.4 Ein Innovationspostulat: Die Kombination von Sonderklassen mit Teilintegration, Institutionen der pädagogisch-therapeutischen Schülerhilfe und sonderpädagogisch individualisierendem Regelklassenunterricht

Das hier vertretene Innovationspostulat bezieht sich auf folgende Grundeinsichten:
– Im Hinblick auf schwere Lernbehinderung und auf die Notwendigkeiten der Lebenshilfe bei schwereren soziokulturellen und psychosozialen Belastungen ergeben sich noch keine Hinweise, welche eine Aufhebung der Sonderklassen bzw. der Sonderschulen für Lernbehinderte nahelegen. Wir sehen aber die vielen Möglichkeiten der didaktischen Innovationen, die Möglichkeit der Etablierung von attrak-

tiven Angebotsschulen (s. dazu etwa das Beispiel der Jenaplan-Alternativschule im Sinne von PETERSEN, in: ZUDEICK 1982, 103-116).
- Die Ergebnisse von Schulversuchen lassen erwarten, daß Teilintegration von Sonderklassenschülern in Regelklassen den Effekt der neu konzipierten Sonderklassen zu steigern vermöchten und zudem in systemischer Hinsicht einen fruchtbaren Kooperationseffekt haben könnte.
- Die pädagogisch-therapeutische Schülerhilfe ist nicht grundsätzlich als Alternative zu Sonderklasse/Sonderschule zu betrachten. Sie wird es ermöglichen, gewisse lernbehinderte Schüler ohne Sonderklassenseparation zu schulen, jedoch auch für andere schulschwache Schüler in der ambulanten Betreuung die Hinweise finden lassen (Prozeßdiagnostik!), welche eine Sonderklassenbeschulung begründen. Die pädagogisch-therapeutische Schülerhilfe kann in der Kooperation zwischen Sonderpädagogen ohne Sonderklassen und Regelklassenlehrern eine ständige Fortbildung implizieren; sie kann aber auch für Sonderklassenschüler diejenigen pädagogisch-therapeutischen Angebote eröffnen, welche wegen der vielseitigen Inanspruchnahme des Sonderklassenlehrers nicht realisierbar sind.

Diese Einsichten legen eine innovativ-institutionelle Zielsetzung nahe, welche sich in einem *sonderpädagogischen Innovationsdreieck* darstellen läßt:

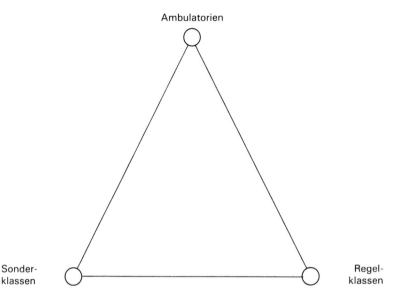

pädagogisch- therapeutische
Schülerhilfe
mit Angeboten für Sonder- und
Regelklassenlehrer und -schüler
(s. S. •••)

Ambulatorien

Sonder-
klassen

Regel-
klassen

didaktisch neu konzipierte
Sonderklassen,

auch als *Angebotsklassen*
ohne Einweisungszwang,

auch als *flexible Teil-
integration* von Sonder-
klassenschülern
(s. S. 160, 162)

Sonderpädagogik in der
allgemeinen Schule,

Individualisierung im
Regelklassenunterricht
unter Berücksichtigung
schulschwacher Schüler

Förderstunden durch den
Klassenlehrer

auch *Kleinklassen* mit
Integration einzelner
lernbehinderter Schüler
(s. S. 161, 162)

Abbildung 32: Das sonderpädagogische Innovationsdreieck

Diese neue schulsystemische Konstellation wäre getragen von verschiedensten Möglichkeiten der Zusammenarbeit und der gegenseitig animierten Lernprozesse und könnte verbesserte Transparenz, Kontrolle und Verstärkung von Erarbeitungs-, Planungs- und Entscheidungsprozessen bedingen.

In diesem System kommt dem *Regelklassenlehrer* eine große Bedeutung zu.

Die Sonderpädagogik wird es sich nicht mehr leisten können, ohne Bezugnahme auf die Regelschulpädagogik und ohne Einflußnahme auf die Lehrerbildung die Ausbildung von Sonderklassenlehrern zu konstituieren.

Den Ausbildungsinhalten einer *Sonderpädagogik in der allgemeinen Schule* könnten folgende Funktionen zukommen:
- Sie enthalten die Kompetenzbereiche, welche auch in der Sonderklassenlehrerausbildung berücksichtigt werden müßten, und auf welche die spezielle Sonderklassenlehrerausbildung aufbauen müßte. (In der Schweiz läßt sich der zukünftige Sonderklassenlehrer vorerst als Regelklassenlehrer ausbilden und beginnt erst nach einer Erfahrungsphase in der allgemeinen Schule seine Sonderklassenlehrerausbildung.)
- Sie bilden die Grundlage für die Zusammenarbeit zwischen Sonderklassenlehrern, Regelklassenlehrern und Sonderpädagogen ohne Sonderklassen.

Damit verliert die Sonderpädagogik in der allgemeinen Schule den Stellenwert des sonderpädagogischen Nebenfeldes in der Ausrichtung auf «leichte Problemschülerfälle». Sie wird *konstitutives Element einer intensiven und dynamischen Sonderpädagogik*.

Wir stellen deshalb zum Abschluß eine Betrachtung der Sonderpädagogik in der allgemeinen Schule mit Begründungen und inhaltlichen Vorschlägen an, die im Zusammenhang mit einer Implementation steht, mit der sich gegenwärtig die schweizerische Erziehungsdirektorenkonferenz (analog zur deutschen Kultusministerkonferenz) befaßt.

Zum Verständnis dieser Abhandlung müssen folgende schweizerische Gegebenheiten zur Kenntnis genommen werden:
- Die schweizerische Lehrerbildung ist nicht an die Universitäten angegliedert. Sie geschieht in Fachhochschulen, weitgehend nachmaturitär im tertiären Bildungsbereich. Sie ist erziehungswissenschaftlich und fachdidaktisch geprägt und versucht, ohne fachwissenschaftliche Studien die Handlungskompetenzen des Lehrers an Unter- und Mittelstufe der Volksschule (meist erstes bis sechstes Schuljahr) aufzubauen. Für Lehrkräfte an der Sekundarstufe werden zudem fachwissenschaftliche Studien in die Ausbildung integriert.
- Die Sonderklassenlehrerausbildung ist in der Schweiz nicht als Universitätsstudium konzipiert. Sie erfolgt in Fachhochschulen, welche zum Teil (Fribourg und Basel) administrativ der Universität angeglie-

dert sind. In Fribourg besteht die Möglichkeit, die sonderpädagogische Diplomausbildung als Fachbereich in ein wissenschaftliches Studium mit Lizentiats- oder Doktoratsabschluß im Sinne des Dreifächerstudiums der philosophisch-historischen Fakultät einzubringen. In der Region Zürich (Ostschweiz) übernimmt das Heilpädagogische Seminar außerhalb der Universität als selbständige Fachhochschule die Sonderklassenlehrerausbildung; das Institut für Sonderpädagogik der Universität Zürich betreibt Forschung und Lehre im Rahmen der philosophisch-historischen Fakultät, bildet Akademiker für sonderpädagogische Kaderfunktionen im Dreifächerstudium (meist in den Fächern Psychologie, Pädagogik, Sonderpädagogik, Kinderpsychopathologie, gelegentlich auch unter Einbezug von linguistischen Fächern) aus, und ist von der Sonderklassenlehrerausbildung entlastet.

Sonderpädagogik in der allgemeinen Schule als Gegenstand der Lehrerbildung darf nicht mit einer Einführung in heilpädagogische bzw. behindertenpädagogische Grundfragen verwechselt werden. Diese erziehungswissenschaftliche Disziplin, welche heute vermehrt beachtet wird, steht im Überschneidungsfeld von Pädagogik und Sonderpädagogik, läßt sich in der Zielsetzung zur Individualisierung des Unterrichts in Regelklassen eher der allgemeinen Pädagogik zuordnen, wird aber inhaltlich nachhaltig von Forschungsergebnissen der neueren Sonderpädagogik beeinflußt. In der mikropädagogischen Auseinandersetzung mit Lernschwierigkeiten und Verhaltensauffälligkeiten ergeben sich Einsichten, die nicht nur für Problemschüler bedeutsam sind. Die curriculare Skizze einer Problemschülerpädagogik in der Lehrerbildung, die hier vorgelegt wird, soll Lehrplanentscheidungen anregen, die an die institutionellen Vorhaben angepaßt werden müssen. Die Vorschläge stützen sich auf Empfehlungen der Erziehungsdirektorenkonferenz, in denen, auch im Hinblick auf vermehrte Integration von Problemschülern in den Regelklassenunterricht, die Erhöhung der sonderpädagogischen Handlungskompetenz der Lehrer an diesen Klassen nahegelegt wird.

Die Empfehlungen der Erziehungsdirektorenkonferenz (EDK) vom 24. Oktober 1985 zur Sonderpädagogik in der allgemeinen Schule stützen sich auf den im gleichen Jahre erschienen Bericht «Kinder mit Schwierigkeiten in der Schule», den eine ad-hoc-Kommission in deren Auftrag verfaßt hatte.

Aus diesen Empfehlungen greifen wir diejenigen Passagen heraus, welche die *Aufträge für die Lehrerbildung* deutlich herausstellen:
- Als Form sonderpädagogischer Förderung für «Kinder mit Schwierigkeiten in der Schule» (d.h. Schüler mit Lernschwierigkeiten, die in der Regel mit Verhaltensschwierigkeiten verbunden sind, hier als «Problemschüler» bezeichnet), wird die *Förderung durch den Klassenlehrer* in der Regelklasse an der Spitze aufgelistet – vor allen Maßnahmen, welche mit einer schulischen Separation verbunden sind. Dabei wird auch auf die Wichtigkeit relativ kleiner Schülerbestände hingewiesen. Kleinklassen werden dabei nicht explizit genannt. Die durch die Geburtenrückgänge bedingten Verkleinerungen der Klassenbestände dürften dieser Forderung schon weitgehend entsprechen.
- Im Hinblick auf diese Forderung wird betont, daß in der Aus- und Fortbildung der Lehrkräfte, welche sich mit Problemschülern befassen, deren Bedürfnisse besonders berücksichtigt werden sollen. Daraus ist abzuleiten, daß in der Lehrerbildung rein theo-

retische Informationen über Lern- und Verhaltensstörungen nicht mehr als genügend zu erachten sind, sondern daß die Erhöhung der *Handlungskompetenzen* des Regelklassenlehrers anzustreben ist. Deshalb wird eine *Zusammenarbeit zwischen Ausbildungs- und Fortbildungsstätten* empfohlen.

Die EDK-Empfehlungen beziehen sich nicht nur auf die Verbesserung der Situation von Problemschülern in der Regelklasse; sie gelten auch der möglichen und sinnvollen Integration von verschiedenartig behinderten Kindern in Normalklassen, die auch in verschiedenen sonderpädagogischen Arrangements erfolgen kann (u.a. Unterricht in besonders kleinen Regelklassen, in Stützunterricht mit pädagogisch-therapeutischen Maßnahmen, Unterricht in Sonderklassen mit Teilintegration in den Normalklassenunterricht).

Ich beschränke mich hier auf die Aufgabenstellung an die Lehrerbildung, welche sich auf *Schüler mit Lern- und Verhaltensschwierigkeiten* beziehen, darunter auch auf Schüler, die immer schon in Regelklassen unterrichtet worden waren, aber auch auf solche, die in Verkennung der «normalen» schulischen Möglichkeiten, in Sonderklassen eingewiesen worden sind. Auch die EDK-Empfehlungen lassen offen, daß es nach wie vor Schüler geben wird, für welche eine Sonderklasseneinweisung die angemessenste Lösung darstellung kann. Die neuere sonderpädagogische Forschung legt aber insgesamt flexiblere Lösungen und eine größere Durchlässigkeit zwischen Sonder- und Regelklassen nahe.

Auf welche Schüler bezieht sich die neue Problemschülerpädagogik?

Ich versuche hier eine Kategorisierung, welche sich auf das pädagogische Problem der Integration/Separation bezieht. Als Aufgaben des Regelklassenlehrers sind zu sehen:

a) Die Individualisierung des Unterrichts für Schüler, *welche früher als sonderklassenbedürftig* erachtet worden waren, die aber wegen eines neuen Verständnisses von Lernbehinderung in Abkehr von einem Debilitätskonzept, in der Einsicht in die vielschichtigen und häufig kumulativen Bedingungen von Lern- und Verhaltensschwierigkeiten und nach der Erarbeitung von mannigfaltigen Förderungsmaßnahmen unter bestimmten Bedingungen als regelklassenfähig zu betrachten sind. Der gleichen Kategorie ordne ich die Schüler zu, welche in Folge des verschiedenartig bedingten Zusammenbruchs von Sonderklassen (Kleinklassen, Hilfsklassen) in Regelklassen eingewiesen werden müssen und dort auch unter Einbezug von Sondermaßnahmen außerhalb des Regelklassenunterrichts angemessen gefördert werden sollten.

b) Die verbesserte Förderung von *schulschwachen Schülern,* für welche auch nach bisherigem Verständnis *keine Sonderklassenbedürftigkeit* angenommen wurde.

c) Die klasseninterne, individualisierende Förderung von *Schülern mit Teilleistungsschwächen* im Zusammenhang mit einem Abbau sog. Therapien, welche in vielen Fällen kompensieren mußten, was der Unterricht versäumt hatte. Therapien sollten nur noch vorgesehen werden, für besondere Fälle, welche auch die Kompetenz derjenigen Lehrer übersteigen, die im Hinblick auf die in den Regelklassen wahrzunehmende Problemschülerpädagogik ausgebildet worden sind. Damit soll der Therapieboom der siebziger Jahre pädagogisch vernünftig korrigiert werden.

Mit diesen Hinweisen soll angedeutet werden, daß eine isolierte Darstellung von Lernoder von Verhaltensstörungen überwunden werden sollte. Die *Wechselbeziehung zwischen Lern- und Verhaltensstörungen wird heute in ihren Beziehungen zu ätiologischen Basisfaktoren (organische, sozioökonomische, soziokulturelle, familiär-psychosoziale und schulisch-didaktische Belastungen) und zur systemischen Milieudynamik gesehen.* In der Wechselbeziehung zwischen kognitiven und emotional-sozialen Persönlichkeitsmerkmalen können wir die reaktiven emotionalen Störungen bei Lern- und Leistungsstörungen, aber auch die Auswirkung von primären Verhaltensstörungen auf den Lern- und Leistungsbereich sehen. Eine rein kognitiv-sprachliche Behandlung des als Legasthenie bezeichneten Phänomens in der Lehrerbildung ohne Einbezug der emotionalen und systemischen Zusammenhänge würde hinter diesem *Wechselwirkungskonzept* zurückbleiben.

Im Gegensatz zu den älteren Umwelt- bzw. Milieutheorien mit den kausallinearen Erklärungen wird das Kind in den Systemtheorien auch als umweltstiftendes Wesen gesehen, das dann auf die von ihm mitgestalteten Umwelten auf verschiedene Weise reagiert. Das Konzept der sogenannten Milieuschädigung im Rahmen der älteren Umwelttheorien verbleibt im hier vertretenen dynamischen Entwicklungskonzept von Verhaltens- und Lernstörungen noch in Varianten der ätiologischen Basisfaktoren (Frühdeprivation, erzieherische Deprivation, Fehlerziehung u.a.). Allerdings sind auch diese Basisfaktoren in Systemzusammenhängen (Ehe, Nachbarschaft, elterliche Arbeitsplätze u.a.) zu verstehen.

Sonderpädagogik in der Regelschule: Verständnis und Mißverständnisse in der gegenwärtigen Lehrerbildung

Ist Problemschülerpädagogik eine pädagogische oder eine sonderpädagogische Disziplin? Ich halte diese Zuordnung als wenig fruchtbar und sehe sie auf der universitären Forschungsebene auch abhängig von den Zufälligkeiten der personellen Kompetenzen der Mitarbeiter in Universitätsinstituten. Die folgende Übersicht bildet die gegenwärtige, personell gegebene Ausbildungsstruktur an der Universität Zürich in den Fächern Pädagogik und Sonderpädagogik ab und will zeigen,
- daß die Problemschülerpädagogik insbesondere in der Disziplin «remediales Lernen» von der Normalpädagogik erschlossen werden kann
- daß die Behindertenpädagogiken im Verständnis von Sonderpädagogik als besonders herausgeforderte Pädagogik, oder als Mikropädagogik viele Hinweise zum Regelklassenunterricht in der Ausrichtung auf Problemschüler geben können. Dabei kann das Überschneidungsfeld Problemschülerpädagogik auch als *Figur-Grund-Phänomen* gesehen werden.

In der folgenden Darstellung der gegenwärtigen Zürcher Verhältnisse (Abb. 33) wird die Figur für die Sonderpädagogik gesetzt. Wichtiger als solche Zuordnungen sind aber die realen Dienstleistungen.

In didaktischer Hinsicht wurden für den Regelklassenunterricht Merkmale und Modelle eines *remedialen Unterrichts* entwickelt (Übersichtsdarstellung von WEINERT 1978, 266f.), der mit einer Binnendifferenzierung des Unterrichts (SPECK et al. 1978, 76f.) verbunden ist.

Remedialer Unterricht als Aufgabe des Regelklassenlehrers kann auf verschiedene Modelle ausgerichtet werden und kann auch in der Integration verschiedener Modelle bestehen. WEINERT verweist in seiner Übersicht auf das hierarchische Lernkomponenten-Modell nach GAGNÉ, in welchem es darum geht, für komplexere Lernziele die verfügbaren

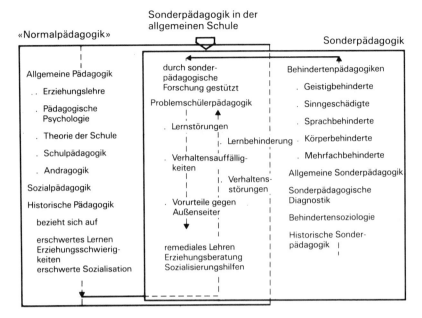

Abbildung 33

und die notwendigen Vorkenntnisse zu analysieren. Das Lernzeit-Variationsmodell nach CARROLL bezieht sich auf eine didaktisch leicht variierbare Variable. Jedem Schüler mit Lernschwierigkeiten soll seine Erfolgschance durch angemessene Erhöhung der Lernzeit verbessert werden. Das Motivationsmodell remedialen Lernens nach ATKINSON basiert auf der Annahme, daß die Varianz von Lernleistungen stärker durch leistungsbezogene Motivation denn durch Fähigkeitsdifferenzen bedingt ist, auch wenn die Wechselbeziehung zwischen Motivation und Fähigkeiten beachtet wird. Im lernzielorientierten Modell wird die möglichst unmittelbare, möglichst begrenzte und möglichst spezifische Korrektur von Leistungsdefiziten angestrebt. Dies geschieht durch den Einsatz lernzielorientierter Tests und durch die Organisation von Lernhilfen für Schüler, welche hinter den (Teil-)Lernzielen zurückgeblieben sind, durch Kleingruppenarbeit, durch Nachhilfe durch Lehrer und Mitschüler, durch Einsatz zusätzlicher Lernmaterialien. Dazu kommt noch das fähigkeitsorientierte Differenzierungsmodell nach SALOMON. Es unterscheidet in Übereinstimmung mit Zielsetzungen, die in der Sonderpädagogik verbreitet sind, neben dem Defizitausgleich, wie er durch GAGNÉ, CARROLL und BLOOM dargestellt wird, die außerdefizitäre Kompensation. Sie kümmert sich nicht um die Verbesserung weniger ausgeprägter Fähigkeiten, sondern fördert Arbeits-, Lern- und Problemlösungsstrategien und Fähigkeitsschwerpunkte in den ungefährdeten Leistungsbereichen. Damit kann auch die Brücke zu den Maßnahmen des Defizitausgleichs geschlagen werden.

Remediales Lernen ist unabdingbar verknüpft mit *Maßnahmen zur inneren Differenzierung* des Unterrichts, wie sie etwa in den Münchner Versuchen zur Integration von Schülern mit Lern- und Verhaltensstörungen (SPECK et al. 1978) in der Zusammenarbeit des Regelklassenlehrers mit einem Sonderpädagogen ohne Sonderklasse in der Koperation im Klassenzimmer organisiert wurden. Dabei teilten sich die beiden Lehrkräfte in jeweils abgesprochenen, in Wochenplankonferenzen der Jahrgangsstufenlehrer geplanten Lektionen in differenzierte Maßnahmen (Einsatz von Aufgaben mit verschiedenem Schwierigkeitsgrad in der Anwendungsphase des Lernprozesses. Einsatz von besonderen Lernhilfen in der Erarbeitungsphase, Organisation von Zusatzschleifen im Lernprozeß).

Der Gefahr der selegierenden und stigmatisierenden Differenzierung versuchte man in den Münchner Versuchen dadurch zu begegnen, daß die partizipierende sonderpädagogische Lehrkraft nicht nur mit den Problemschülern arbeitete, und dadurch, daß versucht wurde, die Lösungen der Aufgaben, die auf einem niedrigerem Anspruchsniveau gestellt wurden, so oft wie möglich als unabdingbares Element für die übergreifende Zielsetzung aller Lerngruppen zu veranschlagen.

Die Kontakte, die wir mit Lehrerbildnern und Seminardirektoren aufnehmen konnten, führten insbesondere im Rahmen des Erfahrungsaustausches über *bisherige Bemühungen* zu folgenden Einsichten:

a) Sonderpädagogik in der Lehrerbildung wird vor allem im *traditionellen Fach «Heilpädagogik»* gepflegt. Dieses erscheint als Freifach, im Rahmen besonderer heilpädagogischer Fachtage, verbunden mit Besuchen heilpädagogischer Institutionen, in Konzentrationswochen im Sinne eines Wahlpflichtfaches, neuerdings auch (Kanton Schwyz) als Pflichtfach und letztlich auch in Einschüben in den Unterricht in Pädagogik und pädagogischer Psychologie. Diese «Heilpädagogik» erscheint inhaltlich z.T. in breiten Übersichten (vom asthmakranken über das geistigbehinderte bis zum epileptischen Kind), wobei als Ausbildungsziele keine Handlungskompetenzen, sondern eher «Sensibilisierung für die Probleme des behinderten Menschen» angegeben werden. Andere Lehrerbildner betonen eher heilpädagogische (behindertenpädagogische) Probleme, welche sich im Normalklassenunterricht stellen können (z.B. diskrete Seh- und Hörbehinderungen oder das epileptische und das körperbehinderte Kind in der Normalklasse).

Diese Bemühungen sind insgesamt erfreulich im Hinblick auf die Integration von Behinderten, kommen aber den Zielsetzungen einer Problemschülerpädagogik im Sinne der EDK-Empfehlungen ungenügend entgegen.

b) Anstelle einer Problemschülerpädagogik wird in vielen Lehrerbildungsinstitutionen eher eine *Problemschülerpsychologie* gepflegt. Sie bezieht sich auf das Verstehen von Lern- und Verhaltensstörungen bei Regelklassenschülern und bleibt dann eingeschränkt auf Informationen, welche eine Überweisung an Spezialisten (Schulpsychologen, Therapeuten) begründen sollten. Beispiele dieses Ansatzes: Besprechen und Abgabe von Informationsschriften über POS, Versuche zur Auflistung eines Prälegasthenikersyndroms. Die Ergänzung dieser an und für sich positiven Ansätze durch einen pädagogischen Teil drängt sich heute auf.

c) Unverkennbar ist eine *Verhaftung in den z.T. überholten Expertenberichten «Lehrerbildung für morgen»* (LEMO). Insbesondere Band 5, Psychosoziale Störungen beim Kind (AEBLI 1975) entspricht keineswegs den aktuellen Bemühungen, und muß in der dargestellten Unkenntnis sonderpädagogischer Forschung auch als kontraproduktiv betrachtet werden. Insgesamt entspricht dieser Beitrag eher einer exotischen Betrachtung psychopathologischer Phänomene ohne Bezugnahme auf die «normalen» Erschwerungen des Lernens und der Sozialisation, obwohl AEBLI in seinem Vorwort die gemeinsame anthropologische Basis von Erziehung, Sondererziehung und Psychotherapie erfaßt.

*Institutionelle Maßnahmen zur Erfüllung der Problemschüler-
pädagogik im Sinne der EDK-Empfehlungen*

Ein nicht primär kooperativ angelegter «Klinikunterricht» mit seinen *pädagogisch-therapeutischen Maßnahmen eines Spezialisten* (Schultherapeut, Legasthenie-/Dyskalkulietherapeut, psychomotorischer Therapeut) gehört zu den schon als klassisch zu bezeichnenden Modellen. Die Probleme bestehen in einer Gefährdung der Kooperation bzw. der Maßnahmenkonzentrierung mit dem Klassenlehrer, in der mangelnden Absprache der Förderdiagnostik zwischen Therapeuten und Schulpsychologen, welch letztere je nach psychologischer Ausbildung mehr oder weniger Kenntisse in den spezifischen Förderbereichen haben, welche eine effiziente Förderdiagnostik voraussetzen. Dazu kommt der Separierungseffekt, der durch Sonderstunden außerhalb des Unterrichts gegeben ist.

Mehr Kooperation wird veranschlagt in der *Expertenberatung des Klassenlehrers,* in welchem förderdiagnostische Abklärungen, Vorschläge zum klasseninternen Einsatz von Fördermaßnahmen und zur Gestaltung des remedialen Unterrichts zum Tragen kommen. Die Gefahr dieses Ansatzes liegt im Expertengefälle, in den möglichen Abwehrhaltungen von Lehrern, die ihre Kompetenz in Frage gestellt sehen können, und welche bei einer einseitig fließenden Information zu wenig Motivationen zum eigenständigen Problemlösen entwickeln.

Besonders auf *Kooperation und selbständige Problemlösung* ausgerichtet sind die von Lehrern organisierten Problemschülerkonferenzen, welche periodisch oder ad hoc sich mit konkreten Ereignissen insbesondere im Bereich der Lernstörungen und Verhaltensauffälligkeiten im aktuellen Unterricht befassen. Der Gefahr des Unberührtbleibens von fachspezifischen (auch sonderpädagogischen) Erkenntnissen in reinen Regelklassengruppen kann durch den Beizug von Schultherapeuten, Sonderpädagogen ohne Sonderklassen, Schulpsychologen begegnet werden. Die Stärkung der sonderpädagogischen Kompetenz der Regelklassenlehrer kann in einem solchen Modell auch erfolgen, wenn die Zusammenarbeit in den Maßnahmen zur inneren Unterrichtsdifferenzierung weitergeführt wird, und wenn sich in der konkreten gemeinsamen Arbeit in der Klasse das Expertengefälle abbaut und erkannt wird, daß beidseitige Lernprozesse erfolgen.

Die Stützlehrer-Klassenlehrer-Kooperation ist auch denkbar ohne institutionalisierte Regelklassenlehrerkonferenzen, in einem offenen Kontaktsystem mit jederzeit ansprechbaren Stützlehrern bzw. Schultherapeuten bzw. Sonderpädagogen ohne Sonderklassen, die in den Lehrkörper integriert sind und vielleicht mit einem Teilpensum auch unterrichtlich tätig bleiben.

Mit all diesen institutionalen Innovationen drängt sich die *Erhöhung der sonderpädagogischen Handlungskompetenz des Regelklassenleh-*

rers auf, die dann zum Tragen kommen soll, wenn er außerhalb der genannten institutionellen Möglichkeiten einem Problemschüler gerecht werden will.

Zum Anforderungsprofil des Regelklassenlehrers im Zusammenhang mit Sonderpädagogik in der allgemeinen Schule

Die didaktischen, pädagogisch-therapeutischen und schulorganisatorischen Ansprüche einer Sonderpädagogik in der allgemeinen Schule lassen einige Merkmale zur Gewinnung von Anforderungsprofilen für die Rollenträger ableiten.

Für den Regelklassenlehrer sind folgende Bereitschaften und Kompetenzen wünschbar:
- Eine kommunikativ-kooperative Bereitschaft, verbunden mit der Fähigkeit zur Problemdarstellung vor Kollegen, zur Eröffnung eines pädagogischen Intimbereichs.
- Eine Lernbereitschaft zur Erarbeitung von problemschülerrelevanten Erkenntnissen der Sonderpädagogik und zur kritisch-konstruktiven Auseinandersetzung mit innovativen Schulkonzepten.
- Didaktische Grundkompetenzen, welche die Weiterentwicklung im Bereich gezielten remedialen Lehrens fundieren.
- Psychologische Kenntnisse über Verhaltens- und Lernstörungen.
- Handlungskompetenzen zur speziellen klasseninternen Förderung von Problemschülern.
- Informationen über Behinderung im Hinblick auf die heute vermehrt wahrnehmbaren schulischen Integrationsmöglichkeiten für behinderte Kinder (z.B. mit Sinnesschädigungen, körperlichen Beeinträchtigungen, Lernbehinderung), aber auch im Hinblick auf die sozialerzieherisch wichtige Behindertenkunde für Volksschüler, welche in verschiedene Fächer integriert werden kann.

Curriculare Grundlagen zur Sonderpädagogik in der allgemeinen Schule als Gegenstand der Lehrerbildung

Die nachfolgende curriculare Skizze (Abb. 34) ist durch folgende Grundhaltungen gekennzeichnet:
a) *Eine exotische Problemschülerpädagogik ist zu vermeiden.* Die besonderen Lern- und Verhaltensprobleme sollen im Zusammenhang mit den allgemeinen Erziehungs- und Unterrichtsproblemen verstanden werden. Z.B. das als Legasthenie bezeichnete Phänomen soll in die Bearbeitung lesepsychologischer Grundlagen und sprachdidaktischen Zusammenhänge integriert werden.
b) Die Problemschülerpädagogik soll an den besonderen Erschwerungen von Erziehung und Unterricht *pädagogisch Grundsätzliches* herausarbeiten. Z.B. können die lebenstechnischen Erschwerungen und emotionalen Belastungen für das POS-Kind (im Bereich des Aufbaus

von Fertigkeiten und von tragenden Grundstimmungen) zu einer Auseinandersetzung mit der Frage nach den Bedingungen glücklicher Lebensführung/Lebenserfüllung (im Sinne eines Prozeßverständnisses von «Halt», wie es MOOR, 1962 dargelegt hat), führen.

Aus diesen Gründen ist die curriculare Skizze in die *drei ineinandergreifenden Kategorien* allgemeiner pädagogisch-psychologischer Bereich, sonderpädagogischer Bereich und pädagogisch-diagnostischer Bereich gegliedert. Die Skizze will keinen Soll-Katalog darstellen, sondern Auswahl-Impulse vermitteln, die auch zu anderen dreidimensionalen Strukturen führen könnten. Es gibt ja wohl in der Schweiz kaum ein Lehrerbildungssystem, welches eine Ausschöpfung eines derartigen Curriculums ermöglichen könnte.

Die curriculare Darstellung in Abbildung 34 bedarf der *didaktischen Umsetzung* durch den Dozenten in der Lehrerbildung. Eine *exemplarische Variante* zum Bereich Einschulungsprobleme sei hier dargestellt (Höhere Pädagogische Lehranstalt, Zofingen 1986):
- Die Studenten erhalten zu Beginn des Sommersemesters den Auftrag, mit einem Kind aus dem Verwandten- oder Bekanntenkreis, das jetzt gerade in die Schule eingetreten ist, einen klassischen Schulreifetest durchzuführen (Verfahren nach KARAS/SEYFRIED) und den Versuch – wenn möglich – mit einem Besuch im Elternhaus zu verbinden. Es wird darauf hingewiesen, daß dieser Test und das ihm zugrunde liegende Konzept von «Schulreife» einer schwerwiegenden Kritik ausgesetzt sei und daß es einerseits darum gehe, einige Bedingungen des elementaren schulischen Lernens über diesen Test zu erfassen, dann aber auch an die Mängel dieses Konzepts heranzukommen.
- Die Durchführungs-, Auswertungs- und Interpretationskriterien werden an Testbeispielen erarbeitet und Hinweise zur Verhaltensbeobachtung und Milieuexploration gegeben.
- Nach der Testdurchführung durch die Studierenden werden Auswertungs- und Interpretationsprobleme erarbeitet.
- Es wird ein Bezug zur vorangegangenen Entwicklungspsychologie hergestellt.
- Lücken und Mängel des Tests werden erarbeitet: die mangelnde Berücksichtigung der sprachlichen Entwicklungsbedingungen, die fehlende Beziehung zu Fördermaßnahmen in der Einschränkung auf die Beurteilung «Einschulung, ja oder nein?», das Fehlen der Erfassung von Lernprozessen.
- Die Auseinandersetzung mit den sprachlichen Bedingungen elementaren schulischen Lernens führt zur Erarbeitung sozio-linguistischer Grundlagen, insbesondere aber zur Erfassung von Zielsetzungen und Inhalten von Lehrmitteln zur kompensatorischen Sprachförderung (z.B. Anregungen im Lehrerband des Erstleselehrgangs «Lesen-Sprechen-Handeln», Konzept des kompensatorischen Sprachunterrichts von D. und G. GAHAGAN, Kennenlernen der Arbeitsmappen von SCHÜTTLER/JANIKULLA «Sprache-Begabung-Emanzipation»).
- Der Einbezug solcher sprachlicher Förderstrategien in den Übungsklassenbetrieb ist anzustreben.

Zur *pädagogischen Diagnostik* im Rahmen der Problemschülerpädagogik muß wiederum betont werden, daß es sich um eine Auswahldarstellung handelt, welche den sechs unterschiedlichen pädagogischen Problembereichen zugeordnet ist. Eine solche Verbindung erleichtert die Herausarbeitung der pädagogischen Funktionen der einzelnen diagnostischen Verfahren und steht im Gegensatz zu den üblichen thematischen Blöcken zur pädagogischen Diagnostik (s. dazu etwa SCHENK-DANZIGER 1972[2], S. 129–162, «Über das Testen»).

Bei der Auswahl der diagnostischen Verfahren sollten die beiden Hauptbereiche mit je besonderen Zielsetzungen angemessen berücksichtigt werden:
a) Pädagogisch-diagnostische Verfahren *zum Einsatz durch den Lehrer*. In diesem Bereich können durch entsprechende Übungen *Handlungskompetenzen* aufgebaut oder vorbereitet werden.
b) Verfahren im Bereich der *schulpsychologischen Diagnostik* mit Zielsetzungen auf der *Informationsebene*.

Zu a) Diagnostik durch den Lehrer. Dazu gehören u.a. Beobachtungsmethoden, soziometrische Verfahren und Schultests (Schulleistungstests, insbesondere Lese- und Rechtschreibetests, Schulbegabungstests). Von der Durchführung von Persönlichkeitstests durch Lehrer ist abzuraten. So ist etwa der Einsatz des für viele Lehrerstudenten faszinierenden Tests «Zeichnung der Familie in Tieren» in der Schule pädagogisch nicht verantwortbar. Eine Behandlung in der Lehrerbildung müßte dem Bereich b) zugeordnet werden und die Begründung der Zuweisung zu den fachpsychologischen Verfahren beinhalten.

Alle diese Verfahren legen dem Lehrer eine Reihe von pädagogisch fruchtbaren Einsichten nahe, wie etwa
- das Erfassen von Schwachstellen in Lernprozessen durch Beobachtung bei Lernexperimenten,
- Aufgaben der Sozialerziehung und Gruppenpädagogik durch die soziometrischen Verfahren,
- die Auslese besonders förderungsbedürftiger Schüler im Sinne des individualisierenden Klassenunterrichts durch Schulleistungstests,
- das Überweisen von Problemschülern an den Schulpsychologen,
- das Erfassen von intelligenten Schulversagern (Underachievern) durch den Einbezug von Schulbegabungstests zur Berücksichtigung des Anspruchsniveaus bei Fördermaßnahmen,
- einen Transfer der Gütekriterien von Tests auf die Konstruktion schulischer Leistungsprüfung sowie die Ableitung von Maßnahmen zur Objektivierung der Notengebung,
- das Unterscheiden normorientierter und lernzielorientierter Prüfverfahren, besonders auch im Hinblick auf die Auslese förderungsbedürftiger Problemschüler.

Zu b) Schulpsychologische Diagnostik. Die Informationen in diesem Bereich der Diagnostik sollen vor allem Verständnis für die Arbeit des Schulpsychologen anbahnen und einen Beitrag zur Kommunikation zwischen Lehrern und Schulpsychologen leisten.

Zu solchen Informationen können besondere Veranstaltungen mit Schulpsychologen organisiert werden. Diese Fachleute können aber auch gezielt in Lektionen des erziehungswissenschaftlichen Unterrichts integriert werden.

Für diesen Informationsbereich der Diagnostik kommen in Frage
- Kasuistische Vorstellungen mit der Darstellung von Erfassungskonzepten,
- Erfahrung durch Eigenversuche an Testmaterialien auf der Erwachsenenstufe (z.B. Eigentestung mit dem Intelligenzstrukturtest I-S-T und durch einen Persönlichkeitsfragebogen) mit anschließender Eigenauswertung.
- Darstellung einiger Testmethoden für Schüler aus dem fachpsychologischen Bereich (z.B. Hamburger Intelligenztest für Kinder HAWIK, Projektionsverfahren Schulangsttest SAT, Heidelberger Sprachentwicklungstest HSET, Test kognitive Operationen TEKO).

Abbildung 34: Curriculare Grundlagen zur Sonderpädagogik in der allgemeinen Schule

allgemeiner pädagogisch-psychologischer Bereich	sonderpädagogischer Bereich	pädagogisch-diagnostischer Bereich
1. Einschulungsprobleme		
– Entwicklungspsychologische Grundlagen von Schulfähigkeit und Schulbereitschaft – Das epigenetische Prinzip von ERIKSON (Urvertrauen, Autonomie, Initiative, Leistung) – kognitive Entwicklung nach PIAGET (vorbegriffliches und anschauliches Denken als Vorstufe des operationalen Denkens – Schichtspezifische Sozialisation	– Kritik am biologischen Schulreifekonzept und an der damit verbundenen Rückstellungsstrategie – Individualisierende Fördermöglichkeiten bei Schulneulingen – Sprachbarrieren und kompensatorischer Sprachunterricht – Funktionen und Zielsetzungen der Kleinklassen zur Einschulung (s. auch 3. u. 6.)	– vom Schulreifetest zur didaktischen Einschulungsdiagnostik
2. Soziales Lernen		
– Schichtspezifische und familiäre Bedingungen des Sozialverhaltens in der Schule – Verbale und nonverbale Kommunikation als Bedingungen des Sozialverhaltens – Didaktische Materialien zum sozialen Lernen in der Schule (soziale Wahrnehmung, Partner- und Gruppenspiele, sprachdidaktische Beiträge) – Verhaltensmodifikation-Verhaltenssteuerung in der Schule (Ansätze SKINNER, ROGERS/TAUSCH, GORDON, DREIKURS)	– Deviantes Verhalten – Normproblematik – «die Disziplin» – Pseudoverhaltensstörungen – Neurotische Entwicklungen bei Schülern (individualpsychologische, psychoanalytische, systemisch-ökopsychologische Erklärungen – Fehlerziehung und Verwahrlosung – Die Wandlung des Psychopathiebegriffs – Sozialpsychologische Minderheitenprobleme (behinderte Schüler, Gastarbeiterkinder)	– Beobachtungsmethoden – Soziometrische Verfahren (Gruppenstrukturen, soziale Positionen und Rollen) – Fragebogenverfahren: Kinder-Angst-Test, Schulangst, Fragebogen – Bilder-Interpretationsverfahren Schulangst-Bildertest SAT

3. Neuropsychologische Bedingungen schulischen Lernens

- Neurologische Animation und Deprivation in der Frühentwicklung
- Der Aufbau von Hirnfunktionssystemen: Halbautonome Systeme nach LURIA; entfaltete und reduzierte Systeme nach WYGOTSKI (s. auch 4)
- Dominanz bzw. Lateralitätsprobleme: Rechts-, Links- und Beidhändigkeit

- Leichte frühkindliche Hirnschädigung und infantiles frühkindliches Psychosyndrom (POS, Neuropathie, minimale zerebrale Dysfunktion)
- Erziehungsprobleme beim neuropathischen Kind
- Übersicht über Teilleistungsstörungen
- Die besonderen Probleme der gestörten psychomotorischen Entwicklung

- Das Problem der «erwartungswidrigen» Schulleistungen
- Der systematische Vergleich von Schulleistungen mit den Ergebnissen von Schulbegabungstests (z.B. Bildertests, BT 1-2, BT 2-3)

4. Sprachliches Lernen im Schulunterricht

- Psycholinguistische, soziolinguistische und pragmalinguistische Aspekte des Sprachenlernens in der Schule
- Lesemodell und Lesenlernen
- Zusammenhang der Lernprozesse des Lesens und der Rechtschreibung

- Störungen im Erlernen des Lesens und der Rechtschreibung («Legasthenie»)
- Zum Wandel des Legastheniebegriffs: Psycholinguistische Revision des Legastheniekonzepts
- Legasthenieprävention im Sprachunterricht
- Legasthenikerförderung im Rahmen des Klassenunterrichts
- Kompensatorischer Sprachunterricht (s. auch 3.)

- Der Heidelberger Sprachentwicklungstest (HSET) und
- Der psycholinguistische Entwicklungstest (PET) zur Diagnostik der Lernvoraussetzungen
- Lese- und Rechtschreibtests als Niveautests

5. Lernen im Mathematikunterricht

- Aufbau und Verinnerlichung von mathematischen Operationen (AEBLI/PIAGET)
- Bedingungen und Bedeutung der Automatisierungsprozesse
- Produktives Denken im mathematischen Bereich (WERTHEIMER/SELZ)

- Lernschwierigkeiten im Bereiche Mathematik-Dyskalkulie
- Kompensatorische mathematische Frühförderung zur Absicherung des Zahlbegriffs
- Fördermöglichkeiten im Rahmen der Binnendifferenzierung des Unterrichts beim Aufbau und bei der Verinnerlichung mathematischer Operationen

- Die Testbatterie «Kognitive Operationen» (TEKO) von WINKELMANN zur Diagnostik von Lernvoraussetzungen
- Lernexperimente zur Prozeßdiagnostik
- Schulleistungstests zur objektiven Leistungsbeurteilung

allgemeiner pädagogisch-psychologischer Bereich	sonderpädagogischer Bereich	pädagogisch-diagnostischer Bereich
6. Schulerfolge und Schulversagen		

Determinanten der Schulleistungen/Begabungstheorien ROTH/SCHENK-DANZINGER/GUTHKE (Intelligenz/Stützfunktionen bzw. außerintellektuelle Lernfaktoren) Zusammenhänge zwischen Schulerfolg und sozialem Status in der Schulklasse	– Lernstörungen dargestellt am Lernstufenmodell von ROTH
	– Lernbehinderung/Hilfsschulbedürftigkeit: Ursachen/didaktischer Konzeptwandel an der Hilfsschule
	– Separations-, Integrationskonzepte für Lernbehinderte:
	  – Sonderklassen, Sonderschulheime
	  – Sonderpädagogisches Ambulatorium
	– Unterrichtliche Beiträge der Regelschule zur Prävention von Lernbehinderung
	(s. auch 1., 3., 4., 5.)
		– Der Intelligenztest am Beispiel des HAWIK:
		  – Kritik an den IQ-orientierten Selektionsverfahren
		  – von der Plazierungs- zur Förderdiagnostik/faktorielle Auswertung
		– Die Zusammenarbeit mit dem Schulpsychologen
		  – Schülerbeobachtung
		  – Gestaltung von Überweisungsberichten an Schulpsychologen

Zur Vernetzung der curricularen Bereiche einer Problemschülerpädagogik

Die in der curricularen Skizze dargestellten Teilbereiche einer Problemschülerpädagogik sollten weder als abgeschlossene Einheiten noch als curriculare Aufschichtungselemente verstanden werden. Am Beispiel der Pädagogik der Lese- und Rechtschreibschwächen (LRS-Pädagogik, Abb. 35) sei dargestellt, wie jeweils alle Teilbereiche konstruktive Elemente für jeden einzelnen fokussierten Bereich bereitstellen können.

Im unteren Teil jedes Sektors der sechs dargestellten Teilbereiche der Problemschülerpädagogik finden sich die daraus ausgegliederten Elemente, welche die LRS-Pädagogik konstituieren. Die Elemente entsprechen einem hier nicht dargestellten Modell der Bedingungen zur Aneignung und zur Anwendung der schriftsprachlichen Kulturtechniken in ihrer sprachlichen, kognitiven und sozialen Dimension.

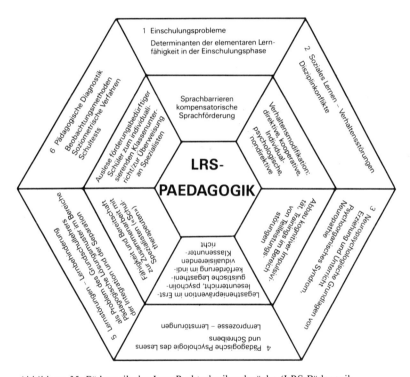

Abbildung 35: Pädagogik der Lese-Rechtschreibeschwäche (LRS-Pädagogik

7. Die Notwendigkeit von Interaktionen zwischen verschiedenen Bildungssystemen zur Lösung der neuen Aufgabe

Die Impulse zur Bearbeitung der Thematik «Sonderpädagogik in der allgemeinen Schule als Gegenstand der Lehrerbildung» gelangen aus zwei Systemen in die Lehrerbildung:

- Im *System Volksschule* sind Veränderungen wahrnehmbar, welche Reaktionen der Lehrerbildner provozieren: vermehrte Integration Lernbehinderter, Zusammenbrüche von Sonderklassen, vermehrte Zusammenarbeit von Spezialisten für pädagogisch-therapeutische Maßnahmen mit den Regelklassenlehrern, Abbau des Therapiewesens, behördliche Weisungen zur Intensivierung der Lehrerbemühungen um Problemschüler, schulische Teilintegration von Sonderklassenschülern in Regelklassen.
- Vom *System «Universität-Bildungsforschungsinstitutionen»* gelangen neue Informationen in die Lehrerbildung: Berichte über die wissenschaftliche Begleitung von Versuchen zur Teil- und Vollintegration Lernbehinderter, Berichte über Konstruktion und Evaluation von Programmen mit Stütz- und Fördermaßnahmen für Problemschüler, Arbeitsbücher bzw. erziehungswissenschaftlich-didaktisch konzipierte Literatur für Lehrerstudenten.

Es ist zu hoffen, daß sich die drei Systeme Volksschule/Lehrerbildungsinstitutionen/erziehungswissenschaftliche Institutionen an Universitäten im Bereich der Problemschüler-Pädagogik zu einem dynamischen Wechselwirkungsgefüge entwickeln. Dies könnte u.a. bedeuten:
- daß die Forschungsprojekte der Universitäten sich nicht nur ausrichten müßten auf die Evaluation von Integrations- und Fördermaßnahmen, die sich auf die bisherigen (eingeschränkten) Kompetenzen der Lehrer beziehen, sondern daß die neuen Einflüsse der Lehrerbildung in diese Evaluation einbezogen werden können,
- daß die Forschungsprojekte der Universitäten im Kontakt von Wissenschaftlern mit Lehrern, die durch die Lehrerbildung sensibilisiert worden sind, auch eine Lehrerfortbildungsfunktion haben können,
- daß die Begegnungen zwischen den Vertretern der einzelnen Systeme ständig zu gegenseitigen Rückmeldungen und Modifikationen von Forschung, Ausbildung und Fortbildung führen.

Bibliografie

Bibliografische Angaben zu Autoren, die in Zitaten erwähnt werden, sind den Originalwerken zu entnehmen.

AEBLI, H. (Hrsg.): Lehrerbildung von morgen. Bd. 5: Psychosoziale Störungen beim Kinde. Stuttgart: Klett 1975.
AEBLI, H.: Grundformen des Lehrens. Stuttgart: Klett-Cotta, 1976.
ANGERMAIER, M.: Der psycholinguistische Entwicklungstest (PET), Test und Manual. Weinheim, Basel: Beltz, 1974.
ASPERGER, H.: Heilpädagogik. Einführung in die Psychopathologie des Kindes für Ärzte, Lehrer, Psychologen, Richter und Fürsorger. Wien, 1965, 4. Aufl.
BAAR, E.; TSCHINKEL, M.: Schulreifeentwicklungshilfe. Wien: Jugend und Volk, 1956.
BACHMANN, W.: Ganztagesschule für Lernbehinderte zwischen Wunsch und Wirklichkeit. In: BAIER, H.; KLEIN, G. (Hrsg.): Die Schule für Lernbehinderte. Berlin: Marhold, 1980.
BÄCHTOLD, A.: Schulversuch im Sonderklassenwesen des Kantons Zürich. Freiburg/Schweiz: Vierteljahreszeitschrift für Heilpädagogik und ihre Nachbargebiete (VHN) 1987, 4, 600–618.
BÄCHTOLD, A.: Die Bedeutung lokalspezifischer Ausprägungen des Schulsystems für das Gelingen oder Mißlingen integrativer Prozesse in Integrationsklassen. In: EBERWEIN, H. (Hrsg.): Handbuch der Integrationspädagogik. Behinderte und Nichtbehinderte lernen gemeinsam. Weinheim: Beltz 1988.
BAIER, H.: Einführung in die Lernbehindertenpädagogik. Stuttgart: Kohlhammer, 1980.
BAIER, H.; KLEIN, G.: Aspekte der Lernbehindertenpädagogik. Einführende Texte. Berlin: Marhold, 1973.
BAUMBERGER, W.: Informiertheit und Berufswahlentscheidung Lernbehinderter. Berlin: Marhold 1979.
BAUMBERGER, W.: Berufswahlvorbereitung bei lernbehinderten Sonderklassenschülern. Berlin: Marhold, 1986.
BEGEMANN, E.: Die Bildungsfähigkeit der Hilfsschüler. Soziokulturelle Benachteiligung und unterrichtliche Förderung. Berlin: Marhold, 1975, 3. Aufl.
BEGEMANN, E.: Erziehungs- und Sozialisationsbedingungen der lernbehinderten Kinder in der Familie. In: DENNERKIN, H.; SCHRAMM, K. (Hrsg.): Handbuch der Behindertenpädagogik. Bd. 1. München: Kösel, 1979.
BEGEMANN, E.: Schüler und Lernbehinderungen. Bad Heilbrunn/Obb.: Verlag Julius Klinkhardt, 1984.
BEGEMANN, E. et al.: Denken Rechnen Handeln Bd. 1-4. Lehrerhandbuch und Arbeitsmaterialien. Dortmund: Crüwell Verlag, 1976-78. Auslieferung Schweiz (nur Restbestände): Luzern: Schroedel Schulbuchverlag.
BERNSTEIN, B.: Der Unfug mit der «kompensatorischen» Erziehung. In: b.e tabu (Hrsg.): Familienerziehung Sozialschicht und Schulerfolg, Weinheim, Basel: Beltz, 1972, 21–36.
BETZ, D.; BREUNINGER, H.: Teufelskreis Lernstörungen. München: Urban & Schwarzenberg, 1982.

BLEIDICK, U.: Die Struktur der Gesamtschule im Hinblick auf Unterricht und Erziehung von Behinderten. In BAIER, H.; KLEIN, G.: Aspekte der Lernbehindertenpädagogik. Berlin: Marhold 1973.
BLEIDICK, U.; HECKEL, G.: Praktisches Lehrbuch des Unterrichts in der Hilfsschule. Berlin: Marhold, 1970.
BLOOM, B. S.: Time and learning. In: American Psychologist 29, 1974, 682–688.
BOCK, H.: Grundlagen des Zahlbegriffs: Die Vermittlung von Erfahrungen zum Erwerb erforderlicher Vorzahlvorstellungen. In: BAIER, H. (Hrsg.): Unterricht in der Schule für Lernbehinderte. Donauwörth: Auer, 1978, S. 262–277.
BOEHM, O.; GRAMPP, G.: Divergierendes Denken bei lernbehinderten Schülern. In: LANGFELDT, H. P.; BOEHM, O.: Die Wirklichkeit der Lernbehindertenschule. Bd. 1 Bonn–Bad Godesberg Dürrsche Buchhandlung, 1975, 122–236.
BONDERER, E.: Integration – Allgemeine Tendenzen und Hintergründe der Integrationsdiskussion. Vierteljahresschrift für Heilpädagogik und ihre Nachbargebiete, 1979, 4.
BONDERER, E.: Integrationsbegriffe in der Behindertenpädagogik. Vierteljahreszeitschrift für Heilpädagogik und ihre Nachbargebiete, 1980, 1 und 2.
BRACKEN, V., H.: Das schwererziehbare Kind. Frankfurt/M.: Akadem. Verlagsgemeinschaft, 1969.
BROCH, E.; BERNATH, K.: Zur Situation der Anlehre in der Schweiz. Luzern: Schweizerische Zentralstelle für Heilpädagogik 1984, 2. Aufl. Schriftenreihe Aspekte.
BRUCKER, H. P. u.a.: lebensziel beruf. Reinbek bei Hamburg, 1980.
BUSH, J.; GILES, M. T.: Psycholinguistischer Sprachunterricht. München: E. Reinhardt, 1976.
CARLGREN, F.: Erziehung zur Freiheit. Die Pädagogik Rudolf Steiners. Stuttgart 1972a.
CARLGREN, F.: Ist die Hilfsschule noch zu retten? Schweiz. Heilpädagog. Rundschau 1972, 97.
CARROLL, J. B.: Ein Modell schulischen Lernens. In: EDELSTEIN, W.; HOPF, D. (Hrsg.): Bedingungen des Bildungsprozesses. Stuttgart, 1973, 234–250.
CROISSIER, S.; HESS, G.; KÖSTLIN-GLOGER, G.: Elementarspiele zum sozialen Lernen. Weinheim, Basel: Beltz, 1979.
Deutscher Bildungsrat: Gutachten und Studien der Bildungskommission. Sonderpädagogik 3. Stuttgart: Klett, 1973.
DREIKURS, R.; GRUNWALD, B. B.; PEPPER, F. C.: Schülern gerecht werden. München: Urban & Schwarzenberg, 1976.
DREIKURS, R.: Psychologie im Klassenzimmer. Stuttgart: Klett, 1976.
EGGERT, D. (Hrsg.): Zur Diagnose der Minderbegabung. Weinheim, Basel: Beltz 1972.
EGGERT, D. (Hrsg.): Psychomotorisches Training. Weinheim, Basel: Beltz, 1975.
EGGERT, D.; KIPHARD, E. J.: Die Bedeutung der Motorik für die Entwicklung normaler und behinderter Kinder. Schorndorf: Verlag Karl Hofmann, 1972.
EGLOFF, E.: Berufswahlvorbereitung. Aarau: Kantonaler Lehrmittelverlag, 1980.
ERIKSON, E.: Identität und Lebenszyklus – Wachstum und Krisen der gesunden Persönlichkeit. Zürich: Ex libris, 1966.
FAULSTICH-WIELAND, H.: Berufsorientierende Beratung von Mädchen. Frankfurt/Aarau: Diesterweg/Sauerländer. 1981.
FERDINAND, W.; UHR, R.: Entlaß aus der 6. Klasse oder Sonderschulabschluß. Pilotstudie. Zschr. Schule und Psychologie 1968, 323–326.
FEUERSTEIN, R.; RAND, Y.; HOFFMAN, M. B.: The dynamic assessment of retarded performers. Baltimore: University Park Press, 1979.
FEUERSTEIN, R.; RAND, Y.; HOFFMAN, M. B.; MILLER, R.: Instrumental Enrichment. Baltimore: University Park Press, 1980.

FREUD, A.: Das Ich und die Abwehrmechanismen. München: Kindler Taschenbuch, 1964.
FROSTIG, M.: Wahrnehmungstraining. Dortmund: Crüwell 1974.
FROSTIG, M.; MASLOW, Ph.: Lernprobleme in der Schule. Stuttgart: Hyppokrates, 1976.
FUCHS, A.: Schwachsinnige Kinder – ihre sittlich-religiöse, intellektuelle und wirtschaftliche Rettung. Gütersloh, 1912.
Funkkolleg Erziehungswissenschaft, Studienbegleitbriefe, Band 1. Weinheim/Basel: Beltz 1970.
GAHAGAN, D. und G.: Kompensatorische Spracherziehung in der Vor- und Grundschule. Düsseldorf: Schwann, 1971.
GAUDIG, H.: Die Schule der Selbsttätigkeit. Bad Heilbrunn: Klinkhardt, 1969, 2. Aufl.
GAUDIG, H.: Freie geistig Schularbeit. Breslau: Hirt, 1929, 8. Aufl.
GEHRECKE, S.; MOHR, H.: Naturlehre in der Sonderschule für Lernbehinderte. Berlin: Marhold, 1971.
GEHRECKE, S. zitiert in BEGEMANN, E.: Die Bildungsfähigkeit der Hilfsschüler. Soziokulturelle Benachteiligung und unterrichtliche Förderung. Berlin: Marhold 1975, 3. Aufl., 26/27.
GORDON, Th.: Lehrer–Schüler-Konferenz. Wie man Konflikte in der Schule löst. Hamburg: Hoffmann & Campe 1977.
GRISSEMANN, H.: Die Legasthenie als Deutungsschwäche. Bern: Huber, 1974.
GRISSEMANN, H.: Zur Begründung institutioneller Differenzierungen in der modernen Sonderpädagogik. Schweizerische Heilpädagogische Rundschau, 1979, H.7 und 8 (155-158).
GRISSEMANN, H.: Lesen – Sprechen – Handeln. Lehrerhandbuch zum Erstleselehrgang der Interkantonalen Lehrmittelzentrale. Basel: Kantonaler Lehrmittelverlag, 1980.
GRISSEMANN, H.: Klinische Sonderpädagogik am Beispiel der psycholinguistischen Legasthenietherapie. Bern: Huber, 1980.
GRISSEMANN, H.: Die pädagogisch-therapeutische Schülerhilfe – eine sonderpädagogische Ergänzung unseres Schulsystem. Schweizerische Heilpädagogische Rundschau 1981, 221-229.
GRISSEMANN, H.: Die Grenzziehung zwischen geistiger Behinderung und Lernbehinderung. Ein sonderpädagogisches Integrationsproblem. Zschr. Schweizerische Heilpädagogische Rundschau 1982, 131f.
GRISSEMANN, H.: Spätlegasthenie und funktionaler Analphabetismus. Integrative Behandlung von Lese- und Rechtschreibschwäche bei Jugendlichen und Erwachsenen. Bern: Huber, 1984.
GRISSEMANN, H.: Hyperaktive Kinder. Kinder mit minimaler zerebraler Dysfunktion und vegetativer Labilität als Aufgabe der Sonderpädagogik in der allgemeinen Schule. Bern: Huber, 1986a.
GRISSEMANN, H.: Pädagogische Psychologie des Lesens und Schreibens. Bern: Verlag Hans Huber, 1986b.
GRISSEMANN, H.: Unterrichts-, Förder- und Therapiematerialien in der Verhaltensgestörtenpädagogik. In: GÖTZE, H.; NEUKÄTER, H., Handbuch der Sonderpädagogik, Band 6, Pädagogik der Verhaltensgestörten. Berlin: Marhold 1988.
GRISSEMANN, H.; SCHINDLER, K.: Psycholinguistisches Lesetraining mit dem Kleincomputer. Zürich: Kantonaler Lehrmittelverlag 1988.
GRISSEMANN, H.; WEBER, A.: Spezielle Rechenstörungen – Ursache und Therapie. Bern: Huber, 1982.
HECKHAUSEN, H.: Motivationsanalyse. Heidelberg: Springer, 1974.
HEESE, G.; SOLAROVÀ: Behinderung im erziehungswissenschaftlichen Sinne II. Zeitschrift für Heilpädagogik, 1985, 11, S. 757-763.

Hennig, C.; Knoedler, U.: Problemschüler – Problemfamilien. Weinheim, Basel: Beltz, 1985.
Hess, R. D.; Shipman, V. C.: Early Experience and the Socialization of Cognitive Modes in Children, Child Development. 36. Bd. 1965, S. 869ff. Ref. in b.e Redaktion (Hrsg.): Familienerziehung, Sozialschicht und Schulerfolg. Basel, Weinheim: Beltz, 1972,
Hielscher, H. (Hrsg.): Sozialerziehung konkret. Spiele und Material Hannover: Schroedel 1981[4].
Höhn, E.: Der schlechte Schüler. München: Piper, 1967.
Husmann, W.: Gruppenpädagogik und Gruppenunterricht an der Hilfsschule. Bern: Huber, 1970.
Jegge, J.: Dummheit ist lernbar. Bern: Zytglogge, 1976.
Kaiser, E.: Der Hilfsschüler und die Hilfsschule. Lenzburg: Schweizerische Heilpädagogische Rundschau, 1967.
Kanter, G.: Lernbehinderungen, Lernbehinderte, deren Erziehung und Rehabilitation. In: Deutscher Bildungsrat, Gutachten und Studien der Bildungskommission 34, Sonderpädagogik 3. Stuttgart: Klett, 1974.
Kephart, N. C.: Das lernbehinderte Kind im Unterricht. München: Reinhardt, 1977.
Kiphard, E. J.; Huppertz, H.: Erziehung durch Bewegung. Bonn-Bad Godesberg: Dürr, 1977.
Klauer, K. J.: Lernbehindertenpädagogik. Berlin: Marhold, 1970.
Klauer, K. J.: Programmierter Unterricht in Sonderschulen. Berlin: Marhold, 1970, 2. Aufl.
Klauer, K. J.: Intelligenztraining im Kindesalter. Weinheim/Basel: Beltz, 1975.
Klein, G.: Lernbehinderte Kinder und Jugendliche. Stuttgart: Kohlhammer 1985. Urban Taschenbuch 379.
Kleining, G.; Moore, H.: Soziale Selbsteinstufung, ein Instrument zur Messung sozialer Schichten. Kölner Zeitschrift für Soziologie und Sozialpsychologie. 1968, 3.
Klippstein, E.; Klippstein, H.: Soziale Erziehung mit kooperativen Spielen. Bad Heilbrunn/Obb. Verlag Julius Klinkhardt, 1978.
Kobi, E.: Die Rehabilitation der Lernbehinderten. München: E. Reinhardt, 1975.
Kochan, D. u.a.: Sprache und Sprechen Bd. 2-8. Hannover: Schroedel, 1971.
Kramer, J.: Übungen für psychomotorisch gehemmte und linkshändige Kinder und Jugendliche Solothurn;Antonius Verlag, 1975.
Kultusministerium Rheinland-Pfalz: Empfehlungen der deutschen Kultusministerkonferenz für den Unterricht in der Schule für Lernbehinderte. 1978.
Langfeldt, H. D.: Die Schullaufbahn schlechter Grundschüler an der Hauptschule. Zeitschr. Sonderpädagogik, 1978, H. 4.
Lawton, D.: Soziale Klasse, Sprache u. Erziehung. Düsseldorf: Schwann, 1971.
Lempp, R.: Frühkindliche Hirnschädigung und Neurose. Bern: Verlag Hans Huber, 1978[3].
Liepmann, M. C.: Geistig behinderte Kinder und Jugendliche. Eine epidemiologische, klinische und sozialpsychologische Studie in Mannheim. Bern/Stuttgart: Huber 1979.
Liggenstorfer, M.: Berufslexikon für Knaben. Bern: Hallwag TB Nr. 66.
Lüer, G.; Steinhagen, K.: Probleme der Differenzierung von geistig Behinderten u. Lernbehinderten im Subtest CMM der Testbatterie für geistig behinderte Kinder (TBGB). In: Eggert, D.: Zur Diagnose der Minderbegabung. Weinheim, Basel: Beltz, 1972, 153-164.
Lüscher, B.; Maunder-Gottschall, R.: Mathematik für Kleinklassen A. Liestal: Kantonale Schul- und Büromaterialverwaltung, 1984.
Mager, R. F.: Lernziele und Unterricht. Weinheim, Basel: Beltz, 1974.

MATTMÜLLER, F.: Eine Schule für sozio-kulturell benachteiligte Kinder. Zschr. f. Heilpädagogik 22/1971.
MATTMÜLLER, F.: Die Basler Kleinklassen als öffentliche Alternativschulen. In: Schweizerische Heilpädagogische Rundschau, 1981, 145-154.
MERZ, K.: Lernschwierigkeiten: Zur Effizienz von Fördermaßnahmen an Grund- und Lernbehindertenschulen, 1984.
MOOR, P.: Die Bedeutung des Spiels in der Erziehung. Bern: Huber, 1962.
MOOR, P.: Heilpädagogik. Bern: Huber, 1965.
MÜLLER, P.: Sind Jungen dümmer? In: BAIER, H.; KLEIN, G. (Hrsg.): Aspekte der Lernbehindertenpädagogik. Einführende Texte. Berlin: Marhold, 1973, 181-194.
MÜLLER-KÜPPERS, M.: Das leicht hirngeschädigte Kind. Stuttgart: Hippokrates 1969.
NAVILLE, S.: Vom Strich zur Schrift. Zumikon: Eigenverlag, 1980 (8126 Zumikon, Vogelacher 12).
NEUBERT, J.: Computerprogramme zur Förderung lese-rechtschreibschwerer Schüler. Kiel: Eigenverlag, 1982 (D-2300 Kiel, Weissenburgstr. 14).
NEUKÄTER, H.; GOETZE, H.: Hyperaktives Verhalten im Unterricht. München: Reinhardt, 1978.
PERREZ, M.; MINSEL, B.; WIMMER, H.: Elternverhaltenstraining. Salzburg: Müller, 1974.
PETERMANN, F.; PETERMANN, U.: Training mit aggressiven Kindern. München: Urban & Schwarzenberg, 1981.
PETERMANN, U.: Training mit sozial unsicheren Kindern. München: Urban & Schwarzenberg, 1983.
PETERSEN, P.: Führungslehre des Unterrichts. Braunschweig/Weinheim: Westermann/Beltz, 1959, 6. Aufl.
PROBST, H.: Die scheinbare und wirkliche Funktion des Intelligenztests. In Edition 200: Kritik der Sonderpädagogik. Gießen: Achenbach, 1973.
REDLICH, R. A.; SCHLEY, W.: Kooperative Verhaltensmodifikation. München: Urban & Schwarzenberg, 1981.
REINARTZ, A.; REINARTZ, E.; FRITZE, Ch.; PROBST, W.: Hören – auditive Wahrnehmungsförderung. Dortmund: Crüwell Verlag, 1976.
Richtlinien für die Schule für Lernbehinderte in NRW, 1977.
ROEDER, P. M. et al.: Sozialstatus und Schulerfolg. Heidelberg: Quelle & Meyer, 1965.
ROEDER, P.-M.: Sprache, Sozialstatus und Schulerfolg. In: b:e Redaktion (Hrsg.) Familienerziehung, Sozialschicht und Schulerfolg. Basel, Weinheim: Beltz, 1972.
ROTH, H.: Jugend und Schule zwischen Reform und Restauration. Hannover: Schrödel 1961.
SCHENK-DANZINGER, L.: Pädagogische Psychologie. Wien: Österreichischer Bundesverlag, 1972, (2. Aufl.).
SCHINDLER, A.: Das Hilfsschülerstereotyp. Schweizerische Heilpädagogische Rundschau, 1981, 201-204.
SCHLEICHERT, G.: Lesen und Rechtschreiben hoffnungslos? München, Kösel 1976.
SCHMID, R.: Wegweiser zur Berufswahl. Herausgeber: Schweizerischer Verband für Berufsberatung. Zürich, 1979.
SCHMID, W. et al.: Genetische, medizinische und psychosoziale Faktoren der Lernbehinderung. «Winterthurerstudie». Zürich: Institut für medizinische Genetik, 1980.
SCHOLZ, G.; BIELEFELDT, H.: Schuldidaktik. München: Kösel 1978.
SCHUMACHER, C.: Verhaltensgestörte Kinder. Bonn/Bad Godesberg, 1971.
SCHUMACHER, G.: Neues Lernen mit Verhaltensgestörten und Lernbehinderten. Der durchstrukturierte Klassenraum. Berlin: Marhold, 1975.

SCHÜTTLER-JANIKULLA, K.: Begabung - Sprache - Emanzipation. Arbeitsmappen zum Sprachtraining und zur Intelligenzförderung. Materialien für Kinder von 4-7 Jahren. Oberursel/Ts. Neuer Finken-Verlag, o.J.

SELIGMAN, M.: Erlernte Hilflosigkeit. München: Urban & Schwarzenberg, 1979.

SPECK, O. et al.: Schulische Integration lern- und verhaltensgestörter Kinder. München, Basel: Reinhardt, 1978.

STARK, I.: Wie denken Oberstufenschüler über Hilfsschüler? In: Schweizerische Heilpädagogische Rundschau 1981, 196-201.

Stiftung Dialog: Modell-Analyse «Berufswahl». Rheineck (Schweiz), 1979.

STRANZ, G.: Untersuchungen zur Laufbahn von Hilfsschulkindern. Zeitschrift für Heilpädagogik, 1966. 6.

STROBEL, H.: Lern- und Leistungsstörungen: Genese, Therapie und Prophylaxe - III. Stuttgart: Kohlhammer, 1975.

STURNY, G.: Die Schulung lernbehinderter Kinder in der Schweiz. Luzern: Schweiz. Zentralstelle für Heilpädagogik. 1984.

TIEDEMANN: Sozial-emotionales Schülerverhalten - Verhaltensauffälligkeiten in der Schule. München: E. Reinhardt, 1980.

THIMM, W.: Lernbehinderungen. Versuch einer soziologischen Erklärung. Hagen: Fernuniversität 1979, Kurseinheit 5.

TOPSCH, W.: Versagen in der Grundschule. Außerschulische Beeinträchtigungen - innerschulische Probleme. Zschr. Die Grundschule 175, 7.

TOTTOLI-WEBER, M.: Mathematik für Kleinklassen C. Liestal: Kantonale Schul- und Büromaterialverwaltung, 1986.

WAGNER, I.: Aufmerksamkeitstraining mit impulsiven Kindern. Stuttgart: Klett, 1976.

WEIGERT, H.: Pädagogische Intervention bei drohenden und manifesten Lernbehinderungen in der Grundschule. Frankfurt, Bern: Peter Lang 1987.

WEINERT, F.: Remediales Lehren und Lernen. In: KLAUER, J. K.; REINARTZ, A. (Hrsg.) Handbuch der Sonderpädagogik: Sonderpädagogik in der allgemeinen Schule. Band 9, 1978, 256-269.

WETTSTEIN, E.; BROCH, E.: Berufsbildung für Schwächere. Aarau: Sauerländer, 1981, 2. Aufl.

WINKELMANN, W.: Testbatterie zur Erfassung kognitiver Operationen. (TEKO) Braunschweig, 1975.

WITTOCH, M.: Unterricht mit Schulversagern. Vorschläge zur Förderung von Lernprozessen. Köln: Kiepenheuer und Witsch, 1978.

WYRSCH, A.: Heilpädagogische Schülerhilfe: Konzepte und Erfahrungen zu einem neuen Fördermodell. Luzern: Schweizerische Zentrale für Heilpädagogik (Aspekte 24), 1987.

ZUDEICK, P.: Alternative Schulen. Hamburg: Fischer Taschenbuch 1982. 103-116: Die Peter-Petersen-Schule.

Register

Ätiologie von Lernbehinderungen 12f., 28, 39, 48
ambulanter Sonderpädagoge 139
Ambulatorium, sonderpädagogisches 24, 28, 62, 117
Analphabetismus, funktionaler 24, 39, 65, 71, 97, 135
Angst, manifeste 70
Angstabwehrmechanismen 55, 79, 106, 110
Anlehre bei Lernbehinderung 144ff., 149ff., 154, 156
ätiologische Basisfaktoren 103
ätiologische Erklärungsvarianten 83, 89, 100
Aufstiegserwartungen, soziale 12
Auslesegerechtigkeit, -ungerechtigkeit 7ff., 17, 26
außerintellektuelle Blockaden bei Lernschwierigkeiten 13, 26
Autostereotyp 120

Begabung, Begabungsbegriff, Begabungsmodelle 13, 82ff., 87ff., 92ff., 95, 97
Begabungstheorien 87ff.
Behinderung der Erziehbarkeit 24
Behinderung der Lebensmeisterung 25
Behinderungsbegriff, pädagogischer 24
Belastungen
- des Selbstwertgefühls 106
- psychosoziale 13, 54f., 84ff., 187, 193
- milieureaktive 54, 106
- schulisch-didaktische 193
- soziokulturelle 7, 13, 26, 39, 47, 53, 55, 60f., 95, 97, 104, 159, 187, 193
- sozioökonomische 54, 60, 104
Berufschancen Lernbehinderter 8, 19, 140ff.
Berufslehre bei Lernbehinderung 142ff., 156
Berufsvorbereitung bei Lernbehinderten 140f.
biosoziale Variabeln von Lernbehinderung 54f., 60
Blockaden, außerintellektuelle bei Lernschwierigkeiten 13, 26
broken-home-family bei Lernbehinderten, 53, 134

Computer, Einsatz in der Legastheniether-apie 115
Curriculum, sonderpädagogisches in der Lehrerbildung 198ff.

Debile, Debilität als Begriff des Schwachsinnkonzepts in der älteren Lernbehindertenpädagogik 78
Deprivation
- erzieherische 55, 95, 193
- frühe 97
- soziokulturelle 13, 39, 47, 61ff.
Diagnostik, pädagogische in der Lehrerbildung 199
Didaktik des Unterrichts mit Lernbehinderten 46, 61, 72f., 111
Diffamierung 7f., 120f., 186
Differenzierung der Wahrnehmung als Code-Determinante 41
Diskrimination der Lernbehinderten 7, 24, 132
Distanzstörung des Kontakts 105
Doppelrepetenten 17
dynamisch-systemisches Entwicklungsmodell 103f.
Dysfunktion, neurologische 26
Dyskalkulie, Dyskalkulietherapie 70, 115, 164, 166, 201

Einschulungsklassen 17, 23
elaborierter Code siehe Sprachcodes
Elternarbeit des Sonderpädagogen 97, 166, 175
Emanzipationssperren durch Sprachcodes 46
emanzipatorische Erziehung 52
emotionale Blockaden 26, 95
emotionale Störungen bei Lernbehinderten 26, 89
Entstigmatisierung 152
erzieherische Deprivation 55, 95, 193
Etikettierung, Etikettierungsprozeß 41, 132, 139

familiär-psychosoziale Belastungen 193
familiäre Konflikte 107
Familiengröße, -situation, -system 20, 53, 118

Förderdiagnostik 196
Förderkonzepte, -maßnahmen, -methoden, -materialien 57, 96, 138, 192, 204
Frühdeprivation 97
funktionale Analphabeten 24, 39, 65, 71, 97, 135

geistige Behinderung, Abgrenzung zur Lernbehinderung 14ff., 27ff.
genetisch bedingte Leistungsverzögerung 95
Grenzziehung zwischen Lernbehinderung und geistiger Behinderung 28ff.

Halo-Effekt 132f.
Haltlehre nach Moor 89ff.
handelndes Lernen 75, 78
Heterostereotyp 121
Hilfsschulkonzept 112, 169ff.
Hirnschädigung, frühkindliche 26
Hospitalisierungsdeprivation 23

Identität, Identitätsbildung 90, 134, 139
impulsiver Kognitionsstil 50, 52, 105, 113
innere Differenzierung durch Zusammenarbeit von Regelklassenlehrer und Sonderpädagoge 194
Instrumental Enrichment Program 98ff.
Integration, schulische, soziale 7ff., 15f., 159ff., 171, 178ff.
Integrationskonzepte, -maßnahmen, theorien 123, 139, 152, 202, 204
Intelligenz
- aktualisierte 96
- als entscheidender Faktor von Lernbehinderung 28
- -definition 92ff.
- -niveau 70
- -rückstand 25
- -schwäche 95
- -tests 15
- -training 97
- und Begabung 88ff.
Interaktion, soziale 48
Interventionen, sozial-emotionale 115
Invalidenversicherung 7
IQ-Verteilung bei Hilfsschülern 16

Jena-Plan-Alternativschule 188

kausal-lineare Erklärungen 106
Klinikunterricht 196
Knaben, Überrepräsentation in der Sonderschule für Lernbehinderte 12
kognitive Impulsivität 50, 52, 105, 113

kognitive Integrationsmaßnahmen 123
Kommunikationsstrategien 43
kompensatorische Programme 61
kompensatorische Spracherziehung 45, 48, 52
komplementär-kompensatorische Erziehungsansätze 51
Konzentrationsschwierigkeiten 23
Kooperation Sonderklassenlehrer – sonderpädagogische Fachleute 114
Kreativitätstraining, -pflege bei Lernbehinderten 78, 113, 138

labeling-approach 121, 131ff., 186
Labilität, affektive 105
Lebensbewältigung 7
Lebenserfüllung nach Moor 90
Lebensführung nach Moor 90
Lebensgrundschulung als Beitrag der Hilfsschule 19
Legasthenie, -prävention, -therapie 112f., 115f., 164, 166, 193, 197, 201, 203
Lehrerbildung, im Hinblick auf Sonderpädagogik in der allgemeinen Schule 190ff.
Leistung
- Förderung von Schülern mit Leistungsstörungen als Aufgabe der Sonderpädagogik in der allgemeinen Schule 192
- genetische Leistungsverzögerungen 95
- Leistungsversagen als Kriterium von Lernbehinderung 25
- Problematik des Leistungsstandes bei Lernbehinderten 7
Lernbehindertenpädagogik, innovative 61, 119
Lernbehinderung, Definitionen 24ff.
Lernen, handelndes 75, 78
Lernerfahrung, vermittelte 97ff.
Lerngestörte 117, 171
Lernhemmung, Lernmotivationsstörung 26, 105f.
Lernschwierigkeiten, Lernprobleme 119, 191ff.
Lernstörung, generalisierte 26
Lernstörungen 25, 106, 110, 117, 171, 176, 183, 186, 192, 202
lernzielorientierter Hilfsschulunterricht 75
Lese-Rechtschreibschwäche 136, 203
Lesemotivation 83

Machtorientierung als schichtenspezifische Erziehungshaltung 57
Mädchen, Untervertretung in Sonderklassen 11

Makrosysteme, soziale 107
Mehrfachbehinderungen 36
Mehrfachrepetenten 63
Mesosysteme 107
Mikrosysteme 107
milieureaktive Belastungen, Milieuschädigung 54, 106
monokausal-lineare Erklärungen 48
monokausal-lineares Denken 47
Motivation, Motivationsdevianzen, -störungen, -theorie 55, 74, 93, 106, 114, 194
neurologische Dysfunktion, Neuropathie 26, 201, 203
neurophysiologische Reifungsprozesse 93f.
Neurotisierungen, Neurotisierungsbedingungen, Neurotisierungsprozeß, Neurotizismus 13, 55, 70, 95, 105
nondirektive Spieltherapie 115
Normalisierungsmaßnahmen der Lernbehindertenpädagogik 186
Notstand, sozioökonomischer 48

pädagogisch-therapeutische Maßnahmen 166ff., 183ff., 193, 196, 204
pädagogisch-therapeutische Schülerhilfe 170, 183, 188ff.
pädagogische Zurückhaltung, pädagogischer Zugriff 90
Persönlichkeitsmerkmale (kognitiv, emotional, sozial) 105f.
Prävention von Lernbehinderungen 17, 46, 101, 133
Problemlösungsverhalten 49, 51
Programmierter Unterricht 78
Projektunterricht 186
Prozeßdiagnostik 183ff., 188
Prüfungsangst 70f.
Psychomotorik 111
– psychomotorische Therapie 22
– psychomotorische Trainings 115, 164
Psychoorganisches Syndrom 22f., 135, 195, 197, 201, 203
psychoreaktiv
– Überbau von Lern- und Verhaltensstörungen 116
– Störungen 26
psychosoziale Belastungen 13, 55, 84ff., 187, 193

Rechenschwäche 22
Reduktions- und Restfunktionsdidaktik 7, 47, 62, 75ff.
Reflexivität, kognitive 50f.
Regelklassenfähigkeit 62

Regelklassenlehrer 17
Regelklassenunterricht 28
Rehabilitation 7, 13, 72, 117
remedialer Unterricht 194f.
Repetenten 10, 63
Resignationskonzept, antirehabilitives 82
Restfunktionsdidaktik 7, 47, 62, 75ff.
restringierter Code siehe Sprachcodes

Schichtabhängigkeit siehe Sozialschicht
Schulangst 106, 200
schulisch-didaktische Belastungen 193
schulische Integration und Teilintegration 187, 204
schulische Stütz- und Förderansätze 57
Schulleistungsschwäche 15
Schulreife 198
schulschwache Schüler 15ff., 71, 82, 120, 139, 161, 183ff.
Schultests 199
Schulversagen 12, 15, 26, 37, 39
Schwachbegabte, Schwachsinnkonzept 47, 62, 75, 82
sekundäre Devianz 133, 135, 139
Selbstdefinition Lernbehinderter 134
Selbstwertgefühl, Belastungen des 106
Separation 8, 10, 15, 62, 70, 123, 175, 181, 202
Sonderklassen mit Teilintegration 187, 192
Sonderklassenbedürftigkeit 134, 192
Sonderklassenlehrer 110, 118, 169
Sonderklassenlehrerausbildung 110, 190f.
Sonderpädagoge in der allgemeinen Schule, Sonderpädagoge ohne Sonderklasse 117, 164f., 188, 190, 194f.
Sonderpädagogik in der allgemeinen Schule 138, 189, 191, 197, 203
sonderpädagogische Diagnostik 135
sonderpädagogisches Ambulatorium 24, 28, 62, 117, 169, 202
Sonderschulbedürftigkeit 19, 136
Sonderschule, heilpädagogische (Schweiz) 14
sozial unsichere Kinder 116
sozial-emotionale Interventionen 115
soziale Diffamierung 7f., 120f., 186
soziale Interaktion 48
Sozialisation (Unterschicht) 8, 53
Sozialschicht bei Lernbehinderten 7, 11f., 37, 40ff., 48ff., 55f., 62, 69
Sozialschichtverteilung in Sonderklassen 37f.
Sozialverhalten 132
soziokulturelle Belastungen, soziokulturelle Deprivation 7, 13, 26, 39, 47, 53, 55, 60f., 95, 97, 104, 159, 187, 193

213

soziokulturelle Deprivation 13, 39, 47, 61f.
soziolinguistische Defizitinterpretation 46ff.
soziolinguistische Differenzhypothese 46f.
soziometrische Verfahren 199f.
sozioökonomische Belastungen 54, 60, 104
Speicherung, Speicherungsfunktionen 93, 111
Spieltherapie, nondirektive 115
Sprachbarrieren 40, 44, 46
Sprachcodes 39f., 46ff., 93
Sprachdidaktik 46
Sprache als Ursache von Schulversagen 39
Spracherziehung, kompensatorische 45, 52
Sprachkompetenz 45, 48
sprachliche Kommunikation 36, 48
Statusunzufriedenheit 55
Steuerungsverhalten 48ff.
Stigma-Akzeptierung 134
Stigmatisierung 36, 130ff., 186
Stoffbeschränkung 77
Strategiebildung 97
Stütz- und Fördermaßnahmen 57, 152, 162, 165ff., 181, 204
Stützfunktionen, intellektuelle 15, 92ff., 202
Stützfunktionstraining 97

systemische Bedingungen, Modelle und Theorien der Lernbehinderung 7, 9, 17, 19, 27, 103ff., 193

Teilfunktionsstörungen 95, 105, 111
Teilintegration Lernbehinderter 176ff., 189
Teilleistungsschwäche 22, 171f., 192
Teilleistungsstörungen 95f., 113, 135
Testgütekriterien 15, 25
Testintelligenz 15
Training, psychomotorisches 115, 164
Typologien, ätiologische 83, 100

Überweisung in Sonderklassen 10, 13f., 17, 27, 84, 87
Umwelttheorien 193
Underachiever 199

Verhaltensauffälligkeiten bei Lernbehinderung 24, 26f., 176, 180, 182, 191
Verhaltensstörungen 13, 83f., 95, 103ff., 183, 186, 192, 195, 203
Verwahrlosung 48, 55, 134
Vollintegration 176, 204

Werkjahr 140ff., 187
Werkzeugstörungen der Intelligenz 95

Zukunftsorientiertheit 56
Zuschreibungsprozeß 132